抗日民族统一战线是抗日战争取得胜利的一大法宝，這本《大事记》的出版，對于巩固和发展新的历史時期爱国统一战线，和平统一祖国，振兴中华，具有重大現实意义。

平杰三

一九八七年三月

平杰三题词

以国共合作为基础，包括工農商学
兵各界、各族人民、各民主党派、抗日
团体、社会各阶层、爱國人士和海外
侨胞组成的抗日民族统一战线，
是战勝日本帝國主義的重要法宝，
是中國現代革命史上的光輝篇章。
重溫这段历史，总结这时期的经驗
对于发揮新时期的爱國统一战线
在建設社会主義现代化和实现祖
國统一大業中的作用，是有重要意義
的。

童小鹏　1987.7.1.

童小鹏题词

充分利用档案资料、更好地研究抗日民族统一战线、为社会主义新時期的爱国统一战线服務。

裴桐

一九八七年六月

裴桐题词

重庆谈判期间，毛泽东与蒋介石合影

1935年12月27日，毛泽东作了《论反对日本帝国主义的策略》的报告，号召全党为建立抗日民族统一战线而努力

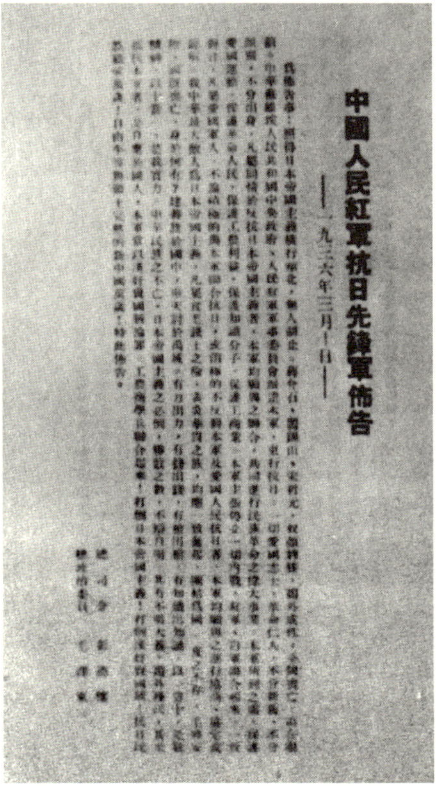

中國人民紅軍抗日先鋒軍佈告

——一九三六年三月一日——

[illegible]

總司令　彭德懷

政治委員　毛澤東

1936年2月，红军组织了抗日先锋军东渡黄河，准备前往河北同侵华的日军直接作战

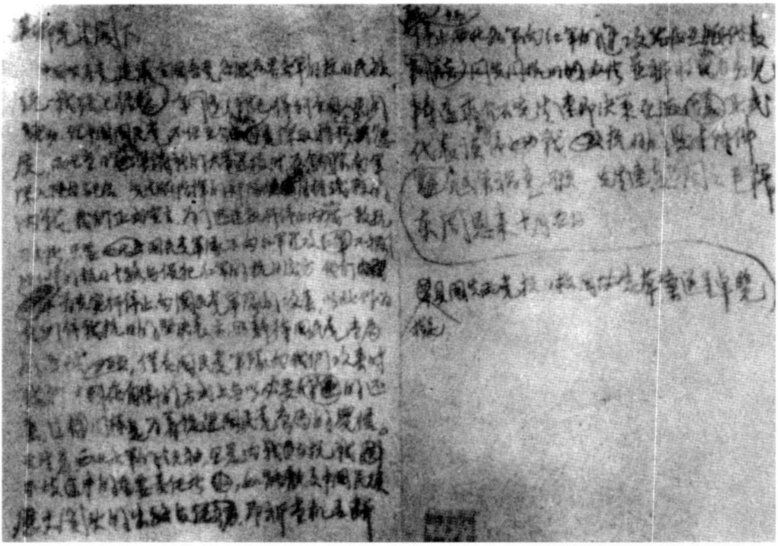

1936年10月5日，毛泽东、周恩来给张学良写信，建议国共两党正式谈判订立抗日救国协定

西安华清池五间厅，张学良、杨虎城在这里共同发动了震惊世界的西安事变

爱国将领张学良将军。曾任国民政府军事委员会海陆空副总司令，西北“剿匪”副总司令。1936年12月12日，他和杨虎城发动了西安事变。事变发生后，立即邀请中国共产党派代表团到西安。经过共同努力，使西安事变得以和平解决。张学良在亲自送蒋介石回南京后，即被扣留并交“军法审判”，虽经“特赦”，仍一直被软禁。1990年获得人身自由，1995年赴美定居，2001年病逝于夏威夷檀香山

爱国将领杨虎城将军。第十七路军总指挥，陕西绥靖公署主任。和张学良一起发动西安事变。西安事变和平解决后，被逼离军出国。“七七事变”后回国准备参加抗战，但被蒋介石长期监禁。1949年，和夫人、小儿子一起惨遭杀害

1936年12月25日，在张学良护送下，蒋介石安全回到南京。图为下飞机时林森等国民党要人前往迎接

为和平解决西安事变作出贡献的周恩来。西安事变发生后，张学良立即电邀中共中央派代表团到西安共商抗日救国大计。中共中央组成以周恩来为首，叶剑英、秦邦宪参加的代表团。12月17日，周恩来、秦邦宪率工作人员十余人到达西安。随后叶剑英也到了西安。中共中央代表团坚决贯彻逼蒋抗日和和平解决西安事变的方针，并进行了调停。12月25日，张学良被扣南京，东北军内部因此发生了“战”与“和”的严重分歧。周恩来以国家民族利益为重，对主战的一方晓以大义，统一了认识，使西安事变得以和平解决

1937年2月，国民党派张冲到西安同顾祝同、贺衷寒一起，与中国共产党代表周恩来、叶剑英谈判两党合作问题。这是周恩来（中）、叶剑英（左）、张冲（右）在西安南郊游览时合影

1937年5月，国民党在国共谈判期间派了中央考察团到中共中央驻地延安和陕西关中、甘肃东部红军驻地进行考察。

图为中央考察团到达延安城内，受到中共中央代表秦邦宪（前排右三）、林伯渠（前左一）和延安军民的热烈欢迎

1937年5月，中国共产党全国代表会议在延安召开，毛泽东作了题为《为争取千百万群众进入抗日民族统一战线而斗争》的报告

1937年7月7日，日军在北平的卢沟桥制造事端，借口一名士兵失踪，炮轰宛平县城和卢沟桥，开始了对中国的全面进攻

图为二十九军宋哲元所部三十七师吉星文团的士兵在卢沟桥奋勇抵抗日军侵略

指挥部队在卢沟桥抗击日军的二十九军军长宋哲元

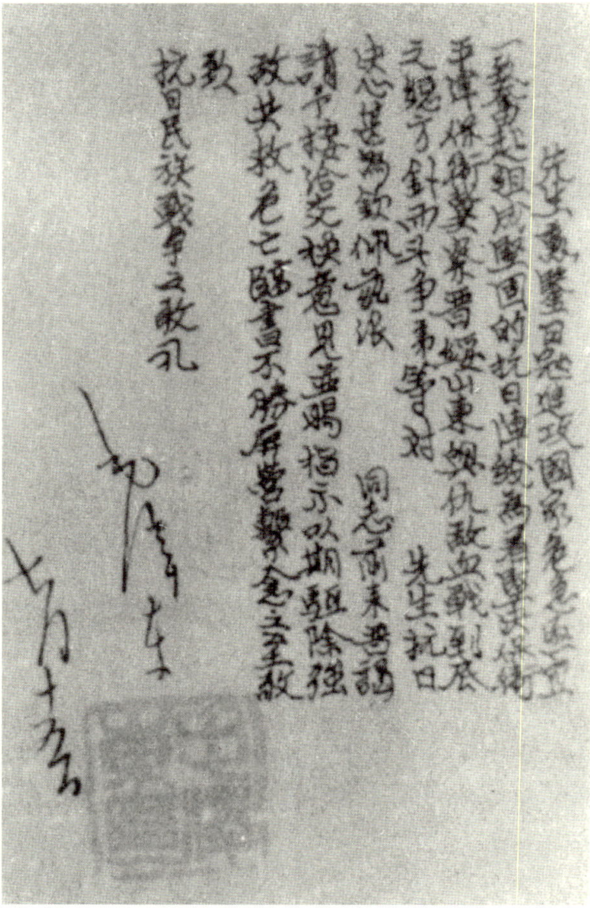

先生惠鉴：日寇进攻，国家危急，亟宜
一致团结，巩固的抗日阵线，为着争取保卫
平津，保卫冀察晋绥山东，与仇敌血战到底
之总方针而斗争。弟等对　先生抗日
决心甚为钦佩，兹派　同志前来晋谒，
请予接洽，交换意见，尚祈指示，以期驱除强
敌，共救危亡，临书不胜屏营翘企之至。专此敬
致
抗日民族战争之敬礼

毛泽东
七月十六日

1936年，中共中央为开展抗日民族统一战线工作，曾先后派出代表到国民党统治地区，与各地方当局和军队将领协商停止内战联合抗日事宜。代表中有汪锋、张文彬、周小舟、彭雪枫、张经武、张子华、王世英等。图为毛泽东签名盖章的介绍信

在中国共产党抗日民族统一战线的影响下，1936年6月，在“上海各界救国会”的基础上，成立了“全国各界救国联合会”。救国联合会领袖为：沈钧儒、邹韬奋、李公朴、王造时、章乃器、史良、沙千里。由于他们要求蒋介石放弃“攘外必先安内”的政策，停止内战，一致抗日，曾于1936年11月由蒋介石下令逮捕入狱，即当时有名的“七君子”事件。经中国共产党多次向国民党交涉和宋庆龄等多方营救，“七七事变”后，“七君子”获得释放。这是他们获释后在南京爱国老人马相伯家的合影

自右至左：李公朴、王造时、马相伯、沈钧儒、邹韬奋、史良、章乃器、沙千里、杜重远

1938年6月,廖承志在香港与保卫中国同盟中央委员会主席宋庆龄及其他委员合影。左起:爱泼斯坦、邓文钊、廖梦醒、宋庆龄、塞尔温·克拉克夫人、诺曼·弗朗斯、廖承志

1940年3月,南洋华侨回国慰劳团在总领队陈嘉庚(前排右四)、副领队庄西言(前排右三)的率领下抵重庆时与各界欢迎代表合影。中国共产党代表董必武等会见了陈嘉庚先生。3月6日,陈嘉庚率慰劳团到延安考察,毛泽东亲切地接见了他们

中共中央为了争取解决国共之间存在的问题，继续团结抗战，于1944年5月初派林伯渠到西安同国民党代表张治中、王世杰谈判，中旬又移至重庆继续谈判，并会见了蒋介石。由于国民党坚持一党专政并提出种种无理方案，使谈判陷于僵局。9月15日，林伯渠在国民参政会作了这次谈判经过的报告，并要求国民党立即结束一党统治，召集有各方面代表参加的国民会议，组织各抗日党派的联合政府，成立联合统帅部。这个主张得到各抗日党派和爱国人士的赞同。可是国民党拒绝了这一合理要求，林伯渠不得不于11月返回延安。这是谈判时的合影

左起：邵力子、张治中、雷震、林伯渠、王若飞、王世杰

1945年7月，国民参政会参政员黄炎培等六人飞抵延安，同中国共产党商谈两党团结、共建国内和平问题。毛泽东等到机场欢迎。自右至左：毛泽东、黄炎培、褚辅成、章伯钧、冷遹、傅斯年、左舜生、朱德、周恩来、王若飞

在1945年10月10日晚的酒会上．蒋介石和毛泽东碰杯，庆祝抗日战争的伟大胜利

统一战线大事记

THE MEMORABILIA OF UNITED FRONT

抗日战争时期卷

李勇　张仲田　编著

群言出版社
Qunyan Press
·北京·

图书在版编目（CIP）数据

统一战线大事记．抗日战争时期卷 / 李勇，张仲田编著．— 北京：群言出版社，2014.12
（民盟历史文献）
ISBN 978-7-80256-686-6

Ⅰ．①统… Ⅱ．①李… ②张… Ⅲ．①统一战线工作—大事记—中国—1937 ～ 1945 Ⅳ．① D613

中国版本图书馆 CIP 数据核字（2014）第 299624 号

责任编辑　刘占凤
封面设计　群言艺术设计中心·胡蔓青

出版发行　群言出版社（Qunyan Press）
地　　址　北京市东城区东厂胡同北巷 1 号（100006）
网　　站　www. qypublish.com
电子信箱　qunyancbs@126.com
总 编 办　010-65265404　65138815
发 行 部　010-65263345　65220236
经　　销　全国新华书店
读者服务　010-65262436　65276609
法律顾问　北京市君泰律师事务所

印　　刷　北京鑫瑞兴印刷有限公司
版　　次　2014 年 12 月第 1 版　2014 年 12 月第 1 次印刷
开　　本　880 × 1230　　1/32
印　　张　12.75　　插图 16
字　　数　275 千字
书　　号　ISBN 978-7-80256-686-6
定　　价　52.00 元

前　言

中国民主同盟成立于1941年3月，正值抗日民族统一战线遭到国民党独裁统治破坏的危难之际。民盟以贯彻抗日主张、实践民主精神、尊重思想自由、提倡依法治国为政治纲领。民盟凝聚了当时绝大多数进步知识分子和社会精英，可谓群贤毕集。在不同的历史时期，黄炎培、张澜、沈钧儒、杨明轩、闻一多、李公朴、梁漱溟、史良、胡愈之、楚图南、吴晗、费孝通……这些民盟前辈精英们纵横捭阖、开阔放达，本着知识分子的人文良知和社会责任“奔走国是”，在政治、经济、军事、外交、教育、社会等领域都提出了明确的纲领和主张，将平等、民主、自由的思想播撒在中国的土地上。

在那苍黄翻覆、陵谷变迁的大时代，在那风云变幻、波澜壮阔的动荡岁月里，历史的浪潮将中国民主同盟，将有志于民族振兴的贤良才俊推上了风口浪尖，他们在改变中国命运的同时，也改变了自己的人生轨迹。他们为历史的进程，为国家富强、民族振兴和民主政治的进步做出了卓越的贡献；他们将自己的荣辱与民族存亡紧紧地联系在一起，为中国的民主、繁荣奋斗了一生，为后人留下了许多宝贵的精神财富；他们关于新民主主义社会的探索，至今仍具有巨大的影响和现实意义。

在和平盛世的今天，为了保存这珍贵的历史财富，为了让后人记住先辈们的独立之精神、自由之思想以及他们为国为民、励精图治的奋斗事迹，我们通过多年的精心准备和积累，出版了《民盟历史文献》丛书，这不仅仅是追忆往昔、缅怀先贤，也不仅仅是为了从学术研究的角度去厘清历史、臧否人物，更重要的是：通过回顾那段曲折的历史，传承民盟与中国共产党肝胆相照、荣辱与共的真挚感情；纪念民盟先贤为新中国做出的巨大贡献；呈现近现代中国社会的嬗变和进步知识分子的爱国情怀；同时也是为了民盟薪火相传、与时俱进的需要；为了让那些隽永传奇的人物和可歌可泣的历史再现后人的眼前。

路漫漫其修远兮，吾将上下而求索。《民盟历史文献》丛书的出版，是对先贤们多党合作历史的尊崇和传承。

《民盟历史文献》编委会

序　言

抗日民族统一战线是中国人民战胜日本侵略者的一个重要法宝。日本侵略者发动“九一八”事变，使得中国国内阶级关系发生了重大变化，民族矛盾逐渐上升为主要矛盾。中国共产党及时发表宣言，号召全国人民团结起来，反对日本侵略者。由于蒋介石实行“攘外必先安内”的政策，中国共产党开始提出的是抗日反蒋统一战线口号，同国民党内一部分实力派订立了共同抗日反蒋的协议。随着中华民族危机进一步加深，中国民族资产阶级、国民党内民主派和广大人民的抗日呼声更加高涨。中共中央召开的瓦窑堡会议，确定了建立广泛的抗日民族统一战线的政策，根据新的形势，相应地改变了统一战线的策略，在广泛开展统一战线的同时着重加强与扩大上层统一战线，一再要求国民党当局停止内战，一致抗日，同国民党抗战派、民族资产阶级代表人物、地方实力派和民主党派建立联系与合作，并将反蒋抗日改为逼蒋抗日。这是一个重大的转变。西安事变和平解决,蒋介石被迫联共抗日,结束了十年内战。“七七”事变后,国共两党谈判成功,终于形成全国各族人民和海外侨胞的抗日民族统一战线。

中国共产党在抗日民族统一战线中,坚持独立自主的原则,采取“发展进步势力,争取中间势力,孤立顽固势力”的方针,执行“又团结又斗争,以斗争求团结”的政策,对反共顽固派进行“有理、有利、有节”的斗争,打退了国民党顽固派发动的三次反共高潮,发展和扩大了人民抗日力量。各民主党派爱国人士同共产党一道坚持抗战、坚持团结、坚持进步,对于促进和坚持抗日民族统一战线,作出了重要的贡献;一些爱国的国民党民主派和高级军政官员,也发挥了积极作用。国民党统治集团从反共转为联共抗日,这是一个重大的进步。国民党也因此提高了在人民群众中的影响和国际上的地位。

抗日民族统一战线在中华民族革命史上占有光辉的重要地位。它团结了全国一切抗日力量,坚持长期的艰苦奋斗,终于赢得抗日战争的伟大胜利;它促进了中国人民的觉悟和团结,为发展中国人民的革命力量,争取民主革命的胜利创造了条件;它是国际反法西斯战线的一个重要组成部分,并为国际反侵略战争的统一战线提供了宝贵的经验。

当前,我国社会主义新时期的爱国统一战线,又有了更大的发展,范围更加广泛。重温抗日民族统一战线的丰富历史经验，对于巩固和加强新时期的爱国统一战线，实现第三次国共合作，和平统一祖国，振兴中华，具有重大的现实意义。

中央档案馆的李勇同志和中央统战部的张仲田同志，根据档案资料，编写了这本《统一战线大事记·抗日战争时期卷》出版发行，但愿对中国革命史的研究及爱国统一战线的发展，有所裨益。

吕正操

一九八七年七月

自　序

中国共产党的统一战线政策，在中国大革命时期、抗日战争时期、解放战争时期，都发挥了巨大的作用，取得了显著成效。为了便于大家研究统一战线工作历史和进行统一战线政策宣传教育的需要，并为社会主义建设和祖国统一大业服务，我们编著了《统一战线大事记》这套书。

本套书分三卷，分别为《统一战线大事记·大革命时期卷》、《统一战线大事记·抗日战争时期卷》和《统一战线大事记·解放战争时期卷》，按时间顺序，以较丰富的资料，翔实地记录了三个时期统一战线政策的发展变迁情况。

在编写过程中得到了许多革命前辈如国务院原副总理、全国政协原副主席杨静仁，全国政协原副主席吕正操，全国政协原副主席马文瑞，全国政协原副主席屈武，中央统战部原常务副部长平杰三，中央统战部原副部长童小鹏，中央统战部原副部长李贵及中央档案馆副馆长裴桐等领导同志的热情关怀和指导。他们为这三本书分别写了序言或题词。

中国民主同盟是中国共产党领导的爱国统一战线的组成部分，是同中国共产党通力合作的参政党。中国民主同盟是在中国共产党的抗日民族统一战线政策影响下，在民族危机空前严重时刻，由主张“团结、民主、抗日”的政团，于1941年3月19日在重庆组成的，当时的名称是中国民主政团同盟。1944年9月改组为中国民主同盟。而早在大革命时期，许多民盟先贤就已在国共合作中做出贡献。

因此，民盟中央主办的群言出版社将本书纳入“民盟历史文献”丛书重新出版，既体现了对以往历史传统的追溯，也是对新时期爱国统一战线的继承和发展，具有重要的社会意义和历史价值，编著者在此予以感谢。

我们对统一战线的理论研究得还很不够，加之资料遗漏，不当之处在所难免，敬请读者和专家批评指正。

编著者

2014年7月

目 录

一九三三年

一九三四年

一九三五年

一九三六年

一九三七年

一九三八年

一九四〇年

一九四一年

一九四二年

一九四三年

一九四四年

一九四五年

一九三一年

9月18日 日本帝国主义为了摆脱日益严重的政治经济困境，为了实现其首先占领我国东北，进而灭亡全中国的狂妄野心，先后制造了一系列的挑衅事件。7月，日本间谍机关在东北边境炮制了挑拨中朝民族关系的万宝山事件；8月，又借口有一个日本军官中村在东北失踪，调集大批军队密布于沈阳一带，加紧进行武装侵略中国东北的准备；9月18日夜，日本关东军自行炸毁南满铁路沈阳北郊柳条沟附近一段路轨，诬称中国军队破坏铁路并袭击日本守备队，随即炮击中国东北军驻地北大营，同时南满铁路沿线日军向沈阳城发起攻击，制造了震惊中外的“九一八”事变。

9月19日晨 日军攻占沈阳。南京国民政府就日军侵占沈阳事件照会日本驻华公使重光葵，提出紧急严重抗议，要求立即电告日本政府迅令关东军停止一切军事行动，将日军撤回原防。

同日 外交部电令中国出席国联大会代表施肇基，向国际联盟报告日军入侵东北真相，静候国联处置。

同日 日军又攻占长春、四平、鞍山、抚顺、安东（今丹东）等二十余城。一周之内辽宁、吉林二省基本丢失。蒋介石采取妥协退让政策，一再严令东北军“绝对不许抵抗”。19 万东北军被迫退入山海关内。至次年 2 月 5 日，日军占领哈尔滨。至此，东北三省全部沦陷。日军又开始向热河进攻。

9 月 20 日 中共中央发表了为反对日本帝国主义占领东三省的宣言，揭露了日帝的侵略野心和国民党政府的不抵抗政策。22 日，又作出《关于日本帝国主义强占满洲事件的决议》，指出“这严重的事变，是日本帝国主义的积极殖民地政策之产物”，号召全党同下层小资产阶级群众结成抗日反蒋统一战线，提出了“组织群众和反帝运动，发动群众斗争，来反抗日本帝国主义的侵略，加紧在北满军队中的工作，组织它和兵变与游击战争，直接给日本帝国主义以严重的打击”的任务。事变发生后，中国共产党首先高举起民族斗争的旗帜，在中共的领导和影响下，全国各地抗日运动蓬勃开展，东北各种抗日武装直接同日本侵略者展开了英勇斗争。上层小资产阶级和民族资产阶级逐渐参加抗日运动。国民党内爱国力量也日益发展起来。

同日 北京大学、中国大学等学校学生致电国民党政府，要求“速息内战”“武装群众”，对日本帝国主义作战。

9 月 21 日 蒋介石结束第三次“围剿”由南昌返回南京，召集在南京的国民党中央委员讨论应付日寇侵略的办法，认定在军事上虽取不抵抗，在外交上则决不能屈服。

同日 广州国民政府通电全国，宣称“今日之计，舍蒋下野，对内对外一切救亡大计，皆将无从进行，伏望全国同胞，一致赞助，促蒋下野，以挽危亡”，并主张蒋下野后，另组“统一的国民政府”,一致抗日。同日,广州国民政府还分别致电蒋介石、张学良,促蒋即日下野。

9月22日 南京市全体国民党员举行抗日救国大会。大会决议:(一)通电全国各军政领袖,立息内争,共御外侮;(二)呈请中央即日宣布对日绝交,准备作战;(三)通电全国民众总动员;(四)急电中央并张学良转东北全体官兵誓为抗日保国而战;(五)通电全国对日永远经济绝交。蒋介石在会上发表题为《国存与存,国亡与亡》演说,表示要“以公理对强权,以和平对野蛮,忍痛含愤,暂取逆来顺受态度,以待国际公理之判决”,并要求民众“严守秩序,服从政府,尊重纪律,勿作轨外之妄动”。

9月23日 南京政府就“九一八”事变发表《告全国国民书》,公开宣告“政府现时既以此次案件诉之于国联行政会,以待公理之解决,故已严格命令全国军队,对日军避免冲突,对于国民亦一致告诫,务必维持严肃镇静之态度”。

同日 第十七路军将领杨虎城致电蒋介石,主张团结抗日。电文中说日本“无端称兵,侵我辽沈,此而可忍,则亡国亡种,即在眉睫”,提出除政府对日本政府严重抗议外,全国上下应团结一致,共同御外。

9月24日 上海三万五千码头工人举行反日罢工,十万学生举行罢课和反日示威。

同日 张学良代表万福麟、鲍文樾离开南京返回北平,向张报告见蒋经过,并递交蒋之亲笔信,要张学良勿单独与日本交涉,说收回东北主权“不如委诸国联仲裁,尚或有根本收回之望”。

9 月 27 日　由车向忱、高崇民、阎宝航、卢广绩等发起的东北民众抗日救国会，在北平旧刑部街奉天会馆内正式成立。该会以“抵抗日入侵犯，共谋收复失地，保护主权”为宗旨。流亡关内的四百余人参加了该会。张学良在精神上物质上都对该会给予了大力支持。

同日　台湾遗民会上书南京蒋介石、北平张学良、广州汪精卫，反对南京国民党政府对日寇不抵抗的政策，书中说“台湾四百万同胞受日寇奴役四十年，深知为日寇奴隶之苦。今辽、吉一千万同胞又将成为日寇之奴隶，望祖国衮衮诸公，蠲除己见，一致协力抗日”。指出：全民气可用，民力可恃，切莫漫言“镇静不抵抗”，否则，今日让一省，明日让一省，四万万同胞将尽成奴隶。

9 月 28 日　南京、上海的学生群集国民党中央党部及国民政府外交部门前示威，抗议国民政府对日本帝国主义的妥协不抵抗政策，要求对日作战，殴打外交部长王正廷。

同日　张作相、商震、万福麟、汤玉麟、徐永昌、王树常、傅作义、宋哲元等五十余名北方将领联名通电，以日军入侵，存亡之间，间不容发，呼吁全国各方同舟共济，群策群力，共同奋斗。表示彼等军人愿为抗日救国捐躯。

9 月　事变发生后，东北军未退入山海关内的一些将领在群众抗日运动影响下，激于民族爱国之情，违反蒋介石政府的意志，奋起抵抗，进行武装斗争，纷纷组成义勇军、救国军、自卫军等抗日武装。其中比较著名的有黑龙江的马占山、苏炳文所部，吉林省的李杜、丁超所部，王德林所部，辽宁省的唐聚伍、邓铁梅所部，他们都给日本侵略者以不同程度的打击。

本月 以秦邦宪为首的中共临时中央政治局成立。临时中央政治局揭露了“九一八”后日本帝国主义的侵略和国民党的不抵抗政策,号召全党同下层小资产阶级群众结成抗日反蒋统一战线。发动和领导群众开展反对日本侵略者和反抗国民党反动统治的武装斗争,这是正确的。然而,它继续推行王明的“左”倾冒险主义政策。不承认“九一八”事变是日本帝国主义妄图灭亡中国的一个极重要的步骤,而认为“是帝国主义反苏战争的序幕”,不提“保卫祖国”“收复失地”的口号,而提“武装保卫苏联”“打倒一切帝国主义”的口号,致使中共实际脱离了群众;不承认“九一八”事变后,中日民族矛盾逐步上升和国内阶级矛盾逐步发生了新变化的事实,错误地认为中间派别是“最危险的敌人”要与其进行“决死斗争”;他们所讲的统一战线,是排斥一切上层分子、排斥一切中间势力,只要“兵”不要“官”的统一战线,也就是按当时共产国际的口径所说下层群众的统一战线,对于中共党内注意到和承认中间势力的抗日倾向并表示愿与之合作的同志,他们指责说,这是作国民党各派及其他各派的俘虏;他们过分夸大国民党统治的危机和革命力量的发展,认为采取“积极进攻”的策略以夺取中心城市仍是中国共产党的最迫切的任务,推行“一省数省首先胜利”的冒险计划,反对利用合法形式和统一战线的组织形式,使自己在群众中孤立起来,使党受到很大损失,对当时抗日民主运动未能给予正确的领导。

10 月 1 日 冯玉祥发表通电,反对蒋介石不切实际地幻想依赖国联制止日寇侵略的政策,主张依靠全国人民和全国的军队,用武力抗击日寇的侵略。表示誓与全国同胞共赴国难,粉身碎骨，义无反顾。

同日 脱险抵沪的“东北国民外交协会”主席阎宝航，在上海青年协会发表讲话，强烈谴责国民党政府面对日军侵略不设防，长官命令士兵不准抵抗，致使东北各地要隘全部被日寇侵占。指出救亡的唯一办法是全国人民一致对日寇进行武装斗争。

10月3日 何香凝自巴黎寄信给《申报》发表对日主张，呼吁全国爱国士兵与民众团结起来，制止一切内争，共同救国。

同日 东北军将领张学良电复上海抗日救国会，表示“许身为国，宁计其他，一息尚存，誓与周旋，大敌当前，愿与共勉”。

10月5日 北京大学学生在南京举行示威游行，国民党的军队一千多人包围示威学生，十余名学生被殴伤，一百八十余人被逮捕。

同日 南京国民党政府下令禁止各地学生集队赴南京请愿，北平市长周大文、公安局长鲍毓麟、教育局长周学昌、宪兵副司令邵文凯等人，到车站劝诱学生回校读书，不要去南方请愿，均遭拒绝。

10月10日 正在江西“剿共”的十九路军六十师和六十一师，在赣州体育场举行阅兵，该军将领蔡廷锴发表训话，反对打内战，主张团结抗日，勖勉将士要“与国俱存，与国俱亡，死要死在国亡之前”。

10月初 上海八十万工人组织了抗日救国联合会，派出代表到南京要求国民党政府出兵抗日，并组织义勇军，要求政府发给枪械对日作战。

10月26日 上海各大学教授王造时、沈钧儒等二百余人，联名致书国民党宁粤和平统一会议全体代表,陈述抗日民主的意见:一、对日交涉坚持无条件撤兵并保留要求赔偿道歉之权利;二、集中全国贤能,组织国防政府;三、尊重人民固有权利,党治以来人民权利剥夺殆尽的局面必须终止。

10月 燕京大学教授张君劢、张东荪和天津《益世报》主笔罗隆基在北平发起组织“再生社”,意在再造中国,发行《再生》周刊,从事宣传活动。总部设在北平。张君劢来往于平津鲁豫沪间联络指挥。

本月 东北军马占山部违背蒋介石“不抵抗”的命令,在东北进行抗日。

11月6日 黑龙江省政府代主席马占山发表通电,报告日寇侵犯黑龙江省的情况,并说他原以为国联有办法制止日军侵略,所以力主避免冲突,但日军仍然继续侵略,“大难当前,国将不国,唯有淬砺所部,誓死力抗,一切牺牲,在所不惜”。

11月9日 国民党第三届中央第二次临时全会开幕,会期三天。在向第四次全国代表大会的提案中,只字不提抗日,却声言要继续用兵“剿匪”,继续推行禁止传播所谓“危害国家、破坏民族利益之反动文字或刊物”。

11月12日 中国国民党临时行动委员会(即中国农工民主党前身,又称第三党)发出对时局宣传大纲。谴责日本帝国主义不宣而战,占领中国东北,痛斥国民党政府“勇于内战而怯于外战”,抱无耻的镇静政策和不抵抗主义,坐失领土数千里,陷数千万同胞于帝国主义铁蹄下而熟视无睹。表示不能容忍这种卖国行动和压迫政策,提出要自己起来解放自己,不能依靠任何帝国主义,联合世界一切被压迫民众反对世界第二次大战。还必须厚集一切反蒋势力,结成反蒋战线,推翻南京政府建立平民革命政权,才能实现抗战救国。在大纲中还说"红军的猖獗"虽然不是南京政府崩溃的主要原因,但在目前军事独裁极盛的时代,则亦有相当革命的意义。

同日 蒋介石召开的国民党第四次全国代表大会在南京开幕,二十三日闭幕。在会议发表的《对全世界宣言》中,表示"本大会坚决主张:国民政府应速准备实力收回东三省,保障中国领土之完全,勿令其有丝毫损失"。蒋继续执行不抵抗政策,而在通过的《第四次全国代表大会宣言》中又鼓吹其"戡完赤匪"的错误方针。这次会议还通过了蒋介石亲自北上,首赴国难案及奖慰马占山及黑龙江将士案。会议还作出决议:"剿灭匪共案,再交审查。"

11 月 15 日 中国国民党临时行动委员会对党内发出青字第一号训令。训令说,本党目前最主要的民运工作是对于青年群众的工作。认为南京统治者及各个反对派都在利用各个口号争夺青年,南京统治者利用"和平统一"及"一致对外"的口号压迫一切反对南京的敌人,以巩固其政权。提出该党的政治口号是:要抗日救国必须先倒蒋;要实现和平统一必须先建立平民政权。要对青年进行政治宣传,成立各种青年组织,同一切反蒋派别结成联合阵线,发动实际斗争。

11 月 18 日 一位广东女青年请上海《生活周刊》社将慰问金转汇坚持东北抗日的马占山,她致马占山的慰问电中说:"今将先人所授遗产,勉筹二万五千元电汇麾下,幸各将士饱战饭,加戎衣，永保疆土。某尚有寸丝粒粟之余，当继续为国家军事后盾。”消息发表后，《生活周刊》社陆续收到各界团体捐献的慰问抗日将士的款项，达十七万九千八百多元。

11月29日 坚决反对帝国主义、反对国民党反动统治的著名爱国人士、中国国民党临时行动委员会（即第三党）领袖邓演达，被蒋介石下令秘密杀害于南京麒麟门外沙子岗。邓演达是本年8月17日因该党叛徒出卖而在上海被逮捕的，8月21日被押解南京，陈立夫奉蒋介石之命数次派人劝邓放弃反蒋立场，到江西助蒋“削平内乱”，并以高官厚禄相诱。邓演达坚贞不屈，不为所动，终被杀害。

11月30日 蒋介石发表演说，声称“攘外必先安内，统一方能御侮，未有国不统一而能胜于外者”。在所谓“先安内”的方针下，蒋介石一方面指挥几十万国民党军队不去打日本侵略者，而赴内地“围剿”主张抗日的红军；一方面指令军警镇压抗日爱国运动。

11月 东北民众抗日救国会派车向忱带领六名青年赴南京直接求见蒋介石，在国民党中央党部大厅里，车向忱代表请愿团陈述了“出兵抵抗日寇侵略，收复东北失地”、“供给东北军军火”、“援助东北抗日义勇军”、“团结爱国力量，一致抗日”、“中苏复交”等七项要求，蒋介石却推辞他很忙，没有时间答复，叫车向忱等人去找陈立夫谈。谈话时间不到五分钟，使代表团认清了蒋介石不抗日的真面目。

12月4日 北平大学法学院、女子文理学院、师范大学、辅仁大学的学生到车站，要求乘车去南京请愿，车站拒绝，遂占领车站并卧轨，阻止列车进出。

12月5日 北大南下示威团三百余人在南京由中央大学出发游行示威，反对国民党政府对日不抵抗政策，沿途高呼“反对政府出卖东三省”、“打倒卖国政府”、“被压迫民众团结起来”等口号，遭国民党军警残酷镇压，一人被打死，三十三人受重伤，一百八十五人被逮捕。一部分学生跑回中央大学，军警亦追至中大与中大学生冲突，中大学生千余人到南京卫戍司令部要求释放被捕学生，交涉代表亦遭扣留，大队学生冲进司令部大门。

同日 国民党政府明令禁止结队到南京请愿，无论何项团体，如有意见欲陈述于政府者，均应书面呈请当地行政机关或学校校长转呈。

同日 蒋介石致电张学良严令阻止北平学生南下请愿，“如不能劝阻，宁可停车，不予通行，以免效尤”。

12月6日 北平六千余学生排队到顺城王府向张学良请愿，学生代表质问：“我们到南京去向国民党政府请愿出兵抗日收复失地，你作为东北军长官，为何不予支持？”张回答说，是奉政府命令，但可立即发电南京请示，一定满足大家的要求。学生队伍随后又向国民党北平市党部示威，市党部只派一名干事出面应付，激起学生愤怒，将市党部牌子砸烂。

12月7日 国民党当局被迫下令开车，允许北平学生南下。法学院、交通大学、俄文法学院、朝阳学院、民大、大同中学、十七中、女一中、平大附中、郁文中学、留日学生归国抗日救国团等二十几个学校约二千一百名学生，登上十五节车厢南下。是以请愿方式敦促政府出兵抗日抑或以示威形式迫使国民党政府服从民意出兵抗日，学生们意见不一，遂分成两派：请愿团和示威团。

12月11日 北平学生请愿团结队到国民党政府请愿，等候三小时，坚持要求蒋介石出见，在学生严词质问下，蒋介石假惺惺表示政府对内政外交已有妥善安排，一定早日出兵抗日。学生要蒋作出保证．蒋推说有事溜走。请愿团只好不宣而散。

12月上旬 朱德主持召开中共中央革命军事委员会议，讨论和研究驻宁都的国民党第二十六路军起义的具体方案，决定派刘伯坚、左权和王稼祥具体负责起义的领导工作。

12月14日 在全国抗日反蒋浪潮和红军反“围剿”不断取得胜利的推动下，被蒋派到江西进攻红军的国民党第二十六路军一万七千余人，由参谋长赵博生和旅长季振国、董振堂及黄中岳等率领在宁都起义，参加红军，改编为中国工农红军第五军团。宁都起义使红军增加了一支新的力量，震动了坚持内战，不愿抗日的国民党反动派政府，反映了国民党反动统治的危机。

同日 北平、南京、上海、济南、天津、苏州、杭州、安庆等地学生四千余人从南京中央大学出发，向国民政府进发请愿，蒋介石只派了秘书长出面应付。

12月15日 在全国抗日反蒋怒潮的冲击和国民党内部矛盾日趋尖锐的情况下，蒋介石被迫宣告下野，“恳请中央准予辞去国民政府主席等本兼各职”，但暗中仍掌握着南京大权。

同日 国民党中央执行委员会第四次临时常务会议通过决议，准蒋介石辞国民政府主席兼行政院院长职务，推选林森代理国民政府主席，陈铭枢代理行政院院长。

同日 北平各校学生南下救国示威团五百余人赴外交部示

威，将各办公室捣毁，随赴国民党中央党部，将接见的蔡元培、陈铭枢殴伤架出门外，警厅保安队鸣枪镇压，将蔡、陈夺回并逮捕五名学生。于右任恐更加激怒学生，欲释放被捕学生，中央党部及军警方面反对，于跪地相求，方将被捕学生释放。

同日　张学良致电蒋介石，请辞海陆空副司令职。国民党政府令准张学良辞职，改任北平绥靖公署主任。

12月17日　北平、天津、济南、上海、武汉、广州、杭州、安庆、苏州等地学生三万余人，从南京中山大学出发举行示威，要求国民党政府出兵抗日，遭到军警镇压，三十多名学生被打死，数百人被打伤，六十多名学生被逮捕。次日，国民党派军队押解学生回校。

12月19日　谢树英代表中国国民党临时行动委员会，由杨杏佛陪同在上海中山先生故居谒见宋庆龄，请宋领导临时行动委员会，宋说："我暂时不能出来，我写个宣言给你。"宋用英文写成宣言，由谢译成中文，将宣言送到《申报》馆，《申报》虽未敢发表，史量才通过关系还是在某通讯社稿件上发表了。宣言指出"中国国民党早已丧失其革命集团之地位，至今日已成为不可掩蔽之事实，亡其党者，非其党外之敌人，而为其党内之领袖"。蒋介石"借反共之名，行反动之实，阴险狠毒，贪污欺骗，无所不用其极"。宁粤对峙，虽各自美名标榜，实则两者"同为革命之罪人"。宣言表示"深信中国之真正革命者，必不因反动势力之恐怖残杀而消极畏缩"，他们将奋起斗争，朝着革命所树立的目标前进。

同日　中国国民党中央委员何香凝在《申报》发表对时局意

见，要求民主权利。她指出要改变腐败的政治局面，必须给人民以真正的民主权力；建议由国民党和各党各派与无党无派者以及各省、市、县、士、农、工、商、妇女、士兵、民众自行组织"人民监政委员会"，对政府及官吏严加监督。她还对蒋介石杀害邓演达严加谴责，要求国民党政府立即释放政治犯。

12月22日 沈钧儒致电蔡元培转国民党四届一中全会，抨击国民党政府镇压爱国学生运动。他说："东北不战失地数千里，未闻戳一误国之人员，学生何辜，罹此重戾？"务请提议大会力加纠正，并确定今后的教育方针。

12月24日 中华苏维埃中央政府、中革军委在瑞金县叶坪召开庆祝红五军团成立并欢迎红五军团全体指战员大会。朱德在会上讲话，希望军团全体指战员和其他红军一起，站在同一条革命战线上，实行土地革命，打倒国民党反动派，打倒帝国主义。

12月28日 国民党四届一中全会通过大会宣言，坚持其对内压迫对外退让的政策。宣称"心腹之患，胜于外敌"，决定拨定军费、集中兵力，"继续努力肃清'赤匪'，以安定社会秩序。"

12月30日 中华苏维埃共和国红军总司令朱德、总政治部主任王稼祥发布《为孙连仲部第二十六路军兵士投入红军告全国兵士书》号召全国被压迫的兵士们："哗变到红军中去！打倒国民党！驱逐帝国主义！"

同日 国民党行政院副院长陈铭枢主持召开特种外交委员会会议，讨论日军进攻锦州的对策，各委员均主张一面以锦州兵力尽力抵抗，一面将日军行动电告国际联盟，请求设法制止。

12月31日 胡汉民、孙科、冯玉祥、李济深、李烈钧、居正、程潜、唐生智、黄绍竑、张发奎、刘芦隐等二十四人，联名在《申报》刊登《为发起筹备邓演达同志追悼会启事》，说“中国国民党第二届中央执行委员邓演达同志努力于国民革命，艰苦卓绝，任劳任怨，始终为实现三民主义而奋斗”，不幸被南京政府杀害，为慰忠魂，特先组筹备会，拟择吉日追悼。

本年 陈其尤等人在香港组织中国致公党中央党部，司徒美堂等参加签字，表示赞同。

一九三二年

1月6日　宋庆龄联合冯玉祥等人作保，与邓演达同时被捕的中国国民党临时行动委员中央干部郑太朴、罗任一等十二人获释出狱。

1月12日　中国国民党临时行动委员会发出第九号政治通报。通告说，南京新政权在既定的联日政策之下将利用美国的干涉进一步与日本谋妥协，借以打开外交上的新路，但同时美国的单独行动其用意又在打击中国统治者对日让步的企图，它的希望是在保持或扩张在华的优势，决不愿听任日本帝国主义掌握太平洋上绝对的霸权。通告对国内各派势力作了评论之后，提出：我们的党在目前最主要的任务是尽力充实我们主观的力量，应当在反日反一切帝国主义的运动中发挥民族革命的作用，同时在反对一切反动势力的斗争里面加紧建立革命根据地的工作。

1月21日　蒋介石重返南京，与国民党内亲日派领袖汪精卫勾结起来，让汪精卫于二十八日就任行政院院长。蒋介石联合汪精卫掌握国民党政府的大权，就把国民党对日妥协的政策更向前推进了一步。

1月28日　日本帝国主义发动了对上海闸北区的进攻。蔡廷锴、蒋光鼐领导的十九路军，在共产党抗日主张的影响和全国人民抗日浪潮的推动下，违抗蒋介石的命令，奋起抵抗，开始了上海抗战。同时中国共产党通过上海的地下党组织发动群众积极支援十九路军。上海全市日厂工人举行罢工，各界人民纷纷组织义勇军、敢死队、运输队、救护队协助作战，并捐献了大量物资。张治中率领的第五军的部分部队激于民族义愤，也参加了作战。全国各地人民也用各种形式支持十九路军抗战。上海军民在一个多月的抗战中，顽强地抗击了日寇的多次进攻，打死打伤日军万余人，迫使其四次更换指挥，粉碎了日寇企图在四小时占领上海的狂言。但是中共"左"倾机会主义的领导者却拒绝同赞成抗日的反蒋各派势力进行联合。他们要"革命的士兵，立刻组织兵士委员会，直接接收与分配民众的捐款与慰劳品，监视与逮捕一切不抵抗的长官，并加入民众的革命组织"，实行所谓要兵不要官的下层统一战线。蒋介石国民党政府屈服于日本帝国主义的压力，不仅不援助上海抗战，还阻止十九路军和上海人民的抗战。三月一日，十九路军被迫撤出上海。五月五日，国民党政府代表与日本签订了丧权辱国的《淞沪停战协定》。

1 月 29 日　何香凝在上海辣斐特路（今复兴中路）寓所，邀请妇女界爱国人士、医生、慈善团体及工商界知名人士，商议慰劳、救护、救济诸事宜，议决：（一）组织妇女到前线慰劳，救护队立即行动，从三十日起分别投入工作；（二）请医务界人士协助，开办护士训练班，以应前线需要：（三）将尽力协助慈善团体、各临时成立的难民救济单位做些工作，还初步拟定了工作计划和人力分配。会上组织了三个临时工作组，筹办慰劳品及救护需用的药品和器具，写宣传品和慰问信，进一步扩大组织开展联系工作，何香凝还给海外华侨打去电报，请求援助，并在家门口张贴大纸，上书“在此接受热心的援助”。

2月14日　中国工农红军总司令朱德、总政治部主任王稼祥联名发表《中国工农红军为日军进攻上海告十九路军士兵书》，赞扬国民党第十九路军士兵奋起抗日的英勇行为；揭露国民党军阀出卖上海和中国的阴谋；号召第十九路军士兵和工农群众密切联合起来，反对国民党，反对帝国主义。

2月20日　中共中央通过《关于“一·二八”事变的决议》。决议指出“要取得民族革命战争的彻底胜利，必须推翻国民党军阀的这一领导，把领导权拿在民众自己手里。‘要求’革命的士兵，立即组织士兵委员会，直接接受与分配民众的捐款与慰问品，监视与逮捕一切‘不抵抗’的长官，并加入民众的革命组织。”

年初　邹韬奋在《生活》周刊上发表反对剥削制度、赞成社会主义制度的《我们最近的思想和态度》一文不久，胡宗南专程来“访”，胡用了四个小时，也未能使邹的政治观点有丝毫改变。

2月　在上海参加抗战的中国国民党临时行动委员会负责人黄琪翔派干部余立奎、何自坚等人组织义勇军，编为十九路军补充第一团，参加淞沪抗日战争。

3月1日　国民党四届二次中央全会在洛阳开幕，三月六日闭幕。会议通过的宣言提出，方今之急，首曰御侮，同时“绥靖剿匪，所以巩固后方，昭苏民厄，亦不容忽视”。全会一方面致电慰劳蒋光鼐、蔡廷锴、张治中等参加淞沪抗日将士“抵御强暴”的苦战精神，又一方面通过决议要制定“防范赤匪及其他反动分子”

的工作实施方案。汪精卫在闭幕词中也说对外抵抗日本，对内“肃清共党”。

3月2日　中国国民党临时行动委员会发表《对上海事件紧急宣言》。宣言说，上海抗日的军队在月余的血战之后，终于被卖国的政府——蒋介石汪精卫统治工具——用种种欺骗和阻挠的阴谋所断送了！中国反动统治阶级和日本帝国主义同是我们的敌人，我们要只有信任自己，依靠自己，用我们自己的力量去击碎这双重束缚的镣铐。宣言最后提出立即对日宣战，推翻南京反动政府，建立农工平民民主革命政权等九项主张。

3月3月　中国国民党临时行动委员会于“一・二八”淞沪抗战后，提出行动纲领十六条，主要内容为：立即对日宣战，完成民族革命，反对南京反动政府；立即发动全国人民一致武装收回已失领土；立即召集真正人民代表组织的国民会议，接受全国的政权；实行土地革命，解决农民土地问题；释放一切政治犯，没收卖国贼及一切贪官污吏军阀土豪劣绅的财产，并将其按法治罪等。

春　何香凝往常熟县东塘市慰问参加过淞沪抗战的张治中第五军部队，还题诗“倭奴侵略，野心未死，既据我东北三省，复占我申江土地。叹我大好河山，今非昔比，焚毁我多少城市，残杀我多少同胞，奸淫我多少妇女，你等是血性军人，怎能咽得这点气！?”激励将士坚持抗战。

4月15日　中华苏维埃共和国临时中央政府宣布《对日战争宣言》。宣言揭露了国民党南京政府置国家民族存亡于不顾，对于真正实行民族革命战争的中国工农红军，进行大规模军事进攻，企图消灭苏维埃政权和工农红军，并以此转移国内视线，掩盖其出卖民族利益的罪行。指出:"要不是国民党军阀集其全力来进攻苏区与红军,苏区工农劳苦群众与红军早已与抗日的英勇士兵和义勇军站在一起直接对日作战了。"并郑重指出:"中华苏维埃共和国临时中央政府特正式宣布对日战争,领导全中国工农红军和广大被压迫民众,以民族革命战争,驱逐日本帝国主义出中国,以求中华民族彻底的解放和独立。"表明了苏维埃政府和红军抗日的决心。

同日 中华苏维埃共和国临时中央政府还发出《关于动员对日宣战的训令》,要求中央革命军事委员会、工农红军总政治部、各苏区军事委员会、各地军区指挥部、红军各级政治部、各县赤卫队部,应对全体红军战士进行对日宣战的动员和宣传,"激励起全体红色战士对日宣战的热忱与勇气"。并且要求各苏区各级苏维埃政府,应对广大群众进行对日宣战的扩大宣传和动员,使群众都能"自愿的担任参加革命战争的后方工作",并积极扩大红军力量,准备同日本侵略者作战。

5月 谢子长到兰州,经杜斌丞介绍和邓宝珊(西安绥靖公署驻甘肃行署主任)在兰州城外五泉山会晤,双方对如何抵制蒋介石瓦解异己和联合抗日等问题,谈得很是投契。邓宝珊还托常黎夫转送给谢子长两支手枪及子弹,表达了他对共产党人的信任。

7月 国民党政府教育部长朱家骅给蒋介石写信,国民党上海市教育局长潘公展也打报告给蒋介石,说史量才主办的《申报》专做"危害党国"的工作,蒋介石在信上批"申报禁止邮递"。此事起因是《申报》连续发表几篇《"剿匪"时评》,略谓今日举国之"匪"皆黑暗之政治所造成。一面"造匪",一面"剿匪","匪"

既绝不能以“剿”而绝，或且以“剿”而势日以张大。所“剿”之“匪”，何莫非我劳苦之同胞，何莫非饥寒交迫求生不得之良民。正如杨杏佛氏所言：对杀人放火、奸淫掳掠之日军，既委曲求全，礼让言和，请其撤退；独对于国内铤而走险之人民，竟动员大军，大张挞伐，此诚吾人所不解者也。政治黑暗如此，蚩蚩之民，如沦地狱，是正即所谓官逼民变。既逼民变，复从而“围剿”之，事之可悲，孰逾于此！今日之所谓“匪”者，与其谓为由于共党政治主张之煽惑，毋宁谓为由于政治之压迫与生计之驱使。政治如不改革，民生如不安定，则虽无共党煽惑，紊乱终不可免，历史上之黄巢、李自成等皆其例证。今日“剿匪”为扬汤止沸，澄清政治，乃为釜底抽薪。

8 月 《申报》因遭国民党下令禁止邮递至正在“剿匪”各省，不能正常发行，影响宣传。经向国民党当局交涉，国民党中央宣传部蛮横的提出：一、黄炎培、陈彬和、李公朴务必撤职；二、《申报》今后发表评论文章务必先由潘公展审查。史量才拒绝了这种要求。后由上海市长吴铁城出面调停才算了结。

11 月 10 日 中国革命问题研究会印行章伯钧的文章《我们最近的政治主张》。文章说，我们已正确地认识中国革命之今后的继续发展与完成的任务，决不是目前代表地主资产阶级及军阀官僚与帝国主义相勾结之中国国民党这个腐朽了的政治集团所能担负的。文章又说，“更不是拿着形式化的马克思主义和局限于俄国式的而且形成于第一次世界战争的帝国主义时代之列宁主义与战略之中国共产党”。认为现实中国革命是农工平民革命，其任务是建立农工民主政权，实行土地革命及国家资本主义的建设。还认为,中国国民党之存在已成为国家民族与社会的摧死鬼,中国农工大众对之必须去作拼死的斗争。文章谈到对中国共产党的态度时,一方面表示:“我们在原则上承认中国共产党是中国革命过程中的推动力量”,另一方面又说:“我们十分肯定地认定中国共产党是中国农工革命的障碍物。”

12月13日 凌晨五时,驻北平的国民党宪兵三团秘密逮捕了北大、师大教授许德珩。劳君展在特务打电话时暗中记下特务机关的电话,又从电话簿上找到地址,化装进入值班房,从“犯人名册”上看到许德珩及先日被捕的马哲民、侯外庐等人的名字,找到了羁押的地方,把消息通知了各报馆和学校,特别通知了《世界》报的萨空了。第二天,各报发表了消息,于是国民党当局秘密捕人的真相大白。

12月15日 国民党四届三次中央全会在南京召开,22日闭会。于右任致开幕词中说,这次全会是在“剿除赤匪有了很大的胜利”的基础上,研究刷新政治、整理军队、救济农村,以使“我们的胜利,才得永远保持”,并宣扬一个主义一个党的谬论。在会议宣言中,以“安内攘外,兼顾两难”为由,推诿对日寇妥协的罪行。全会通过《督促政府完成肃清共祸工作案》,交国民党政府酌办。冯玉祥等九人在会上提出了《援助义勇军,以武力收复失地案》。

12月17日 宋庆龄、蔡元培、杨杏佛等人以“中国民权保障同盟筹备委员会”的名义,发表致蒋介石、行政院代理院长宋子文、平津卫戍司令于学忠的代电,营救许德珩等人。代电说,报载北平警探非法逮捕监禁各学校教授学生许德珩等多人,至今未释。摧残法制,蹂躏民权,莫此为甚。年来国事凌夷,民气消沉，皆坐民权不立，人民在家时怀朝不保暮之恐惧，对外何能鼓同仇敌忾之精神；欲求全国精诚团结，共赴国难，唯有即日由政府明令全国，保障人民集会、结社、言论、出版、信仰诸自由，严禁非法拘禁人民、检查新闻。并望即日释放在平非法拘禁之学校师生许德珩等，以重民权而张公道。

同日 中国民权保障同盟筹备委员会负责人杨杏佛由沪抵北平，同劳君展一起赴监狱慰问许德珩，许坚定地表示："我们是在搞爱国运动，政府不打敌人，专打人民，若爱国有罪，我愿坐穿牢底。若爱国无罪，他们应当向我赔罪……"19日，许德珩教授获释。不久，由杨杏佛动员参加中国民权保障同盟。

12月 针对国民党反动派对外投降，对内反共反民主的政策，宋庆龄、蔡元培、杨杏佛、鲁迅等发起组织中国民权保障同盟。宋庆龄为主席，蔡元培为副主席，杨杏佛为总干事，鲁迅为上海分会执行委员。在其章程中，对同盟任务作了明确规定：(一)争取释放国内政治犯，反对目前盛行的监禁、酷刑和处决的制度，本同盟首要的工作对象是大量的无名囚犯；(二)予政治犯以法律的辩护及其他援助，调查监狱的状况和公布国内剥夺民权的事实，以唤起舆论的注意；(三)协助关于争取公民权利，如出版、言论、集会和结社自由的斗争。中国民权保障同盟通过与国民党反动派的斗争，保护和营救了大批中国共产党党员和反蒋爱国人士。这一行动是当时全国人民日趋高涨的民主运动的组成部分，密切配合了共产党领导下的抗日反蒋斗争，为革命事业作出了特殊的贡献。

同月 蒋介石采纳了宋子文、孔祥熙的建议，恢复了中苏邦交。

一九三三年

1月5日 鉴于3日日本侵略者占领榆关，向华北进犯事态，东北义勇军后援会常务理事江问渔、杜重远，中华民国救国团体联合会常务理事熊希龄、褚辅成等电国民政府，指出“榆关失陷，强寇日深，徘徊岐路，势所不许”，要求即日宣布对日绝交。蔡廷锴电询国民党中央，“已否确定大计，北平张主任有无抵抗决心”，表示愿率所部北上抗敌。阎锡山、宋哲元、韩复榘、傅作义、徐永昌等亦均致电国府及蒋介石请缨抗日。蒋介石分别复电“嘉慰”，并令切实整顿部署，静待命令。

1月6日 中国民权保障同盟临时全国执行委员宋庆龄、蔡元培致电国民党中央，要求释放被北平国民党军警逮捕的教授马哲民等师生，以重民权。

1月15日 北平的《独立评论》基本撰稿人之一的丁文江，发表《假如我是蒋介石》一文，主张抵抗日本侵略，并且为蒋介石策划说：第一“要立刻完成国民党内部的团结”；第二“要立刻谋军事首领的合作”；第三“要立刻与共产党商量休战”。由此可见，当日本于1月占领山海关，侵略的火焰快要烧到热河、华北的时候，在知识界上层分子和民族资产阶级中发出“停止内战，抵抗日本”的呼声。

1月17日　日本帝国主义侵占我国东北三省以后，向华北侵犯，蒋介石国民党政府在“攘外必先安内”的反动口号下，继续对红军组织大规模“围剿”。为了团结全国人民进行抗日斗争，由中共驻共产国际代表团起草的、以中华苏维埃临时中央政府主席毛泽东和中国工农红军革命军事委员会主席朱德的名义，发表了《为反对日本帝国主义侵入华北愿在三条件下与全国各军队共同抗日宣言》，首次提出中国工农红军在三个条件下，愿意与全国任何武装部队，订立对日作战协定。这三个条件是：(一)立即停止进攻苏维埃区域；(二)立即保证民众的民主权利(集会、结社、言论、罢工、出版之自由等)；(三)立即武装民众创立武装的义勇军，以保卫中国及争取中国的独立统一与领土完整。这一宣言得到了全国广大人民的赞同，并且激发国民党内部要求联共抗日的官兵的反蒋爱国情绪。虽然“三个条件”暂时很难在全国范围内实现，但是对同国民党中的个别力量建立不同形式的抗日统一战线起了作用。

同日　中国民权保障同盟上海分会成立。蔡元培、杨杏佛、鲁迅、周建人、邹韬奋、胡愈之、林语堂、伊罗生、史沫特莱、许申、吴汉祺、陈彬和、林众可、郭蔚然、王造时、郑太朴出席，通过分会章程和宣言，规定主要任务为反对国民党对革命者的监禁、酷刑和处决，营救被捕的革命者，给政治犯以法律辩护及其他援助，争取公民权利和出版、言论、集会、结社的自由，要求国民党政府停止对努力于中国进步与解放之著作家、美术家与杂志报章编辑人之压迫，并表示“愿唤起中国人民，起而努力”。大会推选宋庆龄、蔡元培、鲁迅、胡愈之、邹韬奋、杨铨、林语堂、伊罗生、陈彬和九人为执委。

1月24日 上海市工界第二届代表大会主席团朱学范等致电国民党政府，指出“时至今日，则依赖国联之迷萝当可醒矣！”要求政府当局当机立断，实行抗日，并表示全市八十万工人誓为后盾。

1月26日 中共驻共产国际代表团，以中共中央的名义写了一封《给满洲各级党部及全体党员的信》。指示信分析了东北抗日斗争的形势，提出了“尽可能地造成全民族的（计算到特殊的环境）反帝统一战线，来聚集和联合一切可能的，虽然是不可靠的动摇的力量，共同与共同敌人——日本帝国主义及其走狗斗争”的总策略方针，第一次规定了在东北地区组织全民族的抗日统一战线的策略。指示信提出了统一战线的四项基本原则：（一）无论在什么时候，都坚持和保存自己政治上和组织上的独立性，即无产阶级政党自由的和不留情的批评和揭穿统一战线内同体中的一切不彻底、动摇、叛变、变节、投降的企图和事实。（二）在实际执行统一战线的策略时，必须具体的、注意的计算到客观的环境和主观的因素，须分别的对付各种不同的对象。（三）必须牢记着，下层统一战线，必须是我们活动的基础，任何的上层统一战线，都只有在我们能够抓紧巩固的下层统一战线，和上层处于下层革命情绪的威协下的时候，才可能和有用。（四）不保证反帝运动有无产阶级的骨干，没有无产阶级广大的群众革命组织（赤色工会、罢工委员会、反日会、工人纠察队、工人义勇军)，就不必想在无产阶级的周围来实行真正革命的统一战线，或使之有利于无产阶级，也不必想夺得无产阶级的领导。“一·二六”指示信，就其主要内容说，比过去推行的“左”倾政策是一个很大的进步。它有力地推动了东北抗日斗争的开展，使东北各地抗日游击战争和其他抗日事业，呈现了蓬勃发展的局面。诚然，它仍存在某些浓厚的“左”的错误观点，例如在反对日本帝国主义同时，还要求反对其他一切帝国主义；把主张抗日的国民党将领仍看成同蒋介石一样“是主要的危险”等，这就势必影响推进统一战线工作。

1月30日　中国民权保障同盟北平分会经杨杏佛、李济之等人组织，是日下午成立。胡适致开幕词，杨杏佛作报告。议决以同盟总会所定分会章程，作为北平分会章程；主张立即废止《危害民国紧急治罪法》及其他侵害人民权利之单行法；营救平津各地被非法监禁之政治犯；要求国民党政府查办顾祝同。大会推选胡适之、成舍我、陈博生、徐旭生、许德珩、任叔永、蒋梦麟、李济之、马幼渔等九人为执委。

1月31日　中国民权保障同盟临时全国执委杨杏佛由沪抵平，偕胡适、成舍我往北平国民党陆军监狱、军人反省分院等处慰问政治犯，并考察监狱黑暗情况。

1月　胡也频在上海被国民党逮捕，丁玲拿着陈望道写给邵力子的求援信，到南京国民政府请邵帮助营救。邵说：“这是怎么搞的？卷到这么一个大案子里去了！”邵随即写了一封给国民党上海市长张群的信，嘱咐赶快将信送去。丁玲赶回上海，未及将信交给张群，胡也频已在龙华被国民党杀害了。

年初 杜斌丞奉西北军将领杨虎城之命往天水向孙蔚如传达机要。杜对该部参谋武志平说:以我的看法,如红军西进,我们应当有意识地放过去;如果红军要在川陕边区停留下来,我们最好不打。

2月1日 中国民权保障同盟为国民党江苏省政府主席顾祝同枪杀镇江《江声报》记者刘煜生事件发表宣言,严词谴责"此种蹂躏人权,破坏法纪之黑暗暴行,已明白证明顾祝同在实质上与北洋军阀毫无二式(致)",要求国民党最高当局迅速将顾祝同及其他有关人员免职,依法惩办。

2月7日 河北省定县平民教育促进会发动农民举行游行示威,反对日本帝国主义侵略华北。参加人数达七千左右。

2月9日 中国电影文化协会在上海成立,选出夏衍、田汉、洪深、聂耳,沈西苓等三十一人为执委或候补执委。协会发布宣言,指出"帝国主义的侵略与封建势力的压迫在今日已更见严重",号召电影工作者"亲切地组织起来","认清过去的错误","探讨未来的光明",开展电影文化运动。

2月10日 国民党南京市党部通过决议,请求国民党中央解散中国民权保障同盟,并予该盟负责人宋庆龄、蔡元培等以警告。

2月14日 冯玉祥致电胡汉民、邹鲁,指责国民党政府自榆关失陷后,表面虽有大军开赴前线之举,而实际如兵站之设置,弹药之补充,军费之筹拨迄未筹办,"是无异驱十万大军于绝路,此云抗日,真欺人之谈",要求胡汉民等"应时势之要求,顺人民之意向,奋起救亡"。

2 月 16 日　由黄炎培、穆藕初、朱庆澜、熊希龄、杜重远等发动组织的东北热河后援协进会，在北平成立。宋子文、张学良莅会发表演说。推选朱庆澜为会长，周作民为副会长，丁文江、胡适、熊希龄等四十五人为理事，决议通电全国人民报告该会之成立，要求全国一致起来援助前方军需，并要求全国军政官兵一致团结御侮。会后商定朱庆澜等翌日随宋子文赴热河视察，推动汤玉麟抗战。

2 月 22 日　陕西省政府主席杨虎城电告国民党中央执行委员，监察院院长于右任，表示将派遣部队“出兵抗日，效命疆场”。

3 月 1 日　原第六路军总指挥兼安徽省政府主席方振武为抗日由上海到山西介休、孝义一带与旧部鲍刚、张人杰等成立抗日救国军。方振武在介休通电就任总指挥职，电称：“惟念国亡无日，不忍不尽匹夫有责之义，益以同志之敦促，部属之推情，友朋之责望，不揣鄙陋，爰集我军于锦山，誓师援热，就任抗日救国军总指挥之职。受命之日，即以身许国之时。以驱除暴日为目的，以恢复国土为职志。”

3 月 7 日　张学良致电国民党政府，以热河失守，引咎辞职。八日，蒋介石到石家庄，张学良求见，蒋以“前方军事吃紧，调度需人”而拒绝。蒋与何应钦、宋子文会商要张学良下野的办法。九日，蒋到保定，授意宋子文与张学良会谈去留问题，张提出：（一）各路东北军由张率领，克复承德，中央负责接济；（二）准他辞职，中央负起抗日全责。宋子文转达蒋意，劝张辞职。张表示接受，蒋随即与张会面。12 日，国民党政府准免张学良北平政务委员会常务委员兼代军事委员会北平分会委员长之职，由何应钦接任。

3月8日　中国民权保障同盟与工人、学生、作家、知识界、商人等三十多个团体，成立了国家御侮自救会，号召团结抗日力量，反对国民党妥协投降，要求南京政府立刻派全国军队，收复东北、保卫华北，立即武装全部民众，援助东北义勇军，扩大抵制日货等等。宋庆龄在大会上发表演说，指责国民党政府阻挠人民抗日和摧残民权，号召在全国各城市乡村我们应一致奋斗来要求：（一）全国军队至少百分之八十以上，配以适当的军械与飞机，应开拔去抵抗日本帝国主义，收复满州热河，保卫中国；（二）人民应全部武装，组织人民自卫团；（三）人民的民权（言论出版自由，集会结社自由等）立即恢复，革命分子的监禁酷刑与杀戮应立即废止；（四）停止向中国苏维埃区域的进攻。

3月18日　胡适在北平参观几个监狱之后，竟对《字林西报》说监狱如何“自由”，“很容易和犯人谈话”，没有“一点”严刑拷打的“证据”等，还说“不能离开法律来谈民权保障”，如“向政府要求革命的自由权”，就是“与虎谋皮”。他竭力为国民党监狱进行粉饰，背叛了民权保障同盟的宗旨。宋庆龄曾气愤地说，“胡适身为同盟的盟员，又是北平分会主席，竟进行反对同盟的活动，他这种行动是不老实的和反动的”。鉴于胡适这种反对民权保障同盟的活动，决定撤销胡适北平分会主席职务，并将其开除盟籍。

3月29日　何香凝为廖承志被国民党逮捕事，通电全国并致电蒋介石、汪精卫、孙科等人提出抗议。何香凝对记者说，廖承志在德国留学，近因暴日入侵，愤而返国，到沪为时仅两周。

3 月 30 日 中国民权保障同盟为廖承志等人被捕事发表宣言，要求国民党当局立即予以释放。宣言指出：廖承志、罗登贤、余文化等人由间谍报告被捕，未得任何证据，“若据空言可入人于罪，则吾国民之前途尚堪过问耶？”

3 月 31 日 上海第二特区法院开庭审判罗登贤、廖承志、余文化、陈广（陈赓）等五人，罗登贤等人在法庭上严词驳斥所谓“反动”“反革命”等罪名，审判官无言以对。律师吴凯声要求释放他们。特区法庭遂判决由工部局巡捕房移提给中国政府当局。是晚，廖承志由何香凝、国民党中监委柳亚子具保释放。其余四人于 4 月 1 日被解往南京投入陆军监狱。

4 月 冯玉祥派邓哲熙、李兴中邀许德珩往张家口讲学。许与冯分析研究国内外形势，讲述抗日救亡的重要意义。不几日，许德珩秘密返回北平。

春 中共地下组织发动靖边县保安队（队长王儒林，中共党员）举行兵变，参加当地农民暴动，同时，兰州市水北门守军（中队长王建中，中共党员）亦举行兵变。准备将两股力量汇合起来打游击，但被镇压，主要负责人甘青特委军委书记孙作宾和李慕愚等数十人被捕，押送警备司令部。邓宝珊派其侄子邓鸿宾少校（中共党员）将孙作宾等主要负责人带出释放，然后又以“民族斗殴”“青年胡闹”等为由，将其他被押人员陆续释放，中共地下党员无一损失。

4 月 2 日 中国民权保障同盟临时全国执委会与上海分会举行联席会议，决定组设营救政治犯委员会，选举宋庆龄、蔡元培、杨杏佛、吴凯声、王造时、沈钧儒、陈彬和为委员；要求国民党当局释放罗登贤、陈赓、陈淑英、余文化等一切政治犯，废止“特别法”，开放言论与集会结社自由，严禁私刑，予政治犯以人道待遇等；并推宋庆龄、杨杏佛、沈钧儒、伊罗生往南京营救。

同日 宋庆龄致电国民政府行政院院长汪精卫、司法行政部长罗文干，指出对罗登贤等人“罪证既不成立，移提久禁”之违法，要求由正式法庭审判，勿用军法刑讯。

同日 为罗登贤、陈赓、廖承志等五人被拘禁事，宋庆龄通过外国报纸发表《告中国人民》的声明，号召全中国人民起来要求释放他们。她指出：这次审判是“公开的滑稽戏”，是蒋介石政府所奉行的政策的另一个例证，她指出：正当蒋介石政府与日本侵略者准备签订秘密条约，阴谋出卖民族利益的时候，“中国工农革命运动的工作者和领袖们却因为反对祖国被瓜分和奴役而受到了逮捕、酷刑、处死，在中世纪的牢狱中活受罪”。她指出：罗等五人“不是罪犯，而是中国人民最高尚的代表人物”，如果容许这样的革命战士被逮捕被监禁，甚至被杀害，就是容许反动势力摧残中国民族生命的根苗。她指出：“中国的人民大众必须团结起来进行坚决斗争，才能消灭这种罪恶行为。只有我们掌握了自己的命运，把我们的国家从帝国主义者及其中国走狗的魔掌中解放出来，建立我们自己的法庭和其他自由人民的机构，才能永远消灭这些罪恶行为。”

4月5日 中国民权保障同盟宋庆龄、杨杏佛、沈钧儒、伊罗生及吴凯声抵南京。汪精卫、罗文干往饭店访宋庆龄，宋等要求立即释放罗登贤等人，并以中国民权保障同盟名义提交书面要求四项：（一）立即释放一切政治犯；（二）废止滥刑；（三）给政治犯以阅报读书自由，禁用镣铐；（四）严惩狱吏敲诈受贿。汪精卫答允提交中央政治会议。

同日　宋庆龄等人往南京卫戍司令部监狱探望罗登贤等人，又往江苏第一监狱探望泛太平洋同盟秘书牛兰夫妇。

4月10日　蒋介石在南昌举行的扩大纪念周上发表演说，声称“抗日必先‘剿匪’，征诸历代兴亡，安内始能攘外。在匪未肃清前绝对不能言抗日，违者即予最严厉处罚”。

4月15日　中华苏维埃共和国临时中央政府与工农红军革命军事委员会发表宣言，揭露国民党污蔑中华苏维埃政府与日本侵略者谈判的谣言，重申愿在三个条件下与任何武装部队共同抗日的主张，号召全国人民为中国的独立、统一与领土的完整而斗争。

5月上旬　杜斌丞致函孙蔚如部参谋武志平，暗示说杨虎城已确定和红军进行友好联络，并由武负责进行。

5月13日　中国民权保障同盟负责人宋庆龄、蔡元培、鲁迅、杨杏佛等赴德国驻沪领事馆，递交联署的《为德国法西斯压迫民权摧残文化的抗议书》，谴责希特勒政府对德国工人、进步文化人士、共产党员逮捕与迫害等罪行。领事贝连答应将抗议书递交德国驻华公使。

5月14日　作家丁玲、潘梓年在上海租界地区被国民党兰衣社特务秘密绑架。应修人前往访丁，遇留守特务拘捕，应与之搏斗堕楼而死。丁被解往南京。23日，文化界人士蔡元培、杨杏佛、胡愈之、洪深、邹韬奋、柳亚子等三十八人致电行政院院长汪精卫、司法行政部部长罗文幹，要求立即释放。

5月15日 中共满洲省委作出《关于执行反帝统一战线与无产阶级领导权的决议》。省委收到"一·二六"指示信后,经过讨论,作出此决议,并向下作了传达。决议明确规定两条方针:(一)扩大党独立领导下的抗日游击队,坚决执行反日斗争的纲领,执行民族革命统一战线的策略;(二)使党成为聚集与联合一切反日力量的组织者和领导者,可以采取上层统一战线和反日联盟的形式,反对"左"倾关门主义。实行这样的政策,东北党组织更加主动地去团结各种抗日力量,收编和改编各种义勇军,确立了党在这些部队中的领导权。到本年年底,在共产党直接领导下的各地游击队发展成为东北抗日的游击战争中的主力。

5月24日 宋庆龄在美国纽约《民族》杂志发表《中国的工人们,团结起来!》的文章,揭露法西斯主义势力正在欧洲扩展,准备发动帝国主义世界战争;谴责日本帝国主义的侵略和国民党政府的妥协投降;号召中国工人、农民、学生、义勇军联合起来,组织起来,为中国的解放、统一与完整而斗争。她要求国民党政府派遣全国百分之八十以上的军队、全国所有飞机抗日,收复失地,组织义勇军;立即恢复人民的民主权利,立即停止对革命分子的监禁、酷刑和杀戮;停止向中华苏维埃区域进攻。

5月26日 在中国共产党的推动和影响下,在张家口成立了以抗日将领冯玉祥、方振武和共产党员吉鸿昌为首的察哈尔民众抗日同盟军,冯玉祥任同盟军总司令,方振武任前敌总司令,吉鸿昌任前敌总指挥。并通电全国,主张联合抗日,收复失地。通电谴责握政府大权者,以不抵抗而弃三省,以假抵抗而失热河。现在不但冀察垂危,黄河以北,悉将不保。当局仍"以忍辱负重自欺，以安定人心之词，自欺欺人”。表示要“结成抗日战线，武装保卫察省，进而收复失地，求争取中国之独立自由。抗日同盟军得到全国人民的广泛同情和支援，积极对日作战，到六、七月便收复了康保、宝昌、沽源、多伦等地，把日伪军完全驱逐出察哈尔省境。抗日同盟军的胜利，大大鼓舞了全国人民的抗日斗志。但是，由于遭到日蒋夹击，同盟军处境日益困难，于同年九月底遭受失败。吉鸿昌避往天津，后被国民党逮捕，壮烈牺牲。在抗日同盟军中，有不少共产党员发挥骨干作用，他们与冯玉祥等人进行合作抗日，但中共临时中央领导人没有看到中间势力和地方势力正在发生的变化，却认为冯玉祥“和其他华北的或南京的军阀的作用，根本没有区别”，坚持“左”倾关门主义的策略，故使“一·一七”宣言在抗日同盟军中未得到有利于革命发展的效果。

5 月 27 日　方振武部第一军军长张人杰、原马占山部军长邓文通电响应冯玉祥将军组织察哈尔民众抗日同盟军，表示愿率所部誓死追随。

5 月 28 日　中华苏维埃共和国临时中央政府主席毛泽东、革命军事委员会主席朱德联名发表《告闽粤白军士兵书》，向广东、福建的一切武装队伍提出，在承认三个条件的原则下，同他们订立停战协定，反对日本帝国主义和卖国的蒋介石南京政府。

同日　吉鸿昌、佟麟阁、高树勋等十四名将领自张家口联名致电冯玉祥响应抗日。电称：“奉读宥电，慷慨陈辞，抑郁精神、大为振奋”，表示今后愿在冯总司令领导之下“团结民众，武装民众，誓以满腔热血洒遍疆场，保我河山，复我失地”。

抗日救国军总指挥方振武自宣化致电冯玉祥，响应加入察哈尔民众抗日同盟军。

5月30日 上海各民众团体救国联合会电贺冯玉祥就任抗日同盟军总司令率师抗日，表示“敝会情殷御侮，义切同仇，永矢热忱，以为后盾”。济南民众团体救国会派常委刘之田、谢一楚赴张家口慰劳。西南政务会常委萧佛成、邓泽如、唐绍仪、陈济棠、李宗仁、邹鲁致电冯玉祥，支持抗日同盟军抗日杀敌，表示西南当力图为后盾。

5月31日 马相伯、章太炎电贺冯玉祥“仗义兴师，为国请命”，并建议冯联络东北军共同抗日。

同日 中日签订《塘沽协定》。中国首席代表熊斌在日方提出的文本上签字，内容为：（一）中国军队撤退至延庆、昌平、高丽营、顺义、通州、香河、宝坻、林亭口、宁河、芦台所连之线以西以南地区，不再前进，又不行一切挑战扰乱之举动；（二）日本军为确悉第一项实行之情形，可用飞机或其他方法视察，中国方面应行保护，并予以便利；（三）日本军确认中国军已撤至第一项协定之线时，不超越该线续行追击，且自动一概归还至长城之线；（四）长城线以南第一项协定之线以北及以东地域内之治安维持，由中国警察机关任之。右述警察机关不可用刺激日本感情之武力团体；（五）本协定签字后即发生效力。

5月 十九路军派梅龚彬在上海寻找中共地下组织，谋求联合抗日，未得结果。

6月1日 中华苏维埃共和国中央政府发表《为反对国民党出卖平津华北宣言》，严厉谴责国民党南京政府与日本帝国主义签订《塘沽协定》，把整个满洲、热河与平津奉送给了日本帝国主义，驳斥其所谓不能出兵抗日是由于工农红军“障碍抗日战争”，“中国没有力量抗日”，故不得“不忍痛停战”等谰言。重申在三个条件下与任何国民党军队订立抗日作战协定，号召全中国的民众、东北义勇军、东北抗日的士兵、学生、知识分子、自由职业家以及一切革命者，团结起来，武装起来，同中华苏维埃共和国中央政府在一起，扩大民族革命战争，收复东北失地，为保卫中国，为争取中国民族的独立解放而斗争。

6月8日 中共中央致各级党部及全体同志信，论反帝运动中的统一战线，指出《塘沽协定》的签订，进一步造成民族危机的严重，在目前建立和加强统一战线是非常必要的，要求全党“坚决实行广大统一战线并将这一群众的革命统一战线来对抗帝国主义和它的清道夫——国民党阻挠中国民族解放与压迫整个中国革命的统一战线”。

6月9日 上海中央局以中共中央的名义将“一·二六”指示信公布于全党，希望一切组织，首先是华北的党组织把这一信中所指出的任务与策略适宜地应用于目前各地实际斗争环境中，

同日 何应钦致电冯玉祥，借口日军图察系因冯“揭抗日旗帜，脱离华北范围，故欲借口乘机侵入察省”，要求冯“忍辱负重”，将察哈尔民众抗日同盟军解散。

6月12日 何应钦奉蒋介石之命，召集宋哲元、庞炳勋等人在北平开会，商议解决察哈尔民众抗日同盟军具体办法。

6月14日 张吉镛到张家口，向冯玉祥传达北平政务委员会、军委会北平分会当局解决察哈尔民众抗日同盟军办法。冯

玉祥提出令宋哲元回察哈尔省任省政府主席，冯任林垦会办等七项意见。

6月15日 冯玉祥在张家口召开抗日同盟军第一次军民代表大会，到会代表六十一人，历时五日。大会通过同盟军纲领决议案，主要内容为：抗日同盟军为革命军民的联合战线，以外抗暴日，内除国贼为宗旨，不承认一切卖国协定，反对任何方式的妥协，誓以武力收复失地；主张对日绝交，联合世界反帝势力共同奋斗，完成中国之独立自由，实现抗日救国的民众政权；取消苛捐杂税，改善工农贫民士兵生活；释放爱国政治犯，保障民众集会、结社、言论、出版、武装之自由。还通过军事问题决议案、财政政策决议案、军队中政治工作与协助民众运动决议案、同盟军军事委员会组织大纲决议案等。并且选举军事委员会三十五人，冯玉祥、方振武、吉鸿昌、宣侠父、张人杰、孙良诚、张允荣、邓文、佟麟阁、邱山宁、张慕陶十一人为常委。徐惟烈任秘书长。同盟军军事实力有佟麟阁部约万人，吉鸿昌部六千余人，邓文部七千余人，孙良城部六千余人，方振武部二万余人，共八万人左右。

6月17日 蒋介石、汪精卫电复何应钦、黄郛，接受冯玉祥提出的解决察哈尔省民众抗日同盟军的七项意见。

6月18日 蒋介石指使戴笠派特务在上海暗杀了中国民权保障同盟领导人杨杏佛，还扬言要在杨杏佛出殡之日暗杀中国民权保障同盟其他领导人，特别是鲁迅。但是，鲁迅毫不犹豫参加送殡。宋庆龄为杨杏佛被暗害发表声明："我们非但没有被吓倒，杨铨为同情自由所付出的代价反而使我们更坚决地斗争下去，再接再厉，直到我们应达到的目的。杀害杨铨的刽子手们要明白，政治罪行必然会给他们带来应得的惩罚。”

6月20日 察哈尔民众抗日同盟军方振武、吉鸿昌、孙良诚、佟麟阁、邓文等二十六名将领联名发表通电，表示抗日决心。电文说：“为民族生存而战争，应民众要求而奋起，敢对国人一掬肺腑，凡与吾人同一战线者，皆为吾友，凡与敌人同一战线者，皆为吾敌”，宣布“重整义师，尅日北指，克复察省失地，再图还我河山……四省不复，此心不谕”。

宋哲元再派张吉镛到张家口晤冯玉祥。冯在方振武、吉鸿昌等人通电鼓舞下，改变动摇态度，表示不愿放弃抗日就高官。

同日 杨杏佛遗体入殓及追悼仪式在上海万国殡仪馆举行，宋庆龄、鲁迅、蔡元培、沈钧儒、李四光等前往吊唁。

6月24日 红军第四方面军到达川北通江、南江、巴中地区，迫近驻汉中的西北军孙蔚如部，孙向杨虎城请示方针。这时，中共西北党地下组织亦奉中央指示，通过宋绮云、杜斌丞与杨虎城商妥，派武志平同红军取得联系，促成了十七路军孙蔚如部和红四方面军的谈判，是日，订立了互不侵犯的协定。川北红军亦派代表黄超、徐以新驻汉中联系。在一段时间内双方没有发生冲突。宋绮云还通过武志平给红四方面军送去了川、陕、甘、宁、青等省军用地图和情报资料等。

6月 十九路军领导人同由香港秘密入闽的陈铭枢商定联合反蒋介石的三项策略，上策是西南、广东、广西、福建大联合反蒋；中策是如广东不同意，就联合广西共同解决陈济棠，夺取广东为根据地来反蒋；下策是如上、中策都走不通，最后只好联合红军反蒋抗日。

本月 中国国民党临时行动委员会派章伯钧、彭泽湘、周惠生、张云川等人前往张家口，帮助察哈尔民众抗日同盟军工作。周惠生任同盟军总司令部秘书，张云川任同盟军干部学校政治主任教官。

7月3日 蒋介石决定对冯玉祥领导的察哈尔民众抗日同盟军采取军事行动，并电告汪精卫。蒋介石电令何应钦“速筹军事之彻底解决办法”。

7月6日 何应钦令庞炳勋、冯钦哉、孙德荃、冯占海、何遂等部到指定地区集结，对察哈尔民众抗日同盟军采取军事行动。随后又增调关麟征、王以哲、黄杰、王敬久等部共十六个师，十五万余人。

7月8日 冯玉祥在张家口通电全国，揭露国民党政府当局趁民众抗日同盟军收复康保、宝昌、沽源，进兵多伦之际，不仅不予接济，反以兵力压迫，造谣栽诬，特列举事实予以驳斥，并表示决“于血泊中求挣扎”，“为民族生存而奋斗”。

7月12日 察哈尔民众抗日同盟军收复多伦。冯玉祥致电蒋介石、汪精卫、何应钦、黄郛，报告收复多伦，要求蒋介石等人“慨念东北同胞亡国之痛，废停战协定之约，兴收东四省之师”；否则，惟有“自率十万饥疲之士，进而为规复四省之谋，一息尚存，此志不懈”。

7月14日 邹韬奋因被国民党列入“黑名单”，被迫乘船离上海赴意大利，以后游历瑞士、法、英、德、比、荷、美等国。

同日 由梁漱溟、晏阳初、章元善、江问渔等发起之全国乡村建设协进会，在山东省邹平县山东乡村建设研究院开会，于十六日闭会。定名乡村工作讨论会，今后每年召开一次。

7月17日　李济深、陈铭枢致电汪精卫、居正、于右任、孙科，指责国民党政府当局派重兵入察哈尔省围攻民众抗日同盟军，要求“即饬令停止入察之师，为国家惜人才，为社会留元气”。

7月23日　蒋介石在《现代军人须知》讲话中，把所谓“剿匪”作为国民党军队“唯一重大的使命”。

夏　上海互济会的负责人告诉史良：任白戈因共产党员嫌疑，在上海中国地界被国民党警察局逮捕，有特殊理由必须紧急营救。史良表示愿意接受所托，并可作任的律师。史立即找到法院方面的熟人，托其向警察局了解案情。回话说警察局掌握的证据不足，正在搜集。史怕任转到特务机关不经司法程序秘密处决，随即请法院查明任的关押地点，然后通过法院人员向警察局提出，说此事是误会了，希望允许保释。警察局以为任只是左倾分子，未予重视，即予释放。稍后又将与任同时被捕的另一个地下党员也释放了。

8月3日　冯玉祥致电庞炳勋，表示“决自本日起结束军事，所有察省军政权，即由中央派员接收”。

8月5日　冯玉祥通电全国宣布即日起“忍痛收束军事”，要求政府令宋哲元回察哈尔省接收一切。并表示“抗日雪耻之念，愈挫愈坚，一息尚存，此志不渝”。

同日　中华苏维埃中央革命军事委员会主席朱德致电上海民权保障大同盟宋庆龄转世界反帝非战代表大会，代表中国红军向即将于九月在上海召开的世界反帝非战代表大会致以热烈的反帝非战的敬礼，并强调中国红军在反帝最前线为大会作有力的后盾。

8月9日 冯玉祥撤销察哈尔省民众抗日同盟军总部。

8月14日 冯玉祥离开张家口，汪精卫代表到北平车站迎候，遵照国民党政府的旨意，促冯去南京就训练总监或全国林垦督办或黄河水利委员会委员长职，被冯拒绝。次日冯到济南，17日抵泰山。

8月25日 方振武、吉鸿昌、米文和、阮玄武等人通电声讨国民党当局对察哈尔民众抗日同盟军的镇压，表示“既以抗日为起源，必以抗日为归宿”，仍督同盟军急救多伦之围，“倘再有阻遏抗日进程而为亡国之催命符者，决以深仇大敌视之”，北平电局收到该电，何应钦下命扣留。

8月27日 方振武部、吉鸿昌部由张北撤出后，方部开往独石口，吉鸿昌、宣侠父、张慕陶等人在张北县北面延后二台集结，召开中共前线委员会扩大会议，批判张慕陶散布的“联日反蒋”主张，坚持抗日路线，改组革命军事委员会，指定吉鸿昌任抗日同盟军总指挥，决定开太行山，因受张凌云部包围，吉部突围开往商都。

8月30日 十九路军在福建接连被红三军团打败，中国国民党临时行动委员会负责人黄琪翔对此极为关切。是日，在上海寓所与章伯钧、刘伯垂、彭泽湘、麦朝枢共同商谈挽救的办法，彭泽湘提出：十九路军是抗日反蒋的，应该是革命同路的军队，只有和中共商谈合作，才有立足生存之可能；红军不应该把它消灭，不然正好中了蒋介石借刀杀人的毒计。最好在上海与中共中央取得联系，请转电红军领袖，先行下令停止进攻，然后再商量具体办法。大家同意彭的意见，并请黄琪翔写信给香港的陈铭枢，征求十九路军的意见。陈复信说，早已派梅龚彬到上海与中共接洽，可就近配合进行。虽然多次商谈，未获积极结果。

9月6日 中华苏维埃共和国中央执行委员会主席毛泽东，副主席项英、张国焘，中华苏维埃共和国革命军事委员会主席朱德在瑞金联名发表《告全世界工农劳苦民众宣言》。宣言指出：国民党军阀政客是从美、英、日、法、德等帝国主义得到许多新式武器和战争经费的。这些帝国主义利用你们制造的武器和从你们身上压榨的血汗钱去消灭我们这些为自己民族解放和社会解放而奋斗的中国民众。希望你们帮助我们反对那些要使我们再过黑暗的非人生活并要屠杀我们的刽子手。宣言再一次向全国军队宣告：不论什么军队，只要赞成我们 1933 年 1 月 17 日提出的三个条件，就可以和我们签订停战协约，以便共同反对日本帝国主义及其他帝国主义，保卫中华民族的生存和争取中华民族的解放。

9月21日 方振武部在怀柔召开军民大会，张贴抗日反蒋标语。同日，国民党的北平军分会派殷同访日武官柴山，竟然要求日本干预。

9月22日 中国致公党第一任总理陈炯明在香港病逝。

同日 十九路军联络代表陈公培等五人到达福建王台苏区，与中共联系共同反蒋抗日，彭德怀将陈之来意电告中共中央，并遵照周恩来电示的精神，偕同袁国平与陈接谈，当陈表示十九路军要反蒋抗日，不反蒋就不能抗日时，彭说：“抗日必须反蒋，因为蒋执行的是‘攘外必先安内’的卖国政策，只有抗日才能停止内战。”这样，前线形势缓和下来。

陈公培是由陈铭枢派遣到苏区联系的，陈公培当时化名“吴明”。

同日 日武官据关东军司令官菱刘隆复电，派日本军官赴怀柔向方振武提出，限26日晚前撤出非武装区，否则，即派兵进攻。

9月25日 东方军总指挥彭德怀写回信，交与随同陈公培来苏区的十九路士兵送与蔡廷锴。信中对十九路军响应中共“共同抗日三条件”并同红军合作，表示欢迎；同时对十九路军以往反共、压迫人民的错误行为，也提出严肃的批评；并告以反蒋大计，请十九路军派代表到苏区首府瑞金，同中共中央进行谈判。

从此，十九路军与红军在福建延平前线进入休战状态。

9月30日 世界反对帝国主义战争委员会远东反战大会在上海秘密召开。上海工人、东北义勇军、平绥路工人、十九路军士兵，河北、福建、江苏及苏区红军代表，国际反帝非战同盟代表等六十五人出席大会。由于莱（英国人）、环音考托（法国人）、波比（比利时人）、宋庆龄组成主席团。推举毛泽东、朱德、片山潜、鲁迅、高尔基、巴比塞、台尔曼等为名誉主席。宋庆龄在会上作《中国的自由与反战斗争》的报告，指出“反动的武力只能以革命的武力来对抗”，“我们反对帝国主义战争，但是我们拥护武装人民的民族革命战争”；赞颂中国苏维埃政府和工农红军，愿意与任何军队订立军事协定，抵抗日本帝国主义的认真态度，谴责国民党出卖中国民族利益的罪行。大会通过了关于反对帝国主义战争及反法西斯蒂的决议和宣言，反对白色恐怖的决议，反对帝国主义国民党对苏区红军的五次“围剿”的抗议书等。选举宋庆龄为主席。

9月 十九路军派刘伯垂在上海再次寻找中共组织，欲联合反蒋抗日，未获结果。

本月 中国国民党临时行动委员会主要负责人黄琪翔、章伯钧、彭泽湘等人到达香港，同李济深、陈铭枢等人商谈以“反蒋抗日”为号召，联络各方面力量，在福建组织人民政府事宜。

月底 蒋介石加紧部署第五次对中央苏区的“围剿”，情势紧张，彭德怀派红军护送陈公培等人回十九路军。

10月6日 陈铭枢由香港第二次秘密到达福州，与十九路军将领蔡廷锴、蒋光鼐商谈发动反蒋介石的事变及与红军联合反蒋抗日等问题。决定由陈公培陪同福建省政府及十九路军全权代表徐鸣鸿赴中央苏区瑞金。当中共中央接到徐带去的十九路军将领给毛泽东、朱德的信后，召开会议讨论，经过一番激烈争论，决定由周恩来负责此项谈判工作，并派潘汉年为苏维埃临时中央政府及工农红军全权代表与徐鸣鸿具体谈判。

10月7日 蒋介石开始实行对中央苏区的第五次“围剿”，颁发行动纲要及“围剿”计划。

10月8日 国民党军委会北平分会派北平慈善团体代表刘砥泉等四人，到战地会晤方振武、吉鸿昌，促其罢兵，日军限下午三时前退出战区。方、吉被迫派代表宋文和随刘砥泉等到顺义三十二军商震部洽谈解决冲突办法。下午二时，方振武、吉鸿昌去马家营与商震、徐庭瑶会晤，方提出三项要求：（一）卫队二百余人给资遣散；（二）军队由政府收编；（三）本人及吉鸿昌愿出国，要求给予名义及旅费。商震向何应钦请示，何答复：（一）卫队给资五千元遣散；（二）军队交与方、吉之部将李德新等暂行统率，集中听候改编；（三）保障方、吉安全，出国费待向中央请示。下午四时半，方、吉通电申述抗日经过及不得已离开军队的苦衷。方、吉二人旋被扣押解往北平，中途脱逃，吉鸿昌避去天津，方则转辗流亡国外，所部六千余人被缴械，同盟军至此完全失败。

10月19日 陈铭枢在闽与十九路军将领蔡廷锴、蒋光鼐等商谈联合反蒋抗日事后返抵香港。

同日 蒋光鼐以为子完婚为名赴港澳，抵港后分别与李济深、陈铭枢、徐谦及黔桂各省代表商谈发动"福建事变"。

10月26日 国民党第十九路军和苏维埃政府及红军签署了《中华苏维埃共和国临时中央政府及工农红军与福建政府及十九路军反日反蒋的初步协定》。协定指出："双方为挽救中国民族之垂亡，反对帝国主义殖民地化中国之阴谋，并实现苏维埃政府及红军屡次宣言，准备进行反日反蒋的军事同盟。"协定共十一条，主要内容：一、双方立即停止军事行动，暂时划定军事疆界线；二、双方恢复输出输入之商品贸易，并采取互助合作原则；三、福建省政府及十九路军方面，立即释放在福建各牢狱中的政治犯；四、福建省政府及十九路军赞同福建境内革命的一切组织活动（各民众抗日反帝团结及革命民众一切武装组织，并允许出版、言论、结社、集会、罢工之自由）；五、双方于最短期间另定反日反蒋全体作战协定。代表双方在协定上签字的是徐鸣鸿和潘汉年。

10月 毛泽东、朱德在瑞金会见前来谈判的国民党第十九路军代表徐鸣鸿和陪同人员第十九路军参议陈公培，对他们的到来表示欢迎，并表示赞同和第十九路军，在抗日反蒋上合作。

10月31日 陈铭枢再次由香港赴福建。是日经厦门抵漳州，与蔡廷锴进一步商谈发动反蒋事变，事毕复返港。

月底 十九路军电催徐鸣鸿回闽准备事变，并邀中共派人到福洲进一步商谈。根据双方签订的《反日反蒋初步协定》第六条的精神，中共派潘汉年为正式代表，黄大青为潘的秘书驻闽，他们先后到达福州，均驻在十九路军总部内。

11月9日 陈铭枢、蒋光鼐由香港抵厦门。翌日到漳州与蔡廷锴晤谈发动反蒋事变，对蔡说，我们发动时机到了，我们要实行抗日，非革命不可。南京政府既不能领导抗日，中华民族解放无期，则必沦为日本的殖民地，万劫不复。蔡表示同意。

先是，十九路军将领蔡廷锴诸人闻《塘沽协定》中有种种卖国秘密条件，去电质问国民党政府，要求将内容公布。蒋即派重兵入闽意欲消灭十九路军。蒋介石在给蔡的复电中竟然说，何以不以抗日之精神剿赤。随后又派飞机欲接蔡去南京扣押，蔡等遂下定决心发动反蒋事变。

同日 吉鸿昌约任应岐、王化南在天津国民饭店打牌，被法租界工部局逮捕。北平军政首脑何应钦急电国民党天津当局，要求将吉引渡到天津公安局。在五十一军军法处审讯时，吉鸿昌拒绝说出其他人的地址，后被押解北平。

11月11日 陈铭枢、蒋光鼐由漳州到福州谒林森，林劝其打消反蒋事变，陈、蒋未接受。

11 月 12 日 陈铭枢等人派中国国民党临时行动委员会负责人黄琪翔赴香港迎接李济深到闽作发动事变的最后决定。

11 月 10 日 李济深、陈友仁、徐谦等人由香港抵福州，即日与陈铭枢、蒋光鼐、蔡廷锴、李章达、邓世增、沈光汉等人在鼓山召开紧急会议，讨论成立人民政府的时间和有关政纲政策，以及军事、财政等问题。决定二十日召开中国人民临时代表大会，通过了有关宣言、政纲草案等。

11 月 19 日 中国国民党临时行动委员会负责人黄琪翔由厦门抵福州，该党的其他负责人章伯钧、彭泽湘、彭泽民、郭冠杰、丘哲等人亦陆续到达福州，准备参加福建事变。

11 月 20 日 上午九时，“中国人民临时代表大会”在福州南校场举行。到会的有代表各省的黄琪翔、蔡廷锴、蒋光鼐、李济深、李章达、章伯钧、徐谦、余心清（代表冯玉祥）、陈友仁、何公敢、陈公培、梅龚彬、程希孟、万灿等百余人，由黄琪翔、何公敢、梅龚彬、章伯钧、彭泽湘、李章达、程希孟、余心清等十七人组成大会主席团，黄琪翔为总主席。黄宣读了《中国人民临时代表大会人民权利宣言》，宣布：中国为中华全国生产的人民之民主共和国，中国最高权力属于生产的农工及共同支持社会结构的商学兵代表大会；中国国家之独立为不可侵犯之最高原则；全国人民不论种族性别和职业，除背叛民族、剥削农工者外，有绝对之自由平等权；否认一切帝国主义者强制订立之不平等条约，首先实现关税自主；实行计口授田，发展民族资本；人民有身体、居住、言论、出版、集会、结社、信仰、示威、罢工之自由。大会还发表了《告民众书》，号召全国的革命大众立刻起来打倒蒋中正御用的国民党南京政府,建立生产人民的彻底民主政权。

晚八时,“中国人民临时代表大会”主席团召开会议,决定成立“中华共和国人民革命政府”,推定李济深、陈铭枢、陈友仁、蒋光鼐、蔡廷锴、方振武(方未到,后改戴戟)、黄琪翔、徐谦、李章达、余心情(代表冯玉祥)、何公敢十一人为政府委员,李济深为主席。

同日 晚,国民党召开三百八十四次中政会,议请国民政府严厉处置“闽变”。通电各省市政府:“陈铭枢等忽于此时在福州纠合所谓第三党重要分子,自立名目,实行叛乱。同时勾结‘赤匪’,助其肆虐,……为此决议着各军政机关迅予处置,务使叛乱尅日敉平。”

同日 福州南校场召开中国人民临时代表大会时,中国国民党临时行动委员会成员骆众亲带领口呼和印发“邓演达先生精神不死”的口号,陈铭枢派人当场逮捕了十二人,入狱三人。

11 月 21 日 李济深、陈铭枢、蒋光鼐、蔡廷锴、陈友仁、李章达、徐谦、戴戟等人联名通电,宣告自 11 月 20 日起脱离国民党。

11 月 22 日 蒋介石连续发表《告十九路军将士书》《为闽变到剿匪将士及全国各军长官漾电》,派飞机到福建广为散发。

同日 上午,“中华共和国人民革命政府中央委员会”在福州举行成立典礼,李济深等十一位委员宣誓就职。“革命政府”下设军事、文化、经济三个委员会及外交部、财政部、最高法院等机构。李济深兼任军事委员会主席,陈铭枢兼任文化委员会主席,冯玉祥(余心清代)兼任经济委员会主席,陈友仁兼任外交部部长,蒋光鼐兼任财务部部长。“革命政府”发表成立宣言,谴责蒋介石背叛革命以来出卖国家压迫人民的罪行，并宣布革命政府五项使命：（一）求中华民族之解放，形成真正独立自由之国家；（二）消灭反革命之卖国政府，建立生产人民的政权；（三）实现国内各民族之平等权利；（四）保障一切生产人民之绝对自由平等权；（五）排除帝国主义在华势力，打倒军阀，铲除封建残余制度，发展国民经济，解放工农劳苦群众。号召全国人民、各政治团体及各军队"一致奋起，拥护革命政府，与蒋中正御用之国民党卖国政府作殊死战"。

随后，"革命政府"还发布了人民政纲——最低纲领十八条。

同日 胡汉民、肖佛成、陈济棠、李宗仁、白崇禧等人电复李济深、陈铭枢，表示同情他们揭竿讨贼，期伸正义于天下之举，但对废止青天白日旗帜，公然以推翻国民党的统治，组织农工政府相号召，则认为是"背叛主义，招致外寇，煽动'赤祸'，为患无穷"，表示"不忍苟同"，要求李济深等人"本历来护党救国之精神，幡然改图"。

11月23日 国民党召开第九十九次中常会，决定永远开除陈铭枢、李济深、陈友仁的党籍，并交政府严厉拿办。

11月27日 中华苏维埃共和国临时中央政府代表张云逸偕同福建省苏维埃政府代表方方在汀州，与中华共和国人民革命政府闽西善后处代表陈子航（即罗稷南），签订《闽西边界与交通条约》，明确划分了军事疆界线，解决了双方人员往来的安全和交通问题。共产党和红军代表还驻在十九路军总部里，与李济深、陈铭枢、蔡廷锴等就政治、经济、军事等方面进行了广泛接触。

月底　根据《中华苏维埃共和国临时中央政府及工农红军与福建政府及十九路军抗日作战协定》精神，林伯渠、毛泽东指派国家银行福建分行行长赖祖烈，以“中华商业总公司”总经理的身份，与副总经理刘秉奎等人及民夫三十余名，携带黄金、银元、钨矿石等物到达龙岩，与陈子航（即罗稷南）等人商谈贸易事宜。赖祖烈提出准备出口钨矿石、樟脑油、毛边纸等物资，要买食盐、煤油、西药、布匹等。双方谈判成功，达成口头协议，从此开展双方政府及民间物资交换。

12月2日　“中华共和国人民革命政府”机关报《人民日报》发表胡秋原写的《何谓第三党》的社论，指责中国国民党临时执行委员会不应继续存在。

陈铭枢等人声明脱离国民党后，对何公敢说，第三党在十九路军中有活动，有发展，而我们这些人已放弃了国民党，现在却无组织，处境不利，我们另行组党如何？何公敢表示同意。后由陈铭枢主持起草了“生产人民党党纲”，并征集李章达、蔡廷锴、梅龚彬、蒋光鼐、李济深等人签名加入，联合第三党及神州国光社成立组织生产人民党，陈铭枢任总书记。

12月3日　“中华共和国人民革命政府”发表《告全国武装同志书》，号召认清蒋介石祸国殃民的罪行，区分革命的战争与内战，共同担负中国革命的责任，在人民革命政府旗帜指导下，联合广大农工群众，对帝国主义者和出卖民族利益者作殊死斗争。

12月4日　在中共的敦促下，福建的“人民革命政府”高等法院和闽侯地方法院，根据双方签订的协定的有关条款，自即日起三天内分别释放了在押的政治犯，其中有中共地下党员马立峰、范式人、蔡明善、杨赫光等人。

12 月 5 日 中共中央发表《为福建事变告全国民众书》，认为“或者是帝国主义的国民党的殖民地的道路，或者是坚决反帝国主义的与反国民党的中国民族的解放的道路……中间道路是没有的，一切想在革命与反革命中间找寻第三条出路的分子，必然要遭到惨酷的失败”。这里，“左”倾主义领导者不承认中间力量的存在，并将他们驱赶到自己的敌人方面去，而使自己陷于孤立。

12 月 8 日 “中华共和国人民革命政府”发出布告通缉蒋介石、汪精卫、何应钦、杨永泰、黄郛、张群、熊式辉等人。

12 月 11 日 中国国民党临时行动委员会中央干部委员会在福州发表《中国革命行动委员会宣布解散启事》，启事说：中华共和国与本党素所主张之政治原则根本相同，而一切革命势力之汇合以增厚革命力量又为本党历年之志愿，因此本党在极端慎重考虑之下认为本党的革命精神既有所寄托，已无单独成立组织之必要。兹特正式宣告：解散中国革命行动委员会之原有组织，一致参加生产人民革命运动以与其他政治主张相同之革命势力共同担负中国革命任务。

12 月 20 日 毛泽东、朱德致电福建“人民革命政府”与十九路军，针对蒋介石派重兵入闽讨伐的严峻形势，郑重地指出“在这危险面前的任何消极与迟疑不决，对于中国革命是极大的罪恶”，批评他们在发动群众斗争与武装民众进行反日反蒋等方面没有具体的实际工作，并诚恳地提出“我们苏维埃政府和工农红军准备在任何时候，同你们联合，同你们订立作战的军事协定，以反对与打倒我们共同的敌人——日本帝国主义与蒋介石的南京国民党政府”。但是，福建“人民革命政府”的领导集团对此建议的看法不一致，因而没有实行。

月底 应十九路军的要求，中共加派张云逸为军事联络员，住进潘汉年在福州的住所，中共代表在榕期间，与李济深、陈铭枢、蔡廷锴、陈友仁、许锡清就政治、军事、外交、贸易等方面的问题进行了广泛的接触。

12月 福建事变后，蒋介石被迫从“围剿”中央革命根据地的北路军中，抽调一部分兵力去攻打十九路军。毛泽东主张利用这一红军消灭敌人的有利时机，以红军主力突进到以浙江为中心苏浙皖赣地区，“将战略防御转变为战略进攻威胁敌之重地，向广大无堡垒地区寻求作战”，迫使进攻江西南部福建西部地区之敌回援其根本重地，粉碎其向江西根据地的进攻，并可援助福建人民政府。然而“左”倾机会主义领导者怕丢掉苏区，不敢实行向敌人后方打去的战略进攻方针，又没有尽可能地争取同盟者的策略思想，认为福建事变不过是“反革命派别骗人的把戏”，拒绝了毛泽东的这个正确主张。结果丧失了粉碎敌人“围剿”的有利时机。

一九三四年

1 月 9 日　十九路军派参谋处长尹时中为代表抵中央苏区瑞金，先后与毛泽东、朱德、周恩来、刘伯承、吴亮平、林伯渠、秦邦宪、张闻天等中共领导人具体商谈红军支援问题。

1 月 13 日　毛泽东、朱德再次致电福建人民革命政府及十九路军，提出了人民革命政府应该立即实践人民民主权利、武装群众、赞助群众组织反日反蒋团体、采取反日反蒋与红军一致的军事行动等六项建议，指出这是挽救目前人民政府及十九路军濒于危险的唯一出路。

同日　“中华共和国人民革命政府”在福州停止办公，李济深、陈铭枢、黄琪翔等大小官员纷纷撤逃。这次事变的失败有着多种原因，主要是由于受到国民党军队与日本侵略军的联合进攻，自身没有发动和武装群众，内部不团结，一些部队被蒋介石收卖，加上中共中央有“左”倾关门主义而未给予应有的援助。

1 月 20 日　国民党四届四次中央全会在南京开幕，25 日闭幕。汪精卫所致开幕词及会议宣言中，顽固坚持对日寇侵略采取消极抵抗的方针，实行全力“清除共匪”的反动政策。还通过四中全会《慰劳剿匪全体将士电》，狂妄叫嚣“残余之匪肃清可待”。

2月 逃至香港的黄琪翔、章伯钧、彭泽民、郭冠杰、丘哲等人，商决否认1933年12月11日在福州“人民革命政府”机关报《人民日报》上登载的《中国革命行动委员会宣告解散启事》，恢复中国国民党临时行动委员会的组织活动。后来黄琪翔去联邦德国，章伯钧、李士豪、郭冠杰等人去日本，彭泽民留居香港进行联络。

4月10日 中共中央发表《为日本帝国主义占领华北并吞中国告全国民众书》，抨击蒋介石已决定接受日本的要求，把华北送给日本，借口中国“无力”抗日，认为“治本莫先于建设，治标莫先于剿共”，以此来掩盖其卖国的罪恶。号召一切真正愿意反对帝国主义的不甘做亡国奴的中国人，不分政治倾向，不分职业与性别，都联合起来，在反帝统一战线之下，一致与日本和其他帝国主义作战。并提出反帝统一战线的纲领应当是：（一）坚决反对国民党整个的投降出卖政策；（二）全国民众必须起来为保卫中国领土与独立而作神圣的民族革命战争；（三）号召民众参加反日战争与游击战争；（四）武装民众，没收日本帝国主义财产和一切卖国贼汉奸的财产，作为抗日费用；（五）完全脱离日本及一切帝国主义和卖国贼的影响；（六）中国必须完全对日绝交。

4月20日 中国共产党提出抗日救国六大纲领，即《中国人民对日作战的基本纲领》，经宋庆龄、何香凝、李杜等1779人署名，以“中华民族武装自卫委员会筹备会”名义发表。纲领主要内容为：（一）全体海陆空军总动员对日作战；（二）全体人民总动员；（三）全体人民总武装；（四）没收日本帝国主义在华财产及卖国贼财产以解决抗日经费；（五）成立工农兵学商代表选举出来的全中国民族武装自卫委员会；（六）联合日本帝国主义的一切敌人作友军，与一切守善意中立的国家建立友谊关系。号召一切不愿当日本侵略者的亡国奴的同胞，争取各种方法来为本纲领推行全国而奋斗，指出如本纲领能见诸实行，一定能够把日本帝国主义从中国赶出去。

6月19日 中华苏维埃共和国中央政府发表《为国民党出卖华北宣言》，坚决拥护中共中央所提出的反帝纲领。纲领主要内容为：（一）坚决反对国民党南京政府出卖东北、华北与全中国的《塘沽协定》和中日直接交涉；（二）全国民众必须为保卫中国领土与独立而作神圣的民族革命战争；（三）全国民众直接参加反日战争与游击战争；（四）没收日本侵略者和汉奸的财产；（五）停止进攻苏区和军阀战争，动员整个海陆空对日作战。宣言号召："一切真正愿意反对帝国主义不甘做亡国奴的中国人，不分政治倾向，不分职业与性别都在这一反帝纲领之下团结起来。"

7月 中共中央为反对日本帝国主义侵略，宣传和推动抗日，调动和牵制敌人，减轻国民党军队对中央根据地的压力，决定以寻淮洲、乐少华、粟裕等领导的红七军团改组为北上抗日先遣队，向闽浙皖赣边前进。15日，中华苏维埃共和国中央政府和中国工农红军革命军事委员会发表《为中国工农红军北上抗日宣言》，宣言声明：苏维埃政府和工农红军决不能坐视中华民族沦亡于日本帝国主义，决不能让全中国为国民党汉奸卖国贼拍卖干净，并不辞一切艰难，以最大决心派遣抗日先遣队，北上抗日。如果进攻苏区的武装队伍接受我们提出的三个条件(1933年1月17日提出),那工农主力即可在先遣队之后,全部出动,同全中国武装队伍联合起来共同抗日。提出:"一切抗日的民众,都是我们的同胞,一切抗日的武装,都是我们的同事","一切禁止与压迫我们抗日的个人团体与武装队伍都是汉奸卖国贼"。提出以抗日或反抗日作为区分敌友的界线标准。

本月 蒋介石在《抵御外侮与复兴民族》讲话中,说中国还"没有立国的资格","当然抵抗不了日本,当然要给敌人来压迫、欺侮"。为他的对日寇不抵抗政策,进行欺骗宣传。

7月至8月 国民党广州绥靖公署主任、第八路军总指挥、湘鄂"剿匪"军南路总司令陈济棠,在蒋介石再三催促下,一面命令所属李扬敬纵队向苏区推进,佯作恣态,一面又暗使代表向红军输诚,表示愿与红军进行互不侵犯的谈判。红军决定利用蒋、陈矛盾,同陈济棠建立抗日反蒋统一战线。

9月 朱德致电陈济棠,表示:"先生与贵部已申合作反蒋抗日之意,德等当不欢迎",指出:"华北大好河山,已沦亡于日本,东南半壁亦岌岌可危。中国人民凡有血气者,莫不以抗日救国为当务之急,抗日救国舍民族革命战争外,实无他途,而铲除汉奸卖国贼尤为民族革命战争胜利之前提","如蒙同意,尚希一面着手实行,一面派负责代表来瑞,共同协商作战计划"。

10月5日 朱德和周恩来派潘汉年、何长工为红军代表去寻邬同陈济棠代表——国民党南路军参谋长杨幼敏和师长黄质文、黄旭初谈判。双方达成五项协议:(一)就地停战,取消敌对局面;(二)解除封锁,互相往来;(三)互通情报,用有线电通报;

（四）红军可以在粤北设后方医院；（五）可以互相借道，各从现在战线后退二十里。

11月13日 《申报》主持人史量才在由杭州返回上海的途中，遭予伏在公路上的国民党特务的拦截枪击身亡。

11月24日 抗日将领吉鸿昌在北平陆军监狱被国民党当局杀害。

12月10日 国民党四届五次中央全会在南京召开，14日结束，历时五天。时红军已开始长征，这次会议的一个中心问题是讨论“围剿”红军。全会没有制定抗日政策和措施，却在会议宣言中要“剿匪”将士，“再接再厉，根本歼灭，以永绝祸萌”。

本年 中共地下党员熊氏兄弟在上海被法巡捕房逮捕，除告密人外，别无物证。史良接受作为熊氏兄弟的律师，积极进行营救。托人打听到告密人姓名，通知中共地下组织，他们证实了该人确系叛徒，通过“打狗队”把他除掉。这时恰巧巡捕房正刑讯熊氏兄弟，史良便以律师身份指出，警方用刑是违反法律规定的，要求立即移送法院开庭审理，巡捕房不得不移送，法院审理时，因人证已无，无人对质，只得以嫌疑分子将熊氏兄弟无罪释放。

本年 中央红军开始长征后，中共上海地下党组织要陈赓雅以“云南旅沪同乡会”和“云南旅沪同学会”的名义，写信给龙云，告诉他：红军长征经过云南，希望你以保存实力为重，不要与红军过分为难。你要拥护蒋，必须有实力，蒋才能看得起，但蒋一贯排斥异己，将来对你排挤，那就更要有实力才能对付。古谓“杀人三千，自损八百”，何去何从，要权衡利害。事后，龙云秘密布置，对红军来不阻击，去不穷追。蒋命飞机侦悉，斥龙督战不力。

一九三五年

1 月 中共中央在遵义召开了政治局扩大会议，即遵义会议。出席会议的有政治局委员和候补委员秦邦宪、周恩来、毛泽东、王稼祥、张闻天、陈云、刘少奇、朱德、邓发、何克全（凯丰）等以及红军总部和各军团的一些负责人。会议着重批判了王明“左”倾错误统治下的党中央主要领导人秦邦宪以及李德在军事上的严重错误，通过了《中央关于反对敌人五次“围剿”的总结决议》；重新肯定了毛泽东等关于红军作战的基本原则；增选毛泽东为政治局常委；取消秦邦宪、李德的最高军事指挥权，由中央军委主要负责人周恩来、朱德指挥军事。会后，根据会议精神，2月5日决定张闻天代替秦邦宪负党的总的责任，3月12日组成了以毛泽东、周恩来和王稼祥参加的三人小组，负责指挥红军的作战行动。这次会议，是在中国共产党和共产国际联系中断的情况下，第一次独立自主地运用马克思列宁主义的基本原理解决自己的路线、方针和政策的会议。会议解决了当时党所面临的最迫切要求解决的军事问题，又在组织上结束了“左”倾机会主义在党中央的统治。确定了以毛泽东为代表的新的中央的正确领导,这是中国共产党从幼年的党走上成熟的党的重要标志。它是党的历史上一个生死攸关的转折点。在最危急关头挽救了党,挽救了红军,挽救了中国革命。

由于遵义会议是在长征途中召开的,所以只能就当时最为迫切的军事和组织问题做出决议,不可能对日本入侵以来国内形势和统一战线政策作一系列的分析和总结。但是《决议》也不可避免地论及了政治路线和抗日民族统一战线的初步原则,主要是抓住福建事变这一带有全局性的典型事件论述的。提出:"利用反革命内部的每一冲突,从积极方面扩大他们内部的裂痕","采取了利用国民党内部这一矛盾的政治路线"等统一战线原则。

本月 徐道邻发表《敌乎? 友乎? ——中日关系之检讨》一文,主张对日实行妥协投降,该文宣称"一般有理解的中国人,都知道日本人终究不能作我们的敌人,我们中国也究竟须有与日本携手之必要。这是就世界大势和中日两国的过去、现在与将来(如果不是同归于尽的话)彻底打算的结论"。建议国民党政府不要拖延、不要僵持、不必拘泥,应以诚意去和日本解决悬案。此文系由蒋介石口述,陈布雷笔录,用徐名发表。发表后,各报竞相转载。

2 月 15 日 蒋介石电令张学良、豫鄂皖边区各总指挥、军长、师长,限本年 4 月前将该边区红军"肃清"。红军主要首领全部捕获或加斩杀,否则以"纵匪抗命论罪"。

2 月 27 日 汪精卫、蒋介石联名向全国各机关团体发布严禁排日运动的命令。

同日 国民党中央政治会议通告各报纸通讯社，禁止刊载排日和抵制日货的消息。

2月28日 国民党南京政府派遣驻苏大使颜惠庆为首的包括著名京剧演员梅兰芳在内的文化艺术代表团到达莫斯科，以示对苏友好。

6月5日 全国律师协会为谋求保障人民权利，促进国民党政府对过误裁判实行赔偿制度，特发起冤狱赔偿运动。沈钧儒假上海市商会招待政法、农、工、商、学、自由职业各团体，宣传实行冤狱赔偿制度的优点。全国律师协会决定6月15日为冤狱赔偿运动日，发动各地律师界扩大宣传。

6月8日 何应钦严令平津的军政宪警机关取缔“有害”中日邦交之秘密结社和秘密团体。

6月9日 何应钦在北平居仁堂晤日驻华北驻屯军参谋长酒井，酒井提出四项要求：（一）撤销河北省内一切党部（包括铁路党部）；（二）撤走第五十一军，并将该军离开河北日期告知日方；（三）中央军第二师、第二十五师必须调离河北省；（四）禁止全国“排日运动”。并声称绝无让步可言。

6月10日 国民党政府发布“睦邻敦交令”，称“对于友邦，务敦睦谊，不得有排斥挑拨恶感之言论行为，尤不得以此目的组织任何团体，以妨国交……如有违背，定予严惩”。对于“凡以文字、图画，或演说为反日宣传者，均处以妨害邦交罪”。

6月24日 《新生》二卷十五期发表《闲话皇帝》一文后，日本驻上海总领事石射借口“侮辱天皇，妨害邦交”，向上海市政府及国民政府提出“严重抗议”，无理要求国民党及国民政府向日本谢罪;要求封闭《新生》周刊社,没收该期周刊;要求惩办《新生》主编杜重远及该文作者易水,惩办上海中央图书杂志审查委员会有关人员等。国民政府一一允诺,即令上海市政府向日方道歉,并由国民党中央宣传委员会主任叶楚伧向日方道歉,取消图书审查委员会,撤换上海市警察局长。是日,上海市警察局以"触犯刑章""妨害邦交"罪名,强迫《新生》停刊。

7月1日 《新生》周刊总编辑兼发行人杜重远因《闲话皇帝》一文到上海市江苏高等法院第二分院受审,杜当庭申明该刊物已依法登记,每期稿件都经中央图书杂志审查委员会审查批准,编者不能负责。法官无词以对,令杜交保五百元出院。

7月6日 何应钦将日武官高桥7月1日代拟文稿请示行政院同意后,是日,电文由鲍文樾送交高桥转日华北驻屯军司令梅津,全文为:"迳启者:六月九日酒井参谋长所提各事项,均承诺之,并自主的期其遂行。特此通知。此致梅津司令官阁下。何应钦。二十四年七月六日。"按照此项"何梅协定"和6月27日国民党察哈尔省政府代理主席秦德纯与日本特务机关长土肥原以换文方式达成之"秦土协定",日本侵略者实际上控制了河北和察哈尔的大部主权。这进一步造成了中华民族空前的民族危机,激起了全国范围内抗日民主运动的高涨,中日民族矛盾日益尖锐。中日矛盾变动了国内的阶级关系,使资产阶级甚至军阀都遇到了存亡的问题,在他们及其政党内逐渐发生了改变政治态度的过程。这就在中国共产党和中国人民面前更紧迫地提出了建立抗日民族统一战线的任务。

7月9日 江苏高等法院二分院再度开审《新生》周刊案,总编辑杜重远到庭申诉刊载《闲话皇帝》一文经过,并声辩说:“本人曾阅外国杂志,其中描写有甚于《新生》周刊之稿者,未闻因此获罪。我绝不会攻击日本某私人,我要反对的是侵略中国的帝国主义。”律师吴凯声为其辩护,并请缓刑或改课罚金。庭长答称:“环境不许可”。遂以“诽谤罪”判处杜重远有期徒刑一年二个月,《新生》周刊二卷十五期没收,并不准上诉,当庭收押。

7月23日 沪律师公会为江苏高等法院二分院对《新生》周刊案判决有违法及不合人情处,呈请司法院纠正。

7月25日至8月20日 共产国际在莫斯科召开第七次代表大会。共产国际总书记季米特洛夫在大会上作了《法西斯主义的进攻与共产国际为工人阶级的反法西斯主义的统一而斗争的任务》的报告。大会依据季米特洛夫的报告,通过了相应的决议。大会着重指出,自1933年希特勒在德国建立法西斯独裁政权以后,世界局势面临着法西斯恐怖的危胁,工人阶级和劳动人民面临着战争的危害。大会指出,根据国际和国内情况的改变,在殖民地半殖民地国家中建立反帝国主义的统一战线,已经成为非常重要的迫切问题。共产国际完全同意在中国建立一个反对日本帝国主义及其中国代理人的非常广泛的统一战线,并对中国共产党领导下的中国人民反对日本帝国主义的斗争,予以热烈的支持。

这次大会,是共产国际最后一次代表大会,它所制定的反法西斯策略方针对各国党具有重大的指导作用。

7月 蒋介石到南昌行营北营坊看守所,命人打开方志敏脚镣,对方劝降,末了怒气冲冲而去。事后,方对人说:“我只回了一句话:你快下命令吧!”几天后,方志敏说服同狱胡逸民待其出狱将方的一卷书稿,带交鲁迅。秋天,胡逸民出狱往上海,将书稿交给鲁迅派来的章乃器、胡子婴。这些就是方志敏遗著《清贫》、《可爱的中国》和《我从事革命斗争的略述》。

本月 国民党军队开始对陕甘革命根据地进行第三次“围剿”,陕北红军二十六军在东线击溃了敌人两个旅,将该线敌人赶到黄河以东。

7、8 月间 国民党内李济深、陈铭枢、蔡廷锴等在香港成立中华民族革命同盟,创办了《大众日报》,宣传抗日。

8 月 1 日 中共中央驻共产国际代表团,在共产国际关于建立反法西斯统一战线新策略思想指导下,以中华苏维埃中央政府和中国共产党中央委员会的名义,发表了著名的《为抗日救国告全体同胞书》,即“八一宣言”。宣言主要内容:(一)突出了中日民族矛盾,指出“抗日救国,已成为每个同胞的神圣天职”;(二)采用争取从地主阶级内部中分化的策略,只提“没收汉奸卖国贼财产”,未提没收地主的土地财产;(三)扩大了抗日民族统一战线的范围,表示愿意同各党派、工会、农会、学生会、商会、教育会、新闻记者联合会、教职员工联合会、同乡会,致公党、民族武装自卫会、反日会、救国会、名流学者、政治家以及一切地方军政机关就抗日救国问题进行谈判;(四)提议组织国防政府和抗日联军,并以“十大行政方针”作为国防政府的行动方针。宣言还郑重声明,只要国民党军队停止进攻苏区行动,只要任何部队实行对日作战,不管过去和现在他们与红军之间任何旧仇宿怨,不管他们与红军之间在对内问题上有何分歧,“红军不仅立刻对之停止敌对行动,而且,愿意与之亲密携手共同抗日。”宣言最后号召全国人民有钱的出钱,有枪的出枪,有粮的出粮,有力的出力,有专门技能的贡献专门技能,把千百万民众武装起来,战胜日本帝国主义。

8月27日 邹韬奋由美国回到上海,下船后第一件事就是探望入狱的杜重远。

8月 南京读书会孙晓村等人在太湖鼋头渚万方楼开会,事前孙曾去沪与沈钧儒等人联系,上海派钱俊瑞、曹亮、沈兹九、陈波儿等人来参加。钱俊瑞讲了中国共产党主张停止内战团结一切力量、共同抗日的方针政策。会议决定以南京读书会为基础筹备南京救国会。不久,沈钧儒曾数次赴南京指导筹备工作和活动。

9月19日 蒋介石电邀退居泰山的冯玉祥赴京参加国民党六中全会。23日,冯玉祥电复蒋,内称:“国事至此,惨过于印度,耻甚于高丽,如不急谋补救,来日大难,实有不忍言及者。”并建议数点:(一)开放党禁;(二)开放言论;(三)真正团结共决大计;(四)大赦政治犯;(五)奖励抗日精神;(六)起用抗日将领;(七)速赴苏美切实联络合作;(八)立即准备发动抗日军事。30日,蒋再电冯,表示“尊论诸端,皆先得我心”,并促冯如期赴南京开会。

秋 章伯钧由日本返回香港,与彭泽民、丘哲、郭寇杰等人商谈恢复中国国民党临时行动委员会的组织活动问题。在德国的黄琪翔复信亦表示赞同。

彭泽湘在香港参加中国国民党临时行动委员会组织。

10月2日 国民政府特派蒋介石兼西北“剿匪”总司令，张学良兼副司令；以朱绍良、于学忠、杨虎诚分任一、二、三路军司令，加强“围剿”红军。

10月19日 中央红军北上先遣支队到达陕北革命根据地吴起镇与红十五军团会师。

10月25日 中国建立起中苏友好协会，立法院院长孙科担任协会主席，监察院院长于右任和科学院院长蔡元培是名誉主席，张西曼教授为协会秘书长。

10月28日 日本外相广田弘毅提出对华政策新方针，即“对华三原则”，其主要内容为：（一）中国取缔一切排日运动；（二）树立中、日、“满”经济合作；（三）中日共同防共。

下旬 中国国民党临时行动委员会的章伯钧、彭泽民、丘哲、郭冠杰、张云川、郭翘然、李士豪、何伸珉、彭泽湘等人，在香港商谈恢复组织问题，最后商定：（一）路线方针由过去的“反蒋抗日”，改为“抗日、联共、反蒋”；（二）组织名称改为“中华民族解放行动委员会”；（三）党的纲领仍以邓演达时代的纲领为基本纲领，总的精神是“团结全国，对日作战，土地革命，实行民主”；（四）确立“以马克思列宁主义作为党的思想武器”。还推定由章伯钧、彭泽湘、张云川起草《临时行动纲领》和《告同志书》，加紧筹备召开全国干部会议。

下旬 曾养甫电召谌小岑由杭州去南京，要谌“打通共产党的关系”。谌请翦伯赞、左恭出主意，翦建议谌给北平的吕振羽写信寻找关系，谌在信中说：“东邻欺我太甚，为今之计，惟有姜、龚两家联姻，方足以共谋对策，两保家财。兄如有意作伐，希即命驾南来”。

10月 中共中央发出《为目前反日讨蒋的秘密指示信》，提出了“统一战线是抗日反蒋的总的策略”，指示信详细阐述统一战线的三种形式的运用方法与对象。第一种形式，是上层统一战线，它的对象在国民党官员要人或高等华人、名流学者的组织，这些组织本身没有群众，只有上层机关的架子，然而他们不满日本的侵略，愤怒蒋介石国民党卖国，受了爱国的义愤，愿意为反日反蒋进行工作，我们必须与他们联合，共同协商帮助他们发挥其一切反日反蒋行动的作用和方法。第二种形式是下层统一战线，如日本帝国主义组织，蒋介石及其他忠实于日本走狗的军队，法西斯蓝衣社及其他反动的类似团体，这些组织的上层是反革命的，但下层还有不少群众受其欺骗和玩弄，其中有些觉悟的愿意进行反日反蒋的活动，其中也有些完全什么都不懂，共产党在这里面只能建立下层的统一战线，与那些觉悟分子联合起来，在不觉悟分子中进行工作，把他们引导到抗日反蒋的道路上来。第三种形式，上层和下层相结合，如：红枪会、大刀抗日会、学生团体、锄奸团等，他们上下层对于抗日讨蒋的斗争精神很高涨。又如一些国民党的将领蔡廷锴、冯玉祥等不愿当亡国奴，又受群众革命的影响，不能不另图生路；再如国民党在朝在野的派别或政党，或不满蒋介石独裁统治，或不满日本的侵略，而愿参加反日讨蒋工作。我们可与之建立下层的统一，又可建立上层的统一，在上层统一基础上来开辟与扩展其下层的团结工作，又在下层统一基础上，以加强和巩固上层的统一。信中指示各级党组织，为争取中国的独立解放“要毫不犹豫的去与一切反日讨蒋的团体和个人进行联合”。

11月1日 中共中央为了适应建立抗日民族统一战线的需要，团结各界青年抗日，发布《关于青年工作的决定》，决定改造中国共产主义青年团。由于原有的共青团的比较狭小的组织形式和秘密的工作方式，已不能适应抗日高潮即将到来的新形势，为了把这个先进青年的共产主义组织改造成为广大青年群众的抗日救国组织，中共中央对改造共青团做出如下决定：（一）取消国民党统治区内的共青团组织，所有团员依照各地具体情况需要，去参加现有的合法的和公开的青年组织，并且利用公开和半公开的可能性，在青年群众需要和要求的基础上，建立各种各样的青年群众组织。（二）大批吸收过去的团员入党，没有入党的团员，应当成为党支部周围的积极分子，不再组织团支部和团小组。在各地党组织驻地设立青年部或青年工作委员会及青年干事，在各级党委领导下，从事青年工作。（三）要彻底改变工作方式，抛弃一切“第二党”的关门主义的工作方式，采取青年的、民主的、公开的活动方式，培养大批青年积极分子，担负青年运动的各个方面的工作，逐步提高青年的觉悟，引导青年走革命道路。这样便于吸收广大青年参加到抗日救国的民族统一战线中来。

同日 国民党第四届中央委员会第六次全体会议在南京开幕。汪精卫致四届六中全会开幕词后，中央委员在会场外摄影，蒋介石因怀疑主张抗日的将官的随从人员中可能有异动者而决意不参加，摄影完毕后，晨光通讯社记者孙凤鸣本欲刺杀蒋介石，见蒋未至遂临时决定杀汪精卫，向汪连射三枪，汪的卫士向孙击射二弹，孙负伤临危时回答说：“请你们看看地图，整个东北和华北半个中国还是我们的吗？六中全会开完就要签字，再不打要亡，做亡国奴了。刺汪的主使人是我的良心！”这次刺蒋活动是由华克之等人筹划的，王亚樵支援了少量活动费，李济深、陈铭枢、蒋光鼐也支援了一些经费，前后合计三万五千元港币，但未派人参与。

11月2日 国民党中央委员冯玉祥、李烈钧等二十二人联名向四届六中全会提出救亡大计案，主要内容为：(一)切实保障人民言论出版、集会、结社、居住、信仰之完全自由；(二)大赦政治犯；(三)精诚团结；(四)充实军备；(五)注意防灾救灾等七项。5日，四届六中全会第三次会议通过冯玉祥所提救亡大计案。

11月10日 中国国民党临时行动委员会在香港九龙召开全国第二次干部会议。会议决定将“中国国民党临时行动委员会”更名为“中华民族解放行动委员会”，通过《临时行动钢领》，阐明政治主张和方针，承认苏维埃政权和红军，呼吁各界人民联合起来发动民族革命战争，“博取中华民族的解放”。指出，为完成此任务，就必须“全国人民合作，共同负担起来”，主张召集全国人民非常代表大会来担负这一任务，宣布：(一)对日作战；(二)取消一切不平等条约；(三)没收日本在中国的一切财产，没收汉奸的财产充对日作战的经费；(四)改编现在全国的一切军队为民族革命军；(五)武装全国工农劳苦大众；(六)没收大地主土地，平均分配给农民和对日作战的士兵；(七)国内少数民族有完全的自决权；(八)一切革命的人民有言论、出版、集会、结社等自由;(九)战时一切重要企业和银行,均归国家管理和监督;(十)废除一切紧急治罪法、民众团体组织法、出版法等等法令,否认一切卖国条约;(十一)宣布联俄政策;(十二)成立人民会议。会议推举黄琪翔为总书记,在黄留德期间,党务工作由章伯钧、彭泽湘、彭泽民、丘哲、郭冠杰集体负责。

11 月 11 日　日本关东军特务机关长土肥原自天津到北平,向宋哲元提出"华北高度自治方案",内容有十项:(一)成立"华北共同防赤委员会";(二)领域为华北五省二市;(三)首领宋哲元,总顾问土肥原;(四)由最高委员会主持军事;(五)财政截用中央在各该省市之关税、盐税和统税;(六)开发华北矿业、棉业,使与日"满"结成统一单位;(七)另定五省通用货币,与日元发生联系;(八)消灭三民主义与共产主义,代以东洋主义;(九)保留南京政府之宗主权;(十)亲日反共。限宋 11 月 20 日前宣布自治,否则日军将取河北、山东。

11 月 12 日　国民党第五次全国代表大会在南京开幕,23 日闭幕。大会通过了《召集国民大会及宣布宪法草案案》等重要事项。大会还向"剿共"前线国民党军队发出"慰劳"电,"尚望益矢精诚,赓续奋斗";致函蒋介石对他实行"攘外必先安内之义,数载以来,跋涉山川,不遑宁处,以从事于剿匪"的"伟绩",表示"慰劳"。

11 月 13 日　中共中央发表《为日本帝国主义并吞华北及蒋介石出卖华北出卖中国宣言》,着重指出,华北五省实际上已经在日本帝国主义的统治下,但是这并不能满足日本侵略者的贪欲,他们要把全中国变为他的殖民地,而蒋介石却不以为耻地答应日本提出的种种要求，把华北出卖了。宣言认为，只有抗日反蒋才是全国人民的唯一出路。号召全国人民“动员起来，武装起来，组织起来，拥护与参加中国共产党所领导的抗日反蒋的战争！”

11月16日 《大众生活》周刊在上海创刊，邹韬奋主编，邹在他写的发刊词《我们的灯塔》中称：“力求民族解放的实现，封建残余的铲除，个人主义的克服，……是当前全中国大众所要努力的重大使命；我们愿竭诚尽力，排除万难，从文化方面推进这个大运动的前进！”

11月19日 蒋介石在国民党第五次全国代表大会第四次会议上作对外关系讲演，提出“和平未到完全绝望时期，决不放弃和平，牺牲未到最后关头，亦不轻言牺牲”的外交方针。表示，日本如果无止境的进攻，超过了“和平之限度”，只有“听命党国，下最后之决心了”。蒋介石的“最后关头”之说虽然含混不清，毕竟表明国民党对日政策的微妙变化。

11月20日 吕振羽应谌小岑之邀，由北平抵达南京，探询国民党准备与共产党进行和谈的意向。吕由谌带去见曾养甫，曾请吕打通和共产党的联络。

11月25日 殷汝耕（滦榆、蓟密区行政专员）在通县组织“冀东防共自治委员会”，殷自任委员长，宣称辖塘沽协定停战区二十二县及延庆、龙门、赤城三县。

11月20日 中华苏维埃共和国中央政府主席毛泽东和中国工农红军革命军事委员会主席朱德发表《抗日救国宣言》。宣言表示不论任何政治派别、任何武装队伍、代表社会团体、任何个人,只要他们愿意抗日反蒋,“我们不但愿意同他们订立抗日反蒋的作战协定,而且愿意更进一步同他们组织抗日联军与国防政府”。宣言还提出抗日联军和国防政府应该施行的十大纲领:(一)没收日本帝国主义的一切财产做抗日经费;(二)没收一切卖国贼及汉奸的财产救济灾民及难民;(三)救灾治水,安定民生;(四)废除一切苛捐杂税,发展工商业;(五)发薪、发饷,改良工人、士兵及教职员的生活;(六)发展教育、救济失学的学生;(七)实现民主权利,释放所有的政治犯;(八)发展生产技术,救济失业的知识分子;(九)联合朝鲜、日本国内的工农及一切反日力量,结成巩固的联盟;(十)对中国的抗日民族运动,表示同情、赞助或守善意中立的民族或国家,建立亲密友谊的关系。

“八一宣言”、“秘密指示信”、“一一·一三宣言”和《抗日救国宣言》的相继发表,把共产党于一九三三年提出的准备在“三个条件”下,与全国各军队订立抗日协定共同抗日的政策,扩大为全民族的抗日统一战线政策,这是一个大的进步,由于当时以蒋介石为首的国民党政府仍然是全国人民抗日救国的最大障碍,共产党的三个宣言只能继续提抗日反蒋的口号。

11 月　国民党南京政府根据英国政府顾问李滋罗斯的提议,实行了“币制改革”,规定以中央、中国和交通三大银行发行的钞票作为“法币”,并宣布“白银国有”。通过这一措施,四大家族加强了对全国的金融独占。法币的发行是以白银作为准备金,同时法币的对外汇价与英磅实行联系,这样币制改革实际上是放弃白银本位而改用外汇本位,因此使中国货币与英磅发生固定关系,从而使日本所期望的“中日经济提携”受到挫折。

本月　红军在陕北直罗镇全歼“围剿”红军的东北军109师，师长牛元锋被击毙。不久，黑水寺一战，东北军106师又损失一个团。不及三个月东北军损失三个师。

本月　中华民族解放行动委员会临时中央执行委员张云川从香港到北平，召集成员传达第一次临时代表会议（即二干会议）的精神，由周惠生、张云川、王一帆组成华北局，周惠生任书记。

12月2日　国民党召开五届一中全会，决定改组南京政府。改组后的南京政府各部部长大多数是亲英美派，蒋介石取代汪精卫亲任行政院长。亲日派大部分被排除出政府。汪精卫已经被迫出国养伤。这反映了国民党内亲英美派与亲日派之间裂痕增大。这次全会还决议于1936年5月5日宣布宪法草案；11月12日召开国民大会。

12月8日　中共中央召开了政治局会议。张闻天在会上作了关于富农问题的报告和结论。中央根据张闻天的报告和会议讨论的意见作出《关于改变对富农策略的决定》。决定指出，在目前民族革命战争紧迫的时期，富农也开始参加反对帝国主义侵略和军阀官僚的革命，或采取同情与善意的中立态度。过去反对富农的策略已经不适当了。在白区抗日反蒋、反苛捐杂税与军阀的斗争中，富农一般是参加的。所以“我们应该联合整个农民，造成广泛的农民统一战线”，故意排斥富农（甚至一部分地主）参加革命是错误的。决定指出，在苏区土地革命深入时，对于富农只取消其封建式剥削的部分，即没收其出租的土地，并取消高利贷；其他经营的土地、商业和财产不予没收；苏维埃政府保障富农扩大生产与发展工商业等自由；除统一的累进税外苏维埃政府不再加富农以特别捐款或征收；对于参加苏维埃革命的地主、富农出身的知识分子，应该受到苏维埃工作人员同等待遇。决定还指出："党无论何时、何地在这一广泛的农民统一战线中，必须争取自己的领导权。"上述政策调整有利于团结富农抗日，加入抗日民族统一战线。这是中共中央到达陕北后为纠正政治策略上的"左"倾错误而实行的第一个重大的政策改变。

12月7日 何应钦将与日本关东军特务机关长土肥原、日本驻屯军司令多田、参谋长酒井商议之《冀察政务委员会方案》电请南京政府，国民党中央复电照准；多田将该方案报日本外务、陆军、海军三省后，亦得到批准。

12月8日 毛泽东、彭德怀、刘志丹联名发表《告陕甘苏区工农劳苦群众书》，指出日寇的侵入，中国亡国灭种的大祸已迫在眼前，蒋介石围攻革命根据地，实际上是要"把我们陕甘的土地卖给日本帝国主义，要使我们做亡国奴"。号召劳苦群众争当红军，反对国民党的武力进攻和日本帝国主义的宰割，与万恶的敌人血战，保卫神圣的苏区。

12月9日 在民族危机日益加深的形势下，坚持白区斗争的中共北平临时工作委员会领导北平大中学校学生举行了声势浩大的抗日救国示威游行，反对成立冀察政务委员会，反对日本侵略华北，反对华北自治运动。数千名爱国的学生冲破国民党军警的重重阻挠，汇集在新华门前，向国民党军委会北平分会代委员长何应钦请愿。并提出了抗日救亡的六项要求：（一）反对所谓"防共自治"运动；（二）公开宣布中日交涉经过；（三）不得任意捕人;(四)保障地方领土安全;(五)停止一切内战;(六)要求言论、集会、结社、出版自由。这些要求被完全拒绝,群众结队游行,高呼“停止内战,一致对外”,“打倒日本帝国主义”,“反对华北自治”,“打倒汉奸卖国贼”等口号,唱着抗日救亡歌曲。当学生队伍游行到王府井大街时,遭到国民党武装军警的大刀、木棍、皮鞭、水龙头的残酷镇压,有三十多人被捕,一百多人受伤。但爱国学生并没有因此而被吓倒,敌人的镇压反而激发了学生们的坚强斗志。进步爱国教授许德珩等人与学生一起参加了示威游行。第二天爆发了全市各校的总罢课,并酝酿着一个更大斗争。这就是著名的“一二·九”运动。继五四运动、五卅运动之后,中国学生通过“一二·九”运动,又一次在民族革命斗争中起先锋和桥梁的作用。“一二·九”运动,标志着中国人民抗日民主运动的新高潮的到来,对促进抗日民族统一战线的形成起了重大作用。

同日 《救国时报》在法国巴黎创刊,吴玉章主编。该报为中国共产党在国外宣传抗日民族统一战线的机关报。

12 月 11 日 国民党政府特派宋哲元、万福麟、王揖唐、刘哲、李延玉、贾德耀、胡毓坤、高凌蔚、王克敏、萧振瀛、秦德纯、张自忠、程克、周作民、门致中、石敬亭、冷家骥等为冀察政务委员会委员,指定宋哲元为委员长。

12 月 12 日 上海文化界人士马相伯、沈钧儒、邹韬奋、章乃器、陶行知、李公朴等二百八十多人,发表《上海文化界救国运动宣言》,表示:“在这生死存亡间不容发的关头,负着指导社会使命的文化界,再也不能够苟且偷安,而应当立刻奋起,站在民众的前面而领导救国运动!”提出八项主张:(一)坚持领土、主权的完整,否认一切有损领土、主权的条约和协定;(二)坚决反对在中国领土内以任何名义成立由外力策动的特殊行政组织;(三)坚决否认以地方事件解决东北问题和华北问题——这是整个的中国领土、主权问题;(四)要求即日出兵讨伐冀东及华北伪组织;(五)要求用全国的兵力、财力反抗敌人的侵略;(六)严惩一切卖国贼并抄没其财产;(七)要求人民结社、集会、言论、出版之自由;(八)全国民众立刻自动组织起来,采取有效的手段,贯彻我们的救国主张。表达了上海文化界人士对民族日益危机的忧虑和置身于抗日救亡运动的决心。

12 月 14 日　北平清华大学的救国会代表,由徐冰陪同,邀请许德珩去讲演。许在讲演中控诉了国民党北平当局镇压爱国学生的罪行,颂扬了同学们不怕困难、不怕流血牺牲的英勇奋斗精神,还说“五四”运动北大光荣,“一二·九”运动清华光荣。

12 月 16 日　本日是傀儡政府“冀察政务委员会”预定成立的日子。北平的学生和市民,又举行了更大规模的爱国示威游行。城内外大中学生冲破国民党军警的阻截,集合到天桥召开市民大会。天桥附近的部分工人、农民、市民、小商贩和东北流亡同胞纷纷自动参加。大会上通过了“不承认冀察政务委员会”,“反对华北任何傀儡组织”,“收复东北失地”等决议案。并强烈要求:(一)誓死反对日本帝国主义侵略中国;(二)组织民众,工农兵学商、共同抗日;(三)民众自动武装起来;(四)反对华北自治。会后,又举行了游行示威,“打倒汉奸”、“反对一切伪组织”、“扩大民族战争”等口号响彻全城。国民党北平当局派出大批军警、军队前往镇压，殴打和搏斗较“一二·九”更甚。被捕的有二三十人，受伤的近三百人，群众的英勇斗争，有力地打击了国民党反动派的卖国活动。在广大群众的压力下，“冀察政务委员会”不得不宣告延期成立。

12月中旬至下旬 中共中央在陕北瓦窑堡举行政治局会议，详细地分析了国内外政治形势的新变化，深入地阐明抗日民族统一战线的政策。25日，会议通过《关于目前政治形势与党的任务决议》。决议指出，目前的形势告诉我们，日本帝国主义并吞中国的行动，震动了全中国与全世界。中国政治生活中的各阶级、阶层、政党以及武装势力，重新改变了与正在改变着它们之间的相互关系。民族革命战线与民族反革命战线是在重新改组中。决议规定了党的策略路线：“是在于发动、团结与组织全中国全民族一切革命力量去反对当前主要的敌人——日本帝国主义与卖国贼头子蒋介石。”决议认为：“只有广泛的反日民族统一战线（下层的与上层的），才能战胜日本帝国主义与其走狗蒋介石。”决议预计到：虽然蒋介石仍在对日本实行妥协投降政策，对内坚持“剿共”内战，但是随着日本侵略的继续加剧，随着英美和日本矛盾的增强，依附于英美的蒋介石集团有可能发生变化。党有可能使用各种手段使它至少暂时处于不积极地反对反日战线的地位。指出了党内主要危险是“左”倾关门主义，要求把统一战线运用到全国去；改苏维埃工农共和国的名称为苏维埃人民共和国，并相应地改变不适应抗日要求的若干政策；论述了共产党和红军在抗日民族统一战线中的领导作用。会议后，27日，毛泽东根据决议精神，在瓦窑堡党的活动分子会议上作了《论反对日本帝国主义的策略》的报告。报告既说明在抗日前提下，有可能和必要与民族资产阶级以至地主买办资产阶级中的一部分力量重新建立统一战线，也着重说明无产阶级在统一战线中能够和必须掌握领导权；既着重批判“左”倾教条主义在政治策略上的错误，也提醒全党警惕1927年无产阶级放弃领导权而遭致革命失败的教训。毛泽东从中国实际出发，用阶级分析观点，对中国共产党的抗日民族统一战线策略进行了全面深刻的马克思列宁主义说明，奠定了抗日民族统一战线的理论基础。

瓦窑堡会议是中国共产党历史上的一个里程碑，也是遵义会议的继续发展。在长征途中召集的遵义会议，只能解决最迫切的军事问题和组织问题，中共中央到达陕北后，才有可能结合当时的形势和任务有系统地解决政治策略上的问题。瓦窑堡会议决议和毛泽东的报告，从中国实际出发，把当时共产国际提出的反法西斯统一战线的总方针，具体运用来指导中国革命运动。瓦窑堡会议所确定的抗日民族统一战线政策是共产党适应抗日斗争的历史要求在政治路线上的一次重大改变。

12月20日 根据11月中共中央《关于青年工作的决定》，共青团中央发表了《为抗日救国告全国各校学生和各界同胞宣言》，宣告改造自己的组织为抗日救国的青年团体，欢迎一切爱国青年加入。宣言恳切声明：中国共产主义青年团不但愿意与任何抗日救国的组织合作，与一切爱国同胞实行亲密团结，共同奋斗，而且愿意把我们的组织开放起来，欢迎一切赞成抗日救国的青年加入我们的抗日救国青年团。宣言指出，以前加入我们共青团的人一定要相信共产主义的，现在我们共产主义青年团改变为抗日救国青年团以后，“一切爱国青年，相信共产主义的也好，不相信共产主义的也好，只要愿意抗日救国的，就可以加入我们的抗日救国青年团”。宣言发出后，全国各地共青团组织开始改变组织方针和工作方针，至1936年，共青团实行了彻底改造。

12月21日 上海市中华妇女同盟会、妇女生活社、妇女大众社、妇女园地社、妇女文化协会等百余妇女团体成立妇女救国会。参加人数达千余人，包括女学生、女工、女律师、女作家、女医生、女教育家等。以史良、王孝英、罗琼等十一人为理事。何香凝在成立大会上讲演，主张“全国妇女一致起来武装救国”。会议通过“要求政府取消冀察政委会”等决议案九件，并通电全国，发表宣言：（一）坚决保持中国领土和主权的完整；（二）反对秘密外交，否认一切破坏领土和主权完整的条约或协定；（三）反对一切在中国境内由外人操纵的特殊行政组织；（四）集中全国兵力、财力，讨伐冀东伪组织；（五）严惩汉奸卖国贼；（六）要求人民结社、言论、出版之绝对自由；（七）要求立即释放北平被捕之爱国学生，严惩肇祸军警；（八）全国妇女立刻自动的组织起来，贯彻我们的主张。晚上，在南京路、四川路一带游行示威。

12月27日 上海文化界救国会召开成立大会。教育、新闻、出版、电影、戏剧法律各界知名人士三百多人出席会议，沈钧儒主持了大会并致开会词，选出了马相伯、沈钧儒、章乃器、陶行知、沈兹九、江问渔、邹韬奋、周建人、李公朴等三十五人为执行委员。并发表宣言《民族解放运动的呼声》，提出下列救亡主张：（一）根本改变目前外交政策，公布过去的外交经过；（二）开放民众组织,保护爱国运动,迅速建立民族统一战线;(三)停止一切内战;(四)武装全国民众;(五)保障集会、结社、言论、出版的绝对自由;(六)罢免并严惩一切卖国亲敌官吏;(七)对敌经济绝交,全国恢复抵制日货;(八)释放一切政治犯,共赴国难。《宣言》还指出,目下全国学生的爱国救亡的高潮,是全国大众一致奋起救亡图存的先导,这一爱国运动正在开展中,钢铁般的民族阵线将由全国大众自动建立起来,形成不可侮的巨力。

12 月 中华民族革命同盟公开发表政治宣言,以"争取民族独立,树立人民政权"为基本政治主张,提出八项具体行动纲领:(一)集中一切力量进行民族革命;(二)策动全国海、陆、空军武装全国民众对日作战;(三)收复失地;(四)推翻南京国民党政权,召集人民代表大会解决国是;(五)驱逐日本帝国主义在华势力,没收一切汉奸财产;(六)联合在日本帝国主义压迫之下的一切民族及被压迫阶级,共同打倒日本帝国主义;(七)铲除贪官污吏,废除苛捐杂税;(八)争取人民的身体、居住、言论、出版、集会、结社、信仰之绝对自由等。

本月 上海市新闻记者顾执中、萨空了、谢六逸等七十一人发表《为争取言论自由宣言》,要求国民政府根本撤废新闻检查,随时公开对日外交,坚决反对任何屈辱秘密协定,并实行言论、出版、集会、结社的自由,以集中全国的力量,收复失地,争取中华民族解放的胜利前途。

本月 中华民族解放行动委员会举行第一次临时代表大会,通过《告同志书》。该项文件说,我们思想上的武器,应该毫无考虑地使用马克思——列宁主义,不是机械把马克思——列宁主义做教条，而是运用其原则，以理解中国的社会及其历史进程，决定我们的斗争纲领、政策和方法等。提出：我们现实的政治任务，在于完成中国反帝反日的民族革命和土地革命，我们要断然的否认中国革命的主要形态已进到苏维埃革命阶段的论调。中国革命的前途，不是走资本主义道路，而是走非资本主义道路。不是民族革命和土地革命后，立刻即是社会主义到来，我们决不能赞成现实共产党在中国所主张的苏维埃革命。

本月 中华民族解放行动委员会北平市委员会成立，由刘春任书记，主要活动除发展组织外，是同“中华民族解放先锋队”密切合作，从事抗日救亡的学生运动和民众运动。

本月 美国女作家史沫特莱到上海转交北平爱国学生写给宋庆龄的信，宋热情地复信支持学生们的爱国行动，并指出学生就是要采取爱国实际行动，不能再相信“读书救国论”那一套，要对国民党政府采取行动，宋还捐了一笔钱，经由张申府交给北平爱国学生，张申府和其他教授也捐助了一些钱，买了羊皮板子作为夜间学生纠察巡逻时穿用。

本月 中共北方局联络局局长南汉宸派申伯纯赴南京见杨虎城，而后申又奉命赴西安向杨虎城转达中共提出的双方联合抗日具体办法。

本月 胡愈之通过在狱中的杜重远，劝说张学良联共抗日，取得了成果。

本月 救国会负责人邹韬奋接待北平学联派沪代表陈翰伯，商谈组织发动上海学生参加“一二·九”爱国运动。邹又介绍陈去见章乃器、沈钧儒、沈体兰、王造时、沙千里、胡子婴等救国会负责人。他们陪同北平学联三位代表到各校演讲,做宣传发动工作。23日,章乃器、胡子婴在上海先施公司大东旅社与陈翰伯和上海几位学生商议24日发动学生举行大规模示威游行。沈钧儒秘密发起上海各界人民为抗议国民党迫害北平学生爱国运动发表宣言,广泛开展签名运动。胡子婴约沈钧儒在上海重庆南路胜利饭店的餐馆见面,将秘密征集来的签满了名的油印宣言交给沈钧儒。

一九三六年

1月4日 《救国时报》发表中华民族革命同盟负责人李济深、陈铭枢、蔡廷锴等人的《对时局宣言》，指出：抗日与反蒋是民族革命战争“不可分离的任务”，“抗日如不打倒蒋介石，决不能收抗日的实效”，“倒蒋而不抗日，也决不能实际倒蒋”。南京国民政府是军阀官僚、买办、土豪劣绅的政权，自成立之始就是帝国主义侵略中国的工具。它有极强的“奴隶性与附属性”，必然反对中国人民的民族战争。他们的逻辑是“卖国有功，救国有罪；降日者升官发财，抗日者格杀无论”。它断送了东北，又出卖了华北，“我四万万人民的身家性命，无日不在南京政府的拍卖之中”。

月初 东北军六一九团团长高福源，从红军处释放后向王以哲和张学良面报了他这几个月在苏区听到的、见到的情况和红军抗日救国的主张，痛述东北军上下丧家亡土的痛楚和收复家园的激情，转达了中共中央和红军不计旧怨，与东北军携手抗日的真诚意愿，建议和红军联合抗日。张、王表示同意他的看法，要他赶回瓦窑堡，请红军派一位正式代表来谈判。16日，高回到瓦窑堡，向李克农汇报后，李将他带去见毛泽东和周恩来。中央决定派李克农为代表会见张学良、王以哲。

为了加强对东北军的工作，成立了以周恩来为主任的中共中央东北军工作委员会。在此前后，中共中央北方局派宋黎、栗又文、刘澜波、苗勃然，中共上海地下组织派刘鼎分别到东北军开展统战工作。

1月25日 毛泽东、周恩来、彭德怀、叶剑英、刘志丹等党和红军领导人联名发出《红军为愿意同东北军联合抗日致东北军全体将士书》，揭露了蒋介石把东北军调到甘肃、陕西打红军的阴谋，就是使愿意抗日的东北军和决心抗日的红军都受到牺牲和损失，实现其削弱乃至消灭异己的计划，东北军只有抗日反蒋才是唯一出路。指出"中国苏维埃政府与工农红军是愿意与任何抗日的武装队伍联合起来，组织国防政府与抗日联军，去同日本帝国主义直接作战的。我们愿意首先同东北军来共同实现这一主张，为全中国人民抗日的先锋"。并且建议互派代表，协商关于组织国防政府和抗日联军的问题。

1月28日 上海各界救国联合会正式成立。沈钧儒致开会词，王造时、李公朴、史良等人发表了演说。选举马相伯、沈钧儒等三十人为理事。决定扩大组织，筹组全国各界救国联合会。

本月 蒋介石把以"广田三原则"为基础进行的中日外交谈判的责任交给了外交部长张群，并在谈判中采取拖延的策略。蒋介石不放弃这个谈判，表明他还没有抗日的决心，但是日本侵略者未能从这个谈判中得到任何要得到的东西。

本月 宋庆龄应宋子文的请求，写信给毛泽东、周恩来，转达国民党准备进行国共谈判的信息。委托董健吾(化名周继吾,中共地下党员,曾任上海兰彼得教堂牧师)递送。为了行动方便,给董一张由财政部长孔祥熙签委的“财政部西北经济专员”的委任状。董和张子华一起赴陕西。

本月 中华民族解放行动委员会中央派遣李士豪到上海,与罗任一等人联络召集浙江、江西、安徽、福建等省的干部,传达了中华民族解放行动委员会第一次临时代表会议的情况,由李士豪、何仲珉、杨清源、欧阳平、施建东组成华东局的领导机构,李士豪任书记,从此正式恢复该地区的组织活动。

本月 周新民、潘大逵等六十多人成立上海各大学教授救国会,表示义不容辞地站在青年学生面前,共负救亡责任。

年初 中苏文化友好协会在南京举办了苏联图片展览。

2月1日 在中共中央1935年11月发布《关于青年工作的决定》精神指导和中共北平市委筹建下,在由平津学生联合会组织的四个“扩大宣传团”基础上,于北平师范大学召开了代表大会,决定成立“中华民族解放先锋队”(简称民先)。大会通过“斗争纲领”、“工作纲要”、“组织系统”和“规约”。“斗争纲领”的要点是:(一)动员全国武装力量驱逐日本帝国主义者出境;(二)成立各地民众武装自卫组织;(三)成立各界抗日救国会;(四)铲除汉奸卖国贼;(五)没收日本帝国主义者的在华财产及汉奸卖国贼的产业充作抗日军费;(六)联合世界上以平等待我之民族共同抗日;(七)联合全世界弱小民族及被压迫民族共谋解放。当时正式队员有三百人左右。民先成立后,就在共产党领导下团结广大先进青年,战斗在抗日救亡的最前线,很快发展成为拥有两万余人的全国性的革命组织，成为华北抗日救亡运动的一支骨干力量。

2月9日 上海职业界救国会成立，主要负责人有沙千里。

2月17日 为了以实际行动促成全国抗日的实现，中华苏维埃人民共和国中央政府和工农红军革命军事委员会组成了中国人民红军抗日先锋军，彭德怀任总司令，毛泽东任总政治委员。是日发表《东征宣言》，说明为实现抗日，渡河东征，宣传党的“停止内战，一致抗日”的主张，号召全国各界联合起来，打倒日本帝国主义。20日，先锋军东渡黄河，挺进山西，准备出师河北与日本帝国主义直接作战。

2月21日 中华苏维埃人民共和国中央政府发表《关于召集全国抗日救国代表大会通电》，主张立刻召集全国抗日救国代表大会，正式组织国防政府与抗日联军，开始实行抗日战争的具体步骤。要求在救国代表大会召集之前，取消国民党一党专政，容许一切党派的自由活动，释放一切政治犯，停止内战一致抗日讨逆。

2月23日 陶行知在上海领导成立国难教育社。

2月24日 《救国时报》发表中华民族革命同盟为学生爱国运动告同胞书，号召反蒋抗日，指出：“中国大众只有团结于反蒋抗日的旗帜下，以无畏的牺牲精神，用鲜血头颅才能换得民族的独立解放。”

2月26日至28日 中共中央代表李克农与东北军第六十七军军长王以哲在洛川进行秘密会谈，并达成了口头协定，主要内容是：（一）为巩固红军与六十七军共同抗日，确定互不侵犯、各守原防;(二)红军同意恢复六十七军在富县、甘泉、延安马路上之交通运输及经济通商;(三)延安、甘泉两城现驻六十七军部队所需粮、柴、蔬菜等物,可向当地苏区购买;(四)红军同意在甘泉被围东北军两个营换防;(五)恢复红白通商,往来苏区和白区的办货人员均穿便衣,红军与六十七军有保护之责。

2月27日 董建吾、张子华到达瓦窑堡。当时毛泽东、周恩来均在前方,他们受到林伯渠、秦邦宪、张云逸等人的迎接。他们听了董、张的介绍,了解到南京各派对抗日的态度,知道蒋介石开始有了同红军实行某些妥协、反对日本的倾向。张闻天、秦邦宪及时电告毛泽东、彭德怀等人。

2月 中华民族解放行动委员会发表《组织反日阵线提议宣言》,宣言拥护共产党建立抗日民族统一战线的主张;认为一切革命的党派,在民族生死的关头中,"应该放弃其宗派的偏见,在反帝反日和土地革命两大原则之下,形成巩固的联合战线";呼吁"以最快的速度,组成全国的'反日阵线'",建议"反日阵线"只能由各党派各社团共同集结而成,并由各党派各社团迅速地推定负责人相互交换意见,除筹创"反日阵线"而外,还要商讨实际的反日工作。指出凡愿意为民族解放出力的党派、团体,都应该参加"反日阵线"。

本月 国民党西北军将领杨虎城和中共代表王世英在西安就联合抗日问题达成四项协议:(一)在抗日原则下,红军与十七路军订立互不侵犯协定,(二)双方互派代表,在杨虎城处设电台秘密联系;(三)十七路军在适当地点建立交通站,帮助红军运输必要物资,掩护红军人员往来;(四)双方同时做抗日准备工作,先在部队中进行抗日教育。

本月 邹韬奋创办的《大众生活》出刊到十六期，因坚持团结抗日，民主自由的政治主张，并拒绝复兴社总书记刘健群、国民党中宣部长张道藩逼迫停止抗日宣传活动，拒绝去南京见蒋介石等原因，而被国民党查封。

3月4日 毛泽东、彭德怀发给董健吾一封电报。表示“弟等十分欢迎南京当局觉悟与明智的表示，为联合全国力量抗日救国，弟等愿与南京当局开始具体实际之谈判”。并且提出和国民党谈判的原则：（一）停止一切内战，全国武装不分红白，一致抗日；（二）组织国防政府与抗日联军；（三）容许全国主力红军迅速集中河北，首先抵御日寇迈进；（四）释放政治犯，容许人民政治自由；（五）内政和经济上实行初步与必要的改革。这些条件将共产党于瓦窑堡会议制定的抗日统一战线政策具体化了。3月，董健吾携带这个密件回到宋庆龄家中复命。国共两党中断了近十年的联系，在宋的推动下接通了。6月下旬，南京以铁道部次长曾养甫出面函复共产党，赞同“联合抗日”的主张，但没有提到共产党所提出的谈判条件。

同日 中共代表李克农与张学良在洛川进行会谈，达成了以下几项口头协议：（一）为了进一步商谈抗日救国大计，张提出，中共派一位全权代表，最好在毛泽东、周恩来中推出一位，与张再一次商谈。地点定在延安，时间由中共决定；（二）红军代表经新疆去苏联的问题由张负责和盛世才交涉；（三）中共派一位代表常驻西安，由张给以灰色名义掩护。

3月10日 总司令彭德怀和总政治委员毛泽东发表《中国

人民红军抗日先锋军布告》，主张停止一切内战，“红军、白军联合起来，一致抗日”，凡属爱国军人，不论积极的与红军联合抗日，或消极的不反对红军及爱国者，红军均愿与之进行协商、协定或谅解。号召工农商学兵联合起来，打倒日本帝国主义和汉奸卖国贼。

月初 国民党驻苏武官邓文仪与中共驻共产国际代表团王明、潘汉年取得联系，提出国共两党谈判的要求。中共代表团认为无论共产党还是国民党的中央都在国内，谈判以国内进行为好。并指派潘汉年回国，参加南京的谈判。

月底 为领导华北的抗日群众运动并发展统一战线工作，中共中央委派刘少奇到天津任党的北方局书记。在他的领导下，北方局大力肃清党内“左”倾错误影响，反对关门主义，正确地贯彻执行了抗日民族统一战线政策，为联合华北一切可能抗日的党派、阶层，包括争取在华北的国民党第二十九路军等，进行了大量的工作，巩固和扩大了“一二·九”运动的成果，有力地推动了各阶层的抗日救国运动。4月10日，他写了《肃清立三路线的残余——关门主义，冒险主义》一文。文章指出，“左”倾冒险主义者在领导白区工作中，不懂得“在形势与条件不利于我们的时候，暂时避免和敌人决斗”，保存和巩固我们的力量，“以准备和敌人进行胜利的决斗”；不懂得“利用敌人内部的矛盾，推动这些矛盾爆发，和敌人营垒中可能和我们合作的成分，或者是今天还不是我们主要的敌人建立暂时的联盟，去反对主要的敌人，以削弱敌人反对我们的总的力量，破坏敌人反对我们的联盟”。文章明确指出，关门主义与冒险主义在党内流毒甚广，至今仍在许多实际工作中起着不好的作用，“是目前党的主要危险，现在必须彻底揭发这些错误，必须给这种错误以致命的打击”。这篇文章系统地批判了“左”倾关门主义在白区工作中的错误，对当时全党肃清关门主义，恢复和发展白区工作起着重要的推动作用。

月底 吕振羽通知谌小岑，中共联络人员周小舟到达南京，并带来毛泽东、朱德、周恩来写给曾养甫的信，大意说，值此民族存亡危急之秋，能进行团结对外活动，极表钦佩。中共提出成立国防政府、抗日联军的主张，希能获得同意。翌日，周小舟在铁道部见会曾养甫，周递交了毛泽东、朱德、周恩来给宋子文的信，并附送一份《八一宣言》。

春天 中华民族解放行动委员会中央派何世琨到北平改组华北局，由何世琨、周惠生、张云川、王一帆四人组成华北局委员会，何世琨任书记。华北局以“经文”为代号，领导北平、天津、河北、山东、河南、山西、绥远的工作。

4月5日 中华苏维埃人民共和国中央政府主席毛泽东、中国抗日红军革命军事委员会主席朱德联署发表《为反对卖国贼蒋介石阎锡山拦阻中国人民红军抗日先锋军东渡抗日捣乱抗日后方宣言》，宣布：为了中华民族的自由独立与领土完整，我们誓以全力消灭拦阻我先锋军抗日去路与捣乱抗日后方的汉奸卖国贼军队。呼吁停止一切内战，一致联合抗日，创立各党各派抗日的人民阵线。

4月9日 周恩来代表中共中央响应张学良的建议到东北军驻地延安与张举行秘密会议。并达成了口头协定：（一）中共赴莫斯科的代表由新疆到苏联，东北军的代表由欧洲去苏联；（二）停止内战，联合抗日；（三）张没有公开表示抗日之前，不能不接受蒋介石的命令进占苏区，六十七军准备开到延安以北一带来（1936年6月，中共主动让出瓦窑堡，即是恪守延安谈判协议的一例）；（四）双方互派代表常驻；（五）张认为红军主力在山西恐难立足，出河北太早。最好出绥远，靠外蒙。如中共坚决东进，他可通知东北军万福麟部不加阻挠；（六）互相通商。普通办货由中共设店自购，军品由东北军代购，子弹可供给。张对谈判十分满意，并拿出两万块光洋，说是他私人的钱，支持抗日的。谈判后张又送给二十万法币。这次谈判对张走上联共抗日的道路起了决定性的作用，对建立抗日民族统一战线贡献极大。

4月25日 中共中央发表《为创立全国各党各派的抗日人民阵线宣言》，向中国国民党、中国国家主义青年党、中华民族革命大同盟、中华民族解放委员会、中国大众生产党、全国基督教青年会、全国回教徒联合会、全国公教联合会、全国青帮、红帮、全国学生联合会、全国总商会、全国邮务总工会、上海大众生活社、全国律师工会、上海文化界联合会、上海妇女界联合会、中苏文化协会、平津抗日同志会、黄埔同学会、励志社、复兴社等全国各党各派、各军队、各商会等团体提议："创立抗日的人民阵线。"并提出停止一切内战，一致抗日讨逆；全国红军与全国海陆空军集中华北打日本；召集全国抗日救国代表大会，组织国防政府与抗日联军，言论、集会、结社、出版、信仰的完全自由，释放一切政治犯等六项共同行动纲领。中共中央在宣言中还特向全中国各派郑重宣告："不管我们相互间过去有着怎样的不相同的主张与信仰,不管我们相互间过去有着怎样的冲突与斗争,然而我们都是中华民族的子孙,我们都是中国人,抗日救国是我们的共同要求。为抗日救国而大家联合起来,为抗日救国而共赴国难,是所有我们中国人的神圣的义务!”宣言第一次将中国国民党包括在抗日民族统一战线之内,不再提打倒蒋介石,这是政策上的一个重大变化。

中旬 吕振羽由谌小岑陪同在南京铁道部见曾养甫,递交了一纸上书,内容有:(一)改组政府,容纳各党派爱国人士参加;(二)承认边区政府的合法地位;(三)让出一条通路,集中南方游击队北上抗日;(四)释放政治犯,开放人民抗日言论、出版、集会、结社自由。曾养甫说,第三条要请示。

4月 中华民族解放行动委员会负责人章伯钧到梧州与李济深联系,策动同胡汉民等建立联盟,发动反蒋抗日的军事运动。随后,李济深委托彭泽湘去广西劝说李宗仁、白崇禧下决心反蒋,一同抗日。

5月5日 中国人民红军抗日先锋军在山西遭到蒋介石、阎锡山军队的拦击。红军为顾全抗日大局,避免损失中国国防力量,主动回师河西,并发出《停战议和一致抗日通电》即《五五通电》,宣告“愿意在一个月内与所有进攻抗日红军的武装队伍,实行停战议和,以达到停战抗日的目的”。说明红军回师河西是“促进蒋介石氏及其部下爱国军队的最后觉悟”。《五五通电》不再称蒋介石为卖国贼,而称“蒋介石氏”、“南京政府诸公”。这标志着开始放弃“反蒋抗日”口号,采取“逼蒋抗日”的方针。《五五通电》的发表是我们党政策上的一个重要转变,受到全国各界的热烈拥护,在国民党统治集团,特别在各派反蒋军事势力和地方实力派当中产生了巨大影响,促进了国民党内部矛盾的发展。

5月6日 《救亡情报》创刊号发表《何香凝访问记》,何表示绝对同情北平学生"一二·九"爱国运动和各地民众的救国运动,对于国民党政府当局在各地压迫救国运动,尽了帝国主义清道夫的责任,是最痛恨的。她指出谁都有权利和义务爱自己的国家,压迫救国运动的政府不是民众需要的政府。她说自己也是被政府统治的一人,但坚决反对压迫救国运动的紧急治安法令,反对屠杀爱国青年及爱国分子。要警惕国民党政府正在同日本谈判的"中日防共合作"的阴谋,不要坠入他们的烟幕中。

同日 《救亡情报》创刊号发表史良题为《准对我们的敌阵前进》纪念"五四"的文章。文中指出:"'五四',这在中国民族解放运动史上,放着惊人的异彩的纪念日。"她抨击国民党对日不抵抗主义,赞扬"一·二八"抗日的精神。她说:"我们只有大声竭呼:不愿做亡国奴的同胞,不管男和女、老和小,大家快快起来!巩固民族统一阵线!继续'五四'和'五卅'的精神,准对我们的敌阵前进!"

同日 《救亡情报》创刊号上发表潘大逵的《国民大会的责任在哪里》文章。指出根据以往的经验,"只有人民服法的义务,而无政府守法的精神",这就无怪人民对国民党要召开的国民大会非常冷谈了。文章还抨击国民党的对日不抵抗政策,他说东北、华北、蒙古相继沦为异域,改变颜色,"政府诸公,不说是长期抵抗,就是说最后牺牲。而结果只见'牺牲的精神',未见抵抗的表示。就最近河北形势而论,日本出价要他独立,我们还价要他自治（事实上为日人指导下之自治）；对于共产党，日本要求共同防御，我方允许折衷办理”。如此办外交，大好河山行将全部改换面目。

5月8日 国民党军事委员会副委员长冯玉祥向英国工党机关报《每日民声报》发表谈话，指出：“中国当以武力抵抗日本侵略，在势已无可避免”，并提出五项抗日救国纲领：（一）中俄两国缔结同盟；（二）爱国运动与反日运动均当加以扩大；（三）公民自由权利当加保障；（四）组织并武装中国民众；（五）共产党乃日本死敌，中国政府当停止讨伐。

5月9日 上午，上海各界救国联合会在市商会大礼堂举行群众大会，王造时、史良、李公朴、顾执中、章乃器等人为大会主席，大会由章乃器主持。李公朴在会上发表演说，指出爱国阵线里，应加强组织。章乃器在讲话中指出：要坚持实行民族统一战线，来对抗日本帝国主义和汉奸。大会最后通过四大要求：一、请政府制止华北卖国行动，解散冀察政委会；二、请政府武力制止日人走私及非法行动；三、立即实施国难教育，开放民众组织；四、请中央及地方当局表示抗日态度。

月初 上海的黄君到南京找谌小岑，要见曾养甫，说他自己将去陕北。曾养甫请黄转达中共中央派一个代表团来谈。谌小岑给黄一份陈立夫口授的四项条件抄件，并请覃振给林伯渠写了一封信。

上旬 陈立夫向曾养甫、谌小岑口授了谈判的四个条件：（一）欢迎共方的武装队伍参加对日作战；（二）共方武装队伍参加对日作战时，与中央军同等待遇；（三）共方如有政治上的意见，可通过即将成立的民意机关提出，供中央采择；（四）共方可选择一地区试验其政治经济理想。这四项条件谌小岑转交给参加谈判的吕振羽和黄君。

5月15日 周恩来致函教育界名流张伯苓，向他阐述中共主张停止内战，一致抗日，红军愿为抗日先驱。希望张能赞同并为之呼吁。

5月17日 沙千里在《救亡情报》第二期上发表《日本侵华新攻势》的文章，抨击国民党政府与日本搞"合作防共"的错误政策，指出日寇侵占东北、热河之后，进一步借着"防共"的名义，用"以华制华"中国人消灭中国人的毒计，来侵夺中国的土地了。号召每一个不愿做奴隶的人，不论他的身份地位，不论他的思想信仰，不论他的党派宗教，"立刻起来发动神圣的民族战争，在民族抗战的最大目标下联合起来，结成强固的统一的民族阵线，向我们最大的共同死敌作战，争取我们的生存和独立！"

中旬 黄君到达陕北，向周恩来汇报了陈立夫提出的四项条件。周欢迎国民党的这个转变，并作出积极响应，15日写信给谌小岑，邀请曾养甫、谌小岑到陕北来共同"商讨大计"。

5月25日 毛泽东致函国民党政府军委会副委员长、太原绥靖公署主任阎锡山，并附五月五日红军回师黄河西岸的通电，希望阎能与红军联合一致，抗日反蒋。此信是交由阎锡山部第六十六师第三九二团团长郭登瀛送去的。

5月29日 中国学生救国联合会在上海成立。二十八名学生代表了北平、天津、上海、广州、南京等十七城市和广西省的学生救国联合会，数十万学生参加成立大会，大会通过重要提案和宣言。大会号召，一切爱国爱民的热血青年，不分地位，不分党派，不分性别的在抗日救国的目标下紧紧地团结起来，组成坚固的民族统一战线；呼吁停止一切内战，全国总动员对日作战，联合一切被压迫民族和民众，联合以平等待我之民族共同奋斗！

5月30日 上海各界救国联合会在南京商会举行群众大会，到会约六千人，沈钧儒、章乃器、吴耀宗，史良、李公朴、王造时、顾执中、潘大逵、王孝英、刘良模等人组成大会主席团。沈钧儒在会上作了报告，号召大家联合起来，群策群力，用自己的力量，自己的园地，组成一支浩浩荡荡的大军，促使政府改弦易辙，采取强烈政策，以武力抗御日本帝国主义的侵略。王造时、章乃器等人也发表演讲，说明今年纪念“五卅”的伟大意义。大会历时两小时，少数汉奸在会场捣乱。会后群众列队到江湾烈士墓前致礼。

5月31日至6月1日 在宋庆龄、马相伯、沈钧儒、章乃器等人的号召和领导下，在上海召开了全国各界救国联合会成立大会，参加会议的有全国十八个省市六十多个救亡团体的代表。筹备委员会代表报告了开会宗旨及筹备经过，会议还听取了平津民族解放先锋队和南京、上海、厦门、香港等地救国会代表的报告，通过了《全国各界救国联合会成立大会宣言》《抗日救国初步政治纲领》等重要文件，选举宋庆龄、何香凝、马相伯、邹韬奋等四十余人为执行委员，沈钧儒、章乃器、李公朴、史良、沙千里、王造时等十四人为常务委员。宣言和纲领等文件指出，日本大陆政策的主要目的在于灭亡全中国，“我们唯一救亡图存的要道，在立刻全国团结一致以全力抗敌”，任何党派和政治团体“想用武力征服敌党敌派，用权威排除异己，用权术巩固政权，那结果反只有使人心离散，而自陷于覆亡”。并且建议：(一)各党各派立刻停止军事冲突；(二)各党各派立刻释放政治犯；(三)各党各派立刻派遣正式代表，人民救国阵线愿为介绍，进行谈判，以便制定共同抗敌纲领，建立一个统一抗敌政权；(四)人民救国阵线愿以全部力量，保证各党各派对于共同抗敌纲领的忠实履行；(五)人民救国阵线愿以全部力量，制裁任何党派违背共同抗敌纲领，以及种种一切足以削弱抗敌力量的行动。全国各界救国联合会以抗日救国为职志，推动了全国的抗日救亡运动的开展。各地也相继纷纷成立全救会分支组织。

6月1日 中共中央以中华苏维埃人民共和国中央政府主席毛泽东、中国人民抗日红军革命军事委员会主席朱德的名义发表《中华苏维埃人民共和国中央政府、中国人民抗日红军革命军事委员会布告》，向全国人民，全国各党派、团体、军队提出二十项主张：停止内战，一致抗日；全国各党各派各团体创立抗日人民联合战线；召集全国抗日救国代表大会，成立国防政府和抗日联军；释放一切政治犯，保障抗日的言论出版集会结社自由；推翻汉奸卖国贼的统治；保护爱国运动等。

同日 李济深、陈济棠、蔡廷锴、李宗仁、白崇禧等人联合发动了两广“六·一”事变，主张反蒋抗日，准备挥军北上抗日。章伯钧、彭泽湘代表中华民族解放行动委员会亦参与其事。当日，蒋介石即下令李默庵第十师、刘戡八十三师、孙元良八十八师由集结地赣粤边界进入粤境。2日进占南雄。3日，已被蒋介石收买的李汉魂、邓龙光、余汉谋及黄光锐联名通电，表示拥护国民党中央,宣布脱离陈济棠。黄光锐遂率广东空军飞往南京。4 日陈济棠通电下野,逃往香港。

两广事变发生后,中共中央派云广英(化名林秀先)往南宁会见李宗仁,讲述目前形势及中共的停止内战,一致对外,组织抗日民族统一战线的主张。李宗仁表示赞同中共提出的成立抗日民族统一战线的政策。随后又见了李济深,李济深表示,中共提出的抗日民族统一战线政策很正确,只有这样才能团结全国各方面力量战胜日寇,挽救民族的危亡。

6 月 5 日 宋庆龄致函救国阵线诸领袖,信中说:“我听说你们拒绝否认宣言,并坚声言忠于宣言的每一句话,宁可坐牢而不愿卖国”,“当局一面鼓吹‘秘密准备抵抗日帝国主义’,但一面又警告、逮捕我们救国会诸同志”,这是不是一个讽刺?她说反日的最好方法,是加强民族革命力量,如果我们能够尽力干去,这种胜利是有保证的。我们非常欣慰,签名于这救国会的纲领和宣言之后,我充分支持这个纲领和宣言。

6 月 7 日 由茅盾、傅东华、夏丏尊等人发起,中国文艺家协会在上海成立,到会九十余人。会议通过章程,并发表《中国文艺家协会成立宣言》。宣言声明文艺家在全民族一致的救国阵线中要求:团结一致抵抗侵略,停止内战,言论出版自由,民众组织救国团体的自由。

同日 邹韬奋在他创办的《生活日报》星期增刊第一号上,发表了“莫文华”(刘少奇化名)给他的信《民族解放的人民阵线》。12 日,又发表了第二封信《人民阵线与关门主义》。这两封信是刘少奇以党中央代表身份向共产党员发出的公开指示。

邹发表这两封信是冒有风险的。

6月8日 李宗仁在西南执行部政委会发表演讲，认为抗日救国“是决定民族国家生死存亡的大关键”。他说，不问中央抗日不抗日，一、四两集团军将领将呈请西南执行部和政务委员会将军旗改为“国民革命抗日救国军”。并说，北上抗日完全是争取生存的民族革命战争，决不是对内的争夺权利。

月初 张子华从陕北带来一批周恩来写的信，除林伯渠致覃振的复信外，均交给曾养甫。六天后，张子华返回上海编了联络电台密码，由谌小岑转给曾养甫，谌要来据说是汉口电台的呼号，并转达曾养甫的口信，请周恩来到南京面谈。

6月12日 国民党南京政府同美国订立了“中美白银协定”，规定美国财政部向中国购买白银五千万盎司，以卖价所得，稳定法币外汇价格。这样“法币”与美元又发生了联系。四大家族官僚资本与英美的结合，使国民党统治集团内部亲英美派集团的力量大大加强，并与以汪精卫为代表的亲日派集团形成尖锐的对立。

6月20日 中共中央发出《关于东北军工作的指导原则》，指出，由于东北军现在所处的特殊的政治地位（亡国的地位），由于红军对东北军的革命影响，东北军有极大可能转变为抗日的革命的军队，争取东北军到抗日战线上来是我们的基本方针。明确指出，共产党在东北军工作的原则：第一，“不是瓦解东北军、分裂东北军，而是给东北军以彻底的抗日的纲领，使东北军在这一个纲领的周围团结起来，成为坚强的抗日的武装力量”；第二，“也不是把东北军变为红军，来拥护共产党的基本政纲，而是要使东北军变为红军的友军”。还提出争取东北军的工作方法，其中重要一条是：上层统战工作和下层统战工作同时并进与互相配合，并且强调做上层统战工作在东北军有着特别重要的意义。指导原则规定了对东北军统战工作的政策界限，表明了中国共产党团结抗日的诚意和对待同盟者的基本态度。经过共产党的一系列工作，西安事变前夕，红军与东北军西北军实现了西北大联合，形成了三位一体。

6月25日 蒋介石派程潜乘专机到南宁接李宗仁，李与蒋晤谈后达成和平协议，两广事变最后结束。

6月28日 上海著作人协会在静安寺路基督教女子青年会礼堂举行成立大会，公推倪文宙、诸青来、曾虚白、周新民、章乃器、沈钧儒、钱俊瑞、金则人、周宪文、潘大逵、沈兹九十一人为大会主席团。诸青来任主席。诸青来致词后，各界代表演讲，全救会及上海文化界救国会代表沈钧儒表示“希望著作人负起救亡运动中的应尽的任务”。妇女界救国会代表胡子婴强调著作人团结的重要，并提出联络军界抗日的意见。王造时说，我们摇笔杆子的目的，是要以笔杆子打倒帝国主义和国内军阀的枪杆子，以正义的笔杆子打倒那些拥护军阀帝国主义利益的笔杆子。李公朴希望抛弃“文人相轻”的劣习，大家应把笔杆集中起来，建立伟大的集体力量。章乃器说，联合战线是对付共同敌人的结合，而不是折中的、调和的，也不是说各党各派的人，参加了联合战线就放弃他们的主张，而是共同对敌。大会选举诸青来、曾虚白、周新民、章乃器、王造时、沈志远、李公朴、张仲实、张谓、张明养等一十五人为理事，潘大逵、吴青友、骆耕漠三人为候补理事。

大会还通过宣言，号召全国民众联合起来，粉碎敌人的侵略压迫，挽救整个民族的危机。要争取最低保障生存的条件，争取言论出版自由和团结御侮救国的自由。在宣言上签字的有：子冈、王纪元、王造时、石西民、成舍我、艾思奇、吴全衡、李公朴、沈志远、沈兹九、沈体兰、沙千里、周谷城、周新民、金仲华、胡子婴、胡绳、倪文宙、徐雪寒、孙冶方、柳湜、张仲实、张明养、张执一、陶行知、章乃器、彭文应、张东荪、刘良模、潘大逵、诸青来、钱俊瑞、骆耕漠、薛暮桥等一百四十人。

6月　全国各界救国联合会发表致南京政府紧急通电，电文中说，西南将士，已举兵北上。此时不战，更待何时？若不对外，必起内争。“万望我政府顾念民族之垂亡，实践屡次宣言捍卫国土之决心，立即领导全国，对日抗战。宁为玉碎，毋为瓦全！否则同室操戈，敌人得利，亡国灭种，谁负其责?!”

本月　李公朴在《救亡情报》第八期发表《华北危急与抗日战争》一文，热情支持华北学生救国运动，认为“这种艰苦奋斗的精神，实在是造成未来光明的光炬”。文章说“我们对于日本侵略华北主权的一切行为，一概不承认”，“全国不愿做亡国奴的人们来参加这个救华北、救东北，救整个中国的伟大的运动吧！”

7月9日　全国各界救国联合会请愿代表团沈钧儒、章乃器、史良、沙千里、彭文应五人由上海到南京，准备向国民党五届二中全会提出要求：立即对日宣战；各党各派各自释放政治犯，一致对外；开放民众运动，保障救国自由。

7月10日　国民党召开了五届二中全会。蒋介石在会上表示他不能签订承认伪“满洲国”的协定。他说：“中央对于外交所抱的最低限度就是保持领土主权的完整。任何国家要来侵扰我们的领土主权,我们绝对不能容忍,我们绝对不订立任何侵害我们领土主权的协定,并绝对不容忍任何侵害我们领土主权的事实,再明白些说,假如有人强迫我们签订承认伪国等损害领土主权的时候,就是我们不能容忍的时候,就是我们最后牺牲的时候。”这就反映出与英美帝国主义利益相密切联系的蒋介石集团,在日本帝国主义与英美帝国主义利益发生严重的冲突时,他就有可能在英美的授意下,改变对日本的态度。会议通过了组织国防会议的决议。

张学良出席会议期间向蒋介石提出改变“攘外安内”的“国策”,实行联共抗日,遭蒋申斥。会后,张到上海秘密会见杜重远、沈钧儒、邹韬奋、李公朴、王造时、章乃器等爱国进步人士,交换抗日救国意见。

7月13日 全国各界救国联合会请愿代表团沈钧儒、章乃器、史良、沙千里、彭文应至国民党中央党部五届二中全会会场,由马超俊接见,代表团提出:(一)要求大会准许代表团在大会发言五分钟;(二)要求大会议决立即对日抗战;(三)要求大会议决开放民众救国运动,保障言论出版集会结社自由,并释放政治犯;(四)停止内战。马超俊以人民代表不能出席中央委员会为由,拒绝了让代表团在大会发言。

全救会发表对国民党五届二中全会宣言说,只要接受人民的要求,决定下以抗日求统一的国策,中华民族就可得到莫大的转机,国内政权就可以得着自然的统一。

同日 蒋介石在“中央纪念周”讲演中声称“我们要解决外

交问题,就要先解决内政问题,自从‘九·一八’以来,中央一贯的方针就是‘安内攘外’四个字,认定内不能安,不仅外不能攘,而且‘外交’二字也说不来”,“只要内政问题能够得到妥善的解决,外交问题自然得到完满的结果”。这表明蒋介石继续坚持对日妥协,对内反共的方针。

7月15日 沈钧儒、章乃器、陶行知、邹韬奋联名发表《团结御侮的几个基本条件与最低要求》一文,分析了自“一二·九”学生救亡运动以来,国内政治形势的重大变化;明确表示赞同和支持中国共产党提出的建立抗日民族统一战线的主张;要求国民党政府做到“第一,停止对西南军事行动;第二,和红军停战议和,共同抗日;第三,开放抗日言论自由和救国运动自由”;指出“先安内后攘外”的政策,只对敌人有利;表示要坚定不移地站在救亡战线的立场上,不躲避,不退却,不动摇意志,一直到中华民族解放运动取得完全胜利。

同日 中华苏维埃中央政府向全国哥老会发出宣言,提出“在共同抗日的要求下联合起来”。

7月16日 中共中央发出《关于争取哥老会的指示》,指出争取哥老会的策略,应依照的方针:(一)推动与吸引他们参加到抗日救国的统一战线中来;(二)在哥老会发扬哥老会的革命传统,逐渐消除哥老会中保守的、迷信的、封建的、反动的思想与成分,使之适合于社会的与革命的发展趋势:(三)允许哥老会在苏区的公开存在,并招待与起用在国民党区域内一切被压迫的江湖好汉、英雄豪杰之士。

7月22日 中共中央发出《关于土地政策的指示》,对土地政策作了一些新的规定：第一，没收汉奸卖国贼的全部土地等财产；第二，没收地主的土地财产之后，“仍分给以耕种份地及必需的生产工具和生活资料”；第三，大农业主的土地按照对待富农的政策办理；第四，商人兼地主的“土地部分照一般地主办理，但不得侵犯他的商业部分”；第五，不没收小业主、生活很坏的小地主、一切抗日军人及献身于抗日事业者的土地。这些政策的重大变化，对于促进和推动抗日民族统一战线的形成都是非常必要的。

7 月 25 日　《救国时报》发表陈铭枢的题为《中华民族革命同盟成立一周年》的纪念文章，提出“联合战线，武装抗日”的口号，呼吁各党派各民众团体都应以民族利益为前提，捐除一切成见，站在民族抗战的前线，发动全国民众与日本帝国主义和南京政府作不屈不挠的斗争。指出蒋介石政权“安内攘外”政策的本质，“对外的一面是战战兢兢的双膝；对内的一面是刚决残酷的双腕”。

7 月　国民党当局要上海职业界救国会主要负责人章乃器“立即改变态度”，否则，就要他们的银行集团挤垮章乃器任重要职务的浙江实业银行。章乃器表示决不改变主张抗日救国的立场，他说：“我没有理由需要改变态度，如果你们想以挤垮浙实的手段来强迫我们做汉奸，那末也徒见你们枉费心机，告诉你们，今天起我就离开现有一切地位，但你们永远阻止不了我去参加救亡阵线！”为此，上海职业界救国会致函章乃器，表示亲切慰问，称赞他对抗恶势力压迫之大无畏精神。

本月　全国学生救国联合会得知设在巴黎的世界学生联合

会定于八月下旬在日内瓦举行第一次世界青年大会，请北大、清华、燕京、复旦等大学的学生会派代表参加大会的通知。全国学联常委决定派清华大学陆璀为代表，由李公朴陪同办理出国护照及签证手续，由沈钧儒筹措四百元法币的路费。

8月9日 上海各界救国联合会召开市民缉私运动大会，沈钧儒致辞说，“我们要求民众们组织起缉私大同盟，协助政府缉私，我们尤其要反对华北海关独立，减低关税”；王造时发表演说“彻底缉私，必须有对日抗战的决心”；章乃器说：“我们的民众愿拥护政府缉私，与政府合作缉私，但政府今天不要我们民众拥护，不要我们民众合作，我们应表示严重抗议。”大会通过决议：一、用大会名义，通电全国民众，自动组织缉私大同盟；二、通电要求政府拒绝减低关税及华北海关独立；三、要求政府奖励海关努力缉私工作人员。大会后，举行了游行。

8月 中华苏维埃中央政府西北办事处设立哥老会招待处，成立中华江湖抗日救国委员会筹备处，19日该筹备会向全国哥老会发出召开代表会议的通函。10月15日全国哥老会代表会议在陕西省志丹县境内的马头山召开。会议订立了抗日救国的十大条规，其主要内容有：打倒日本帝国主义，援助红军抗日等。

上旬 潘汉年在上海向郭沫若、夏衍传达了周恩来的意见，由上海文化界救亡协会出一张日报，是有国共两党人员参加的统一战线性质的“文救”机关报，请郭沫若任社长。郭往见潘公展，同意出《救亡日报》，郭为社长，国共各派一个为总编辑（樊仲云与夏衍），由潘指定编辑主任和经理。

8月12日 中共中央在《关于今后战略方针之建议》文件

中，规定了一些具体策略方针：第一，首次确认“南京为进行统一战线之必要与主要的对手；第二，提出“请蒋抗日”的口号；第三，红军的自卫原则是：他不来攻我不去打，他若来攻，则一面坚决作战，一面请求议和，对其挑衅，实行“先礼后兵”的政策；第四，注意作国民党军队上级军官的统战工作。上述策略方针目的是为着分化国民党，揭露其欺骗，孤立其首领，争取其群众，排斥汉奸部分，推动其爱国部分，使之走上真正抗日救亡的道路。同时，又影响南京以外各党派，便利进行统一战线的谈判，求得爱国民主运动的进一步发展。

8月13日 毛泽东致函杜斌丞先生，希望杜加速推动西北各部实力派与红军联合抗日的工作，努力共同救西北救华北救中国。

同日 毛泽东写信给杨虎城，指出日本“进攻绥远，陕甘受其威胁，覆巢之下，将无完卵”，希望杨将同意联合战线的“冷静态度”转为积极行动，并表示愿意帮助杨部处于无损有益之地位。有关融洽双方关系的具体办法、建立通信联络等事项，由张文彬负责进行商谈。

8月14日 毛泽东派张经武携带他写给国民党冀察政务委员会委员长、国民党第二十九军军长宋哲元的信，对他抗日精神表示仰佩，为继续坚持御侮，红军及全国人民必为后援。希望能建立联系，共组北方抗日联合战线，由张经武为常驻联络代表，进行联络。

同日 毛泽东致函傅作义，希望能互派代表，速定抗日救亡大计。

同日 毛泽东致函国民党政府全国经济委员会主席宋子文，吁请推动抗日，使国民党恢复1927年以前孙中山先生之革命精神，实行“联俄、联共、扶助农工”三大政策，以救国家和自救。

8月23日 邹韬奋主办的《生活星期刊》在上海出版。该刊是邹将在香港出版的《生活日报星期增刊》易名继续出版的。

8月25日 中共中央发出《中国共产党致中国国民党书》，批评了国民党“攘外必先安内”的错误政策，同时对蒋介石在五届二中全会的报告，较之过去有了若干进步，表示诚恳欢迎。呼吁国民党停止内战，愿意同国民党“结成一个坚固的革命的统一战线”，如像第一次大革命时期两党结成反对民族压迫与封建压迫的伟大的统一战线一样。表示“准备在任何地方与任何时候派出自己的全权代表同贵党的全权代表一道，开始具体的实际的谈判，以期迅速订立抗日救国的具体协定，并愿坚决遵守这个协定”。在这封信中，共产党用“民主共和国”的口号代替“人民共和国”的口号，以动员更广泛的阶级参加统一战线。这个文件是共产党公开阐明关于建立第二次国共合作主张的正式文件，是促成国共两党第二次合作的一个重要步骤。

8月27日 张子华携带曾养甫致周恩来的信抵陕北保安，曾表示希望周到广州进行面谈。这次还带来了国民党和共产党联系的电台密码。

8月29日 车向忱受张学良委托于晚上去找宋黎，恰遇国民党陕西省党部特务挟持宋黎走出西北饭店，车急忙报告张学良，张大怒，传令卫队营长带兵士于次日晨包抄省党部，救出了马绍周、关副官（宋已被西北军宪兵营救出），抢出了文件资料，打击了省党部反动气焰。

8 月　彭德怀派人送给东北军骑兵军军长何柱国一封亲笔信，阐述抗日救国应不分党派和政治见解，同舟共济，并建议东北军让出海原和同心城一线，全部撤至固原以南，以便红军二、四方面军顺利北上抗日。何柱国踌躇多日，最后表示："现在国难当头，只有国共两党通力合作，团结一致，方能抵御外侮。"遂不顾个人仕途安危，毅然决定为红军让路。

本月　宋庆龄在香港委托吴大琨回沪筹组"保卫中国大同盟"上海分会。确定香港负责支援八路军，上海负责支援新四军，赠送捐款和供应药品。吴抵沪持宋庆龄信去见美国友人耿丽淑女士，并同张耀宗（全国基督教青年会负责人）、张似旭（美商友邦人寿保险公司经理）、沈体兰（上海麦伦中学校长）共同筹组，进行活动。

本月　日本嗾使"蒙古军政府"的保安队进攻绥远的红格尔图，国民党晋绥系统的将领傅作义率部抵抗，击溃了日伪军的进攻，爆发了绥远的局部抗战。全国人民开展了援绥运动。国民党南京政府此时也积极援助绥远抗战。

本月　毛泽东致函国民党东北军第六十七军军长王以哲。提出：日寇侵略益厉，兄我双方救亡之准备大宜加紧，对于救亡阵线有重大之裨益。并说，近日外间谣传蒋（介石）氏将于西南问题（即两广事变）解决之后进攻东北军，谓将用分化政策不利用张（学良）副司令。表示"谁要反对张副司令及我兄，不但弟等所率领的红军必以全力出而声讨蒋氏及东北军中叛逆分子之罪恶行为，即全国爱国人民及国际革命势力亦决不容蒋氏等胡干。”希望王以哲等严密警戒,团结自己的团体,予先防止东北团体中某些居心不正分子乘机捣乱。

夏 全国各界救国联合会成立后,各地救国运动迅猛发展,救国会成了一支重要的社会力量。蒋介石邀请该会负责人沈钧儒、章乃器、李公朴三人进行谈判。蒋介石要求救国会接受国民党的领导,他们都坚决拒绝了,对蒋介石说:“只要你停止内战,发动群众,坚决抗日,那就不领导也就领导了。我国救国会是代表全国人民的意志,要求停止内战,一致抗日,救亡图存,谁这样做,我们就同谁团结。”

夏 国民党军第二十军杨森带足、蓝、排、网球运动员到越南比赛,在旅馆内和越南劳动党领导人胡志明进行秘密会谈,应胡的要求,杨同意掩护胡转移到中国。胡扮成运动员随同中国队员乘汽车通过边卡,进入昆明。

9月1日 为反对日本帝国主义,迅速推动抗日民族统一战线的建立,为统一全党的策略思想,中共中央向党内发出《中央关于逼蒋抗日问题的指示》,指出目前中国人民的主要敌人是日本帝国主义,把日本帝国主义与蒋介石同等看待是错误的,“反蒋抗日”是不适当的。党的方针应由“反蒋抗日”变为“逼蒋抗日”,即一方面对蒋介石的卖国内战政策及其一切退让、妥协、丧权辱国的言论与行动进行揭露与斗争,动员人民群众继续开展抗日民主运动,给蒋介石造成一个强大压力,使他感到非抗日无以图存;另一方面,对蒋介石转向抗日的某些表现,给予肯定和支持,向他建议与要求建立抗日统一战线,订立抗日协定,使他感到只有联合抗日才是出路。还指出,党并不放弃同各派反蒋军阀进行抗日的联合，我们愈能组织南京以外各派军阀走向抗日，就愈能实现“逼蒋抗日”的方针。并强调：“在全国人民面前，我们应表现出我们是‘停止内战，一致抗日’的坚决主张者，是全国各党各派（蒋介石国民党也在内）抗日统一战线的组织者和领导者。”共产党还作好同国民党谈判的准备，拟定了《关于国共两党抗日救国协定草案》。这一指示向全党进一步明确地提出了“逼蒋抗日”的方针和中共中央的具体做法。

同日　《中共关于逼蒋抗日问题的指示》发出后，全党的“逼蒋抗日”活动更加积极展开。周恩来亲笔致信陈立夫、陈果夫，说明“两先生居贵党中枢，与蒋先生又亲切无间，尚望更进一言，立停军事行动，实行联俄联共一致抗日，则民族壁垒一新，日寇虽狡，汉奸虽毒，终必为统一战线所击破”。并且表示共产党随时准备与国民党“负责代表具体谈判”，使两党重趋合作。

同日　周恩来致函胡宗南，希望胡在国民党内推动立即停止内战，实现全国抗日战争。

9月8日　毛泽东写信给国民党陕西省政府主席邵力子，批评邵“尚斤斤于‘剿匪’，无一言及于御寇”，希望邵能接受国共两党合作抗日的主张。

同日　毛泽东致函国民党军第三军军长王均，向王表达了中共极愿国共两党合作抗日的意愿，并希望在双方前线尽可能减少冲突。

同日　毛泽东写信给国民党政府驻甘绥靖公署主任朱绍良，并附送共产党8月25日致国民党书，呼吁为国家民族利益，两党两军应同舟共济，抛嫌释怨，以对付共同之敌。

9月16日 朱德在中共中央西北局会议上，讨论目前政治形势及党的策略和战略方针时说，抗日民族统一战线自去年提出来以后，我们的工作有进展，陕北对这一策略的运用也有进步。现在要做好抗日的准备工作，要充实自己的力量来抗击日本的侵略，这样也必然会使全国发生重大的变化。17日，在讨论《关于抗日救亡运动的新形势与民主共和国的决议》时说，中央的策略路线是正确的，它是随着形势的发展而发展的。去年十二月决议提出打倒日本帝国主义和蒋介石，今年三月则提出抗日反蒋不能并提，这次又进一步提蒋介石有转向参加抗日运动的可能。这种估计和由此而制定的策略路线是正确的。我们要马上执行，并进行传达和教育，使大家对此都能有所理解。18日，在讨论政治工作、统一战线、地方工作时说，统一战线和各个工作部门都有密切关系，要把一切视线都引到这方面来，要首先说服我们的干部和战士重视统一战线。

9月17日 中共中央发出《关于抗日救亡运动的新形势与民主共和国的决议》，指出："在日本帝国主义不断进攻之下，中国人民的抗日救亡运动现在已经进入了一个新的阶段；在日寇继续进攻，抗日救亡运动继续发展，国际形势新的变动等条件下，国民党南京政府有缩小以至结束其动摇地位，而转向参加抗日运动的可能；为着集中全国一切抗日力量，不仅要收集更广泛的民众力量和一切真正革命的分子，"而且要争取统治阶层一切可能的部分到抗日斗争中来"，使抗日民族统一战线更加扩大起来，更加增加自己的阵容。同时指出，要保持党在政治上组织上的"独立性"与"团结一致"。决议对民主共和国的口号作了具体说明:民主共和国和人民共和国虽然形式不同,但实质是一致的,民主共和国口号更有利于团结一切抗日的人,更有利于促使蒋介石转向抗战。

9月18日 北(平)宁(辽宁)路日军向驻守丰台的国民党第二十九军挑衅。驻军立即还击。北平学生和市民前往慰劳。虽然二十九军奉令撤出丰台,但下级军官和士兵的抗日要求,在全国抗日救亡运动的感染下,逐渐高涨。

同日 毛泽东致函宋庆龄并附去8月25日《中国共产党致中国国民党书》,请她为"唤醒国民党中枢诸负责人员,觉悟于亡国之可怕与民意之不可侮,迅速改变其错误政策"作具体实际活动,并请宋将潘汉年介绍与吴稚辉、孔祥熙、宋子文、李石曾、蔡元培、孙科诸人一谈。

同日 毛泽东委托潘汉年带去给章乃器、陶行知、沈钧儒、邹韬奋的亲笔信,并附去8月25日《中国共产党致中国国民党书》,代表全体红军和苏区人民对他们抗日救国言论和英勇的行动,致以无限的敬意。并由潘汉年负责与他们就中共所执行的抗日统一战线的方针与实际行动等交换意见。

同日 何香凝为"九一八"事变五周年,在《救亡情报》第十九期发表文章,号召抗日救国,抨击国民党压迫救国运动的行为,她说:"国破是中国人之中国,凡是国民应速起来共同救国。'九一八'是我们最可耻的纪念日,如对于这国耻纪念要摧残压迫,无异于鼓励国民无耻卖国。"

同日 上海各界救国联合会联合市商会、地方协会、律师公会、记者公会、市总工会、市民联合公会等二十余团体举行"九一八”纪念碑奠基礼。事前曾由杜月笙、钱新之、黄炎培与市政当局谈妥，但又临时下令终止。下午三时，各团体代表沈钧儒、章乃器、史良、李公朴等人和群众集中于十六铺时，国民党军警殴打群众，一妇女被五六个警察痛殴倒地，史良深为不忍，劝喻军警，亦被打伤右臂及背部。

同日 全欧华侨抗日救国会在巴黎成立，成立大会发表宣言，提出五项主张：一、军事上应当停止一切内战，团结全国军事实力，组织抗日救国军，同时武装民众收复失地，保护祖国的主权和领土；二、政治上应当不分党派，一致合作，确立民主制度，给人民以救亡结社集会言论出版的自由，释放一切政治犯；三、外交上应当联合英、美、法、苏及一切同情于中华民族解放运动、努力世界和平的国家和民族，共同奋斗；四、要厉行缉私和抵制仇货，禁止敌人收买工厂和农业原料，反对降低对日关税，振兴民族工商业、农业；改善人民生活；五、普遍实行抗日教育。

9月19日 为国民党上海市政当局制造“九一八”血案，上海各界救国会在上海招待各报记者，首由沈钧儒报告事件经过，次由王造时讲话并请求各界赞助上海救国会对政府之要求：一、惩办肇事之负责官吏；二、开放民众救国运动及保证以后再无此等事件发生；三、释放一切因参加救国运动而被捕之民众；四、赔偿医药费及其他一切损失。继由章乃器发表演说。上海各界救国联合会还发表了《为上海市民纪念‘九一八’发生惨案告同胞书》。

9月20日 中共中央派张子华抵达广州，和国民党代表曾养甫进行谈判。表示了共产党的严正立场：(一)日寇进攻甚急，我方愿以全力为助，希望宁方坚持民族立场，不作任何丧权让步；(二)我方首先执行停止对国民党军队攻击，仅取防御方针，等候和议谈判集力抗日；(三)欲图和议谈判早日实现，请蒋暂时以任何适当名义停止军队进攻，以便开始谈判，若一面进攻一面谈判是没有道理的；(四)在进攻未停止周恩来未出去以前，准备让潘汉年进行初步谈判。主要目的是实现第一步目标，订立停战协定。国民党方面也提出了四条：(一)共产党公开活动；(二)苏维埃继续存在；(三)苏区派代表参加国会；(四)红军改名，照国民革命军编制及待遇，但不变更原有人员。共产党方面表示可接受上述条件。

9月22日 周恩来再次致信蒋介石，迫切陈词，讲明大敌当前，亟应团结御侮，自相砍伐，非但胜之不武，抑自遗害无穷，如先生决心变更自己政策，共产党随时派遣代表与先生协定抗日大计。亟望："先生以过去之误国政策抽身而出，进入重新合作共同抗日之域，愿先生为民族英雄，而不愿先生为民族罪人。"

同日 毛泽东致函蔡元培，请他于民族危亡之倾，作狂澜逆挽之谋，起而痛责南京当局立即停止内战，放弃其对外退让对内苛求之错误政策，实行真正之抗日作战，恢复孙中山先生革命三民主义与三大政策，召开各党各派各界各军救国代表大会，建立统一国防政府和真正之民主共和国。

同日 毛泽东致函李济深、李宗仁和白崇禧。表示："贵我双方订立抗日救国协定，实属绝对必要"，并对他们提出的协定草案，提出了修改意见，"如荷同意"，即成定案。

同日 毛泽东写信给蒋光鼐、蔡廷锴，特向十九路军全体官兵提议，订立新的抗日救国协定，并附草案八条借供研讨，希望互派代表举行会谈并签订协定。这八条是中共起草的《关于国共两党抗日救国协定草案》，主要内容是双方停止敌对行为，互相合作，唤起民众，实行对日武装抗战，驱逐日本帝国主义等。

同日 毛泽东写信给于学忠，指出：西北停战议和，首先东北军与红军停止自相残杀，实为刻不容缓，并派彭雪枫前往商谈联合救国之策。

同日 周恩来致函陈果夫、陈立夫，指出双方虽已数次书信往返，中共方面屡次竭诚相告，而蒋先生迁延不决，敌对之势非但未变，且更加甚。希望二陈力促蒋介石停止内战，早开谈判，俾得实现两党合作，共御强敌，并派潘汉年为联络代表，商谈双方负责代表的谈判地点与时间。

9 月 24 日 潘汉年奉命离开保安赴上海与国民党代表谈判。并且带着《中国共产党致中国国民党书》和周恩来致陈果夫，陈立夫的信及中共中央起草的《国共两党抗日救国协定草案》草案共八条，最重要的是前五条，即：（一）双方派遣全权代表举行谈判，订立此抗日救国协定。（二）双方共同努力，实行对日武装抗战，保卫与恢复全中国之领土与主权，实现全国各党、各派、各界、各军之抗日救国联合战线，依据民主纲领建立中华民主共和国。（三）必要步骤：1. 双方立即停止军事敌对行动；2. 划定红军必须的与适宜的屯驻地区，供给军费、粮食和一切军用品，不得变更共产党在红军中的组织与领导；3. 改革现行政治制度，释放政治犯，不再破坏共产党之组织与不再逮捕共产党的人员，共产党停止以武力推翻现政府；4. 召开抗日救国代表大会；5.

建立统一的全国军事指挥机关，红军派人参加，中国共产党承认国民党在此种机关中占主要领导地位；6. 与苏联订立互助协定。（四）两党各派出同数的代表组织混合委员会作为经常接洽与讨论的机关。（五）双方均保持其政治上的独立性。

9月 国民党南京政府在与日本谈判中，提出废止淞沪协定、塘沽协定，取消冀东伪组织，解散察蒙政务委员会，停止华北走私，华北日军及日机不得任意行动及飞行等要求，结果谈判陷入僵局。这表明蒋介石国民党对日态度强硬起来。

本月 宋庆龄、何香凝为"九一八"惨案发出快邮代电，痛斥国民党上海当局制造血案，质问：民众甚至不能和平纪念"九一八"，国事尚堪问乎？政府准备抗敌之诺言，尚能为人民所信任乎？政府果欲人民忘"九一八"之耻，以便于敌人之亡我灭我乎？中央对广西将领解放人民抗日运动之接纳，乃以此种残忍手段为兑现乎？代电要求严办负责官吏，抚慰受伤人民，释放被捕诸人。

本月 全国各界救国联合会发表为虹口事件宣言，指出九月二十三日一个日本水兵被打死、二人被打伤事，日帝自然想借口来索诈中国一大块领土。宣言要求政府以武力抵抗敌人占领我们的土地，拒绝敌人提出的无理要求。

本月 沈钧儒在《救亡情报》第十八期发表《怎样纪念九一八》一文，提出大家要用停课、停工、召开纪念会，演讲种种方式纪念"九一八"，每一个人都应记住：我国是从"九一八"那一天被侵害的，东北三省的丧失是因为没有抵抗，只有抗战是一条生路。

本月 叶剑英秘密抵西安，同张学良进一步商谈东北军、西北军和红军团结抗日的大计。

本月 宋庆龄由庐山避署返沪途径南京时，往江苏第一监狱探望牛兰夫妇，并参观女政治犯监狱。临行时，宋对监狱当局说，在狱政治犯为反帝抗日最前线战士，中华民族解放运动最勇敢分子，为将来社会栋梁，人类福星，应当特别加以爱护，绝对不准虐待。

本月 章乃器为"九一八"五周年发表致救国阵线战士一封公开信，提出要用行动纪念"九一八"，巩固队伍，扩大阵线，整齐步伐，合力一致去铲除亲日派汉奸，肃清恐日派官僚，打倒日本帝国主义。

秋 中共中央北方局派薄一波等到山西开展统战和抗日工作活动，在取得阎锡山同意后，相继成立了山西国民兵军官教导团、山西青年抗敌决死队、山西少年抗敌先锋队。这三支队伍统称为山西新军，是与阎锡山合作而由共产党控制的部队。

10月2日 全国各界救国联合会发表《为团结御侮告全国同胞书》，要求国民党政府对于正在进行的同日本驻华大使川越解决整个中日问题的交涉中，决不能用新的退让和屈辱，去交换回来一部分已丧失的领土主权。指出："国民党过去对于政敌的铲除，消耗了极大的民族力量，而未能得着很大的效果；倘使再要进一步而想消灭党外的爱国分子，那恐怕是不应该而且是绝对的不可能。我们希望国民党从今天起，能把过去消灭防范民众的力量，转移到领导民众共同抗敌的任务上去；能把所有的特务工作力量，集中到铲除汉奸的任务上去，不要再来摧残救国阵线。"

10月5日 毛泽东、周恩来致函国民党西北"剿总"副司令、东北军将领张学良，宣布为了迅速执行停止内战一致抗日主张，只要国民党军队不阻拦红军的抗日去路与侵犯红军的抗日后方，红军首先实行停止向国民党军队的攻击。希望张学良当机立断，立即停止西北各军向红军的进攻，并请转达蒋介石速即决策，互派正式代表谈判停战抗日的具体条件。

10月10日 中国共产党中央委员会、中华苏维埃中央政府、中央革命军事委员会致电朱德总司令、张国焘总政治委员及全军指战员热烈祝贺红一、红二、红四方面在甘肃会宁会师。电文说："全国主力红军的会合与进入抗日前进阵地，在中国与日本抗争的国际线上，在全国国内政治关系上，将要起一个决定的作用。"号召全军在即将到来的抗日民族革命战争的新阶段中，为开辟、扩大和巩固抗日根据地，联合工农商学兵，联合各党派各军，驱逐日本帝国主义而战斗。至此，伟大的长征胜利结束。

10月15日 毛泽东代表苏维埃中央政府和红军军事委员会发表关于停战抗日的谈话："一切红军部队，停止对国民党革命军之任何行为进攻。"宣布红军单方面停战。

10月19日 鲁迅先生逝世。中共党组织决定由救国会主持送葬大游行和葬礼。由宋庆龄、蔡元培、内山完造、史沫特莱、沈钧儒、茅盾、肖三、胡愈之、曹靖华、胡风、许季茀、周作人、周建人十三人组成治丧委员会。

10月21日 傅作义函复上海救国会负责人，对该会九月六日援绥募捐表示谢意，信中说："敬悉贵会诸同仁代向沪上民众劝募款项四百三十八元一角六分，作为分犒前线士兵之用，具徵热心爱国，慷慨输将。”

10月22日 上海学生、工人、店员、作家、教授等各界人士六七千人为伟大的民族解放战士——鲁迅送葬。大家唱着悲壮的挽歌和《义勇军进行曲》《打回老家去》等救亡歌曲，悲愤地呼喊着“鲁迅先生精神不死！”“纪念鲁迅先生，要打倒日本帝国主义！”“要打倒出卖民族利益的汉奸！”“要努力民族解放斗争！”等口号。庄严的送葬队伍足有二里多长，成为1936年下半年上海人民一次大的抗日示威游行。宋庆龄、蔡元培、沈钧儒、章乃器、邹韬奋、胡愈之、王造时、史良、李公朴等著名人士都参加了送葬仪式，并在墓前作了简短悲昂的演说，号召人们继续鲁迅精神，打倒帝国主义，完成民族革命，像鲁迅那样献身民族解放斗争，至死不屈。

同日 蒋介石飞西安部署“围剿”陕北红军主力。《西北文化日报》未按国民党当局要求发消息，而登在头版二条位置，并将标题排成《蒋委员长飞抵西安》。陕西省主席邵力子立即召见宋绮云，大加训斥，宋以校对马虎，予以搪塞。

10月25日 毛泽东致函国民党绥远省政府主席、第三十五军军长傅作义，阐述抗日统一战线、各方划定防线、达成谅解、实行抗战的意愿，并派彭雪枫接洽一切，希望能建立直接通信关系。

同日 《救国时报》发表陈铭枢《致蒋介石电》，将中华民族革命同盟成立时的“反蒋”改变为联蒋抗日，并提出新的八项行动纲领：召集人民救国会议，组织国防政府，成立全国抗日联军，释放政治犯，争取救国自由，扩大民族反日战线等。呼吁全国“非停止内战无以抗敌，非全国抗敌无以图存”。

10月26日 毛泽东、朱德、周恩来、彭德怀等四十六人，联名写信给蒋介石及国民党在西北的高级将领，表示只要国民党政府决心抗战，红军愿作前驱，并担任一定的战线，保证一定任务的完成。还保证“在未得抗日友军的同意时，红军决不开入抗日友军的防地”。在这封信里，自1927年两党分裂以来，第一次称国民党军队为“友军”。

同日 蒋介石在王曲军官训练团发表讲话，顽固坚持反共政策，他说：“不积极反共而轻言抗日，便是是非不明，前后倒置，便不是革命。”29日蒋在洛阳接见记者时说：“政府决贯彻戡乱方针。”

上旬 鲁迅先生逝世消息传到西安，西安各校及文教、新闻各界约七千人在革命公园广场举行追掉大会。杜重远在会上发表讲演，他说：“西安学生开这样大的会来追悼鲁迅先生，使我万分感动。”接着他讲述了鲁迅先生的伟大生平。话未讲完，被国民党宪兵阻断。

10月 中华民族解放行动委员会中央总书记黄琪翔接到陈诚电召，由德国回国途经香港时，与章伯钧、彭泽湘、彭泽民、丘哲、郭冠杰、杨逸棠、陈卓凡等人会晤，着重研究了对于时局的意见，一致认为，当前首要问题是推动联合，进行抗战。通过这次会谈，中华民族解放行动委员会中央领导人中进一步统一了认识，明确了“逼蒋抗日”的重要性。

本月 为驳斥国民党上海市党部九月诬蔑救国会为“非法团体”、“反动分子之集团”、“籍救国为名敛钱肥己”一事，马相伯、宋庆龄、何香凝、沈钧儒、章乃器、王造时、李公朴、史良联名发表启事,指出“倘为政府抗敌军队募捐而竟成为反动,则岂非媚敌卖国乃得称为正动乎?”

10月至11月 日军在北平近郊连续举行十天大规模的秋季演习。在全国抗日救亡运动的影响下,二十九军采取了强硬的态度,在日军演习结束后五天,也举行了一次大规模的演习。在中国共产党的领导下,北平学联发动市民前往参观、慰劳和赠旗,形成了联合抗日的形势。

11月2日 毛泽东致函北大教授许德珩等,对他及他夫人劳君展托人转送的三十多双布鞋、十二块怀表和十几只火腿等物,表示衷心感谢,并说“我们与你们之间,精神上完全是一致的。我们的敌人只有一个,就是日本帝国主义”。

11月4日 毛泽东写信给陈公培,希望他斡旋各方,促成抗日统一战线,对内则化干戈为玉帛,对外则求一致之抗战,争取民族革命战争与民主共和国彻底胜利之前途。

11月10日 潘汉年和陈立夫在上海沧州饭店会谈。潘面交了周恩来的书信,口头传达了《国共两党救国协定草案》的八项条件。此时,陈立夫的态度大不如前。陈立夫代表蒋介石对共产党所提出的条件作了答复:(一)既开诚合作,就不好有任何条件;(二)对立政权必须取消;(三)目前只保留三万红军,师长以上领袖一律解职出洋,党政干部可按才分配南京政府服务。潘汉年指出,你这是站在“剿共”立场上的收编条件,不是抗日合作的谈判条件,当初邓文仪在莫斯科活动,曾养甫派人送到苏区的条件都不是收编,而是讨论合作,蒋先生目前有此设想,大概误认为红军已到了无能为力的时候,或者受困于日本防共之提议。陈立夫急转话题:你我均非军事当局,可否请周恩来出来一次,蒋愿和周面谈。他还要潘汉年不要报告蒋的条件。潘汉年回答:如不把贵党的条件报告,仅说蒋愿见他,岂不是我骗他出来?! 何况现在正在激烈交战之际,暂时停战的问题不解决,我想他是无法出来的。潘汉年坚持党的原则,不辱使命。

同日 为纪念孙中山诞辰七十周年,宋庆龄发表纪念词,指出全国同胞纪念中山先生,要继续先生的遗志,争取中华民族的解放。当前我们的最大的敌人是日本帝国主义,我们要联合全世界一切爱好和平的国家,参加反侵略的国际阵线,尤其要联合英、美、法、苏,要联合日本、朝鲜等地爱好和平的大众,建立国际统一战线,要联合国内各党各派及社会各阶层人物,建立民族统一战线,共同打倒日本帝国主义和汉奸卖国贼。

上旬 绥远战争爆发后,南京救国会在孙晓村,曹孟君等人领导下,与王昆仑、许宝驹等密切配合,冯玉祥也大力支持,推动国民党政府中的上层人士如张继、孙科、居正、覃振等发起援绥抗日运动,于是召开了各界人士参加的援绥大会,由国民党元老张继主持会议,并发表讲话,国民党左派如经亨颐、柳亚子和不少立法委员,监察委员都到了会,大会通过成立"首都各界援绥后援会"。这次大会使南京的救国运动出现了新高潮。

11 月 12 日 上海各界救国联合会为纪念孙中山先生诞辰,发表告全国同胞书。书中说:"先生的三大政策,在一九二五至二七年间的北伐战争中,已经取得伟大的胜利;目下救国阵线师承先生的遗教,决定正确的策略,将来的胜利,也是必然的。"最后提出:"要求政府立即动员全国抗日","反对中日合作防共,要求立即停止剿共”,“要求国民党恢复孙中山先生的民族革命精神”。

同日 上海各界救国联合会在静安寺女青年会举行孙中山先生诞辰纪念会,李公朴首先发表演说,他说:“中山先生主张联合世界上以平等待我之民族,共同奋斗,尤其主张联俄容共”,用加紧民族解放斗争的行动,来纪念孙中山先生。章乃器在讲演中说:“现在的中国有两种人,一种是表面人,开口先总理,闭口先总理,而其实际行为表现的事实上无一不叛弃了中山先生的遗教。”“中山先生主张容共,我们为了当前民族危机的严重,我们更主张联合国内各党各派,以及一切社会阶层分子。”王造时、史良、沈钧儒、沙千里也相继发表了演说。

11 月 16 日 全国各界救国联合会为绥远问题发表宣言,并致电国民党政府及傅作义、张学良。宣言表示“华北中日经济协定,已经把所有的国家命脉,断送净尽”,国民党政府为在绥远“在牺牲少数部队之后,立即放弃领土,与敌言和,我们是万万不能承认的”,要求立即停止内争,动员全国武装力量抗战。

11 月 22 日 上海爱国领袖沈钧儒、章乃器、邹韬奋、李公朴、沙千里、史良、王造时七人,被国民党政府非法逮捕入狱,时称七君子事件。他们被诬为“危害民国”,激起全国人民的公愤和抗议,强烈要求国民党政府立即释放,各地展开了营救运动。

救国会秘书姚士彦是个叛徒,暗中将上海救国会活动情况、救国会负责人住址,密报给特务,七君子被捕,姚是有很大关系的。

11 月 24 日 北平文化教育界李达、许寿裳、许德珩、邢西萍、武新宇、张东荪、张申府、齐燕铭、刘清杨、张晓梅等109人联名致电国民党政府，说沈钧儒等“热心爱国，全国景仰”，要求“国难严重，端赖合作御侮，不容再事萁豆之争”。

同日　全国各界救国会为沈钧儒、章乃器、李公朴、史良、王造时、沙千里诸领袖被国民党逮捕一事，发表紧急宣言，要求立即释放被捕诸领袖，保护救国运动，进行抗战。宣言申明救国会的宗旨“只在抗日救国”，表示“我们将更坚决地秉承领袖们过去的言论、主张，而永远继续奋斗下去”，并警告说：“如果当局不愿让人民救国，一定要人民做垂手听命的顺民、亡国奴，那么一切不愿做亡国奴的人们也都一定会自动起来争取他们的生存权利的！”

11月26日　宋庆龄发表声明，为国民党当局逮捕救国会七领袖，提出抗议，说明救国会的主要任务是要促进全国人民不分政治信仰党籍的区别，以成立联合战线从事民众解放战争。她指出七位领袖被违法逮捕了，“可是我们中国还有四万万人民，他们的爱国义愤是压迫不了的”。

11月27日　全国各界救国联合会为七位领袖被捕发表《告当局及全国国人书》，驳斥了对救国会所谓是“非法组织”，“勾结赤匪”“推翻国民政府”“扰乱治安”等谰言，要求立即释放七领袖，开放民众自动组织救国团体，允许民众的救国自由，停止一切内争，一致抗日。

11月　日寇又嗾使伪蒙军李守信、王英等部，配合日本侵略军，再次向绥东、绥中进攻，企图攻下绥远，进窥甘肃、宁夏，扩大伪蒙领土，成立“蒙古大元帝国”。绥远军民再起奋战，与日伪军在红格尔图进行更大规模的激战，把日伪军击溃，并乘胜收复了百灵庙和大庙。这对全国人民是一个很大的鼓舞。全国人民群起声援，形成了援绥热潮。

本月 受救国会和全国学联委派由欧洲到美国，向华侨和国际友人宣传抗日救国和国际反法西斯反侵略统一战线主张的陶行知、陆璀，动员了美国著名人士如教育家杜威等打电报给蒋介石，表示对"七君子之狱"事件的关注。

同月 中华民族解放行动委员会派罗任一为代表，从上海赴西安与杨虎城进行联络，以促进联合抗日的实现。罗任一受到杨虎城的热情接待，并介绍罗与张学良晤谈，参加会谈的有张学良、杨虎城、罗任一、孙蔚如、卢广绩五人。

12 月 1 日 毛泽东、朱德、张国焘、周恩来、王稼蔷(祥)、彭德怀、贺龙、任弼时、林彪、刘伯承、叶剑英、张云逸、徐向前、陈昌浩、徐海东、董振堂、罗炳辉、邵式平、郭洪涛致函蒋介石，要求蒋介石当机立断，停止内战，共同抗日。

同日 中共中央及中华苏维埃中央政府发表《关于绥远抗战通电》，要求南京政府立即调集大军增援晋绥前线，停止进攻红军，一致抗日，开放人民抗日救亡运动，立即释放政治犯及上海各爱国领袖，召集各党、各派、各界、各军的抗日救国代表大会或国防会议，商讨救国大计。号召全中国人民不分党派、不分阶级、不分职业，更亲密地联合起来，督促南京政府实现这些主张。通电中红军首次愿受全体抗日军最高统率机关之指挥，开赴抗日前线。

12 月 4 日 蒋介石在解决了两广事件后，即腾出手来，企图解决西北问题。蒋介石亲自到西安督战，以临潼华清池为行辕。他的嫡系部队纷纷开赴潼关，其重要将领陈诚、卫立煌等也陆续来到西安。逼迫张学良、杨虎城继续“剿共”，否则即将东北军调往福建，西北军调往安徽，由“中央军”在陕甘“剿共”。这个通牒式的方案，既和张学良、杨虎城联共抗日的决心相矛盾，而且危及张、杨部队的生存。

同日 全救会沈钧儒等七位领袖被移送到苏州的江苏高等法院看守分所。

12月5日 毛泽东致函国民党政府军事委员会副委员长冯玉祥，指出“在亡国惨祸面前，不分党派信仰将同遭浩劫”，必须合作救亡，立即停止内战。希望冯“登高一呼”，促成西北“剿共”各军与红军停战，而后开赴抗日前线。

12月7日 张学良到华清池见蒋介石进行了“哭谏”，痛切陈述全国抗日情绪的高涨，要求联共抗日，杨虎城也去委婉规劝，均遭到蒋介石的训斥和拒绝。

12月8日 中共中央给潘汉年指示，至今蒋介石似尚无抗日救亡之决心，合作谈判缺必要的前提，谈判显无速成之望。红军只能扩充，不能减一兵一卒。离开抗日救亡无任何商量余地，蒋如有谈判的诚意，应立即停战并退出苏区以外，静待谈判结果。我们愿以战争求和平，绝对不作无原则让步，坚决拒绝蒋介石的无理要求。

12月9日 西安学生万余人，为纪念“一二·九”运动一周年，举行示威游行。警察竟开枪射击，伤小学生1人，游行队伍遂向“剿匪”总部、省政府、绥靖公署请愿。高呼“停止内战，一致抗日""打倒日本帝国主义"等口号,并要去华清池向蒋介石请愿。蒋介石下令张学良武力弹压。张学良急忙亲自赴霸桥劝阻,他为学生们的慷慨陈词所感动,表示一星期内用事实来答应学生们的要求,学生们才整队而归。

同日 蒋介石致函国民党陕西省政府主席邵力子说:"可密嘱驻陕大公报记者,发表以下之消息:蒋鼎文、卫立煌先后皆到西安,闻蒋委员长已派蒋鼎文为西北剿匪军前敌总司令,卫立煌为晋陕绥宁四省边区总指挥,陈诚亦已来陕谒蒋,闻将以军政部次长名义指挥绥东中央军各部队云。但此消息不必交中央社及其他记者,西安各报亦不必发表为要。"准备为解除张学良的兵权制造舆论。

12 月 10 日 毛泽东致电张学良,申述共产党对国共谈判的态度,指出,陈立夫第三次找潘汉年谈,红军留三万,服从南京,要我方让步,我们答复根本不同意。反对蒋介石对外妥协,对内苛求之政策,更根本拒绝其侮辱红军之态度,红军仅可在抗日救亡之前提下承认改换抗日番号,划定抗日防地,服从抗日指挥,不能减少一兵一卒,并须扩之,彼方如有诚意须立即停战,并退出苏区以外静待谈判结果。毛泽东强调指出,我们宁愿以战争求和平,绝对不作无原则让步。

12 月 10、11 日 张学良再次见蒋介石进行"苦谏",又被蒋介石谩骂和拒绝。"哭谏""苦谏"均告无效。在这种情况下,张学良、杨虎城只有实行"兵谏"把蒋介石捉起来,逼他抗日,别无其他出路了。

12 月 11 日 夜间,张学良、杨虎城接高崇民、宋绮云等四人到张的公馆,起草张学良和杨虎城扣蒋介石后的“八项主张”的电文。高崇民向张学良建议扣蒋之举定名为“兵谏”。

12月12日 凌晨,张学良派东北军一部,到华清池收缴了蒋介石卫队的武装。蒋跳墙逃匿至骊山石崖下,寻获后被扣留。杨虎城派西北军包围了西京招待所,拘捕陈诚、朱绍良、卫立煌、蒋鼎文等数十名国民党军政大员。这就是震动中外的西安事变。

同日 张、杨立即发表通电,提出八项主张:(一)改组南京政府,容纳各党各派,共同负责救国;(二)停止一切内战;(三)立即释放上海被捕之爱国领袖;(四)释放一切政治犯;(五)开放民众爱国运动;(六)保障人民集会、结社一切政治自由;(七)确实遵行总理遗嘱;(八)立即召开救国会议。

同日 张学良、杨虎城立即电告中共中央请求派代表至西安,共商抗日救国大计,处理捉蒋后的善后事宜。

同日 西安事变发生后,中共中央在给刘少奇的《关于西安事变后我们的任务的指示》中,提出七条任务,号召中国人民起来,支持张学良、杨虎城二将军的正义行动和八项主张,要求立即召集抗日救亡代表大会,在西安开会讨论抗日救亡大计。

同日 西安事变发生后,在南京的亲日派何应钦等人计划分兵三路对西安进行“讨逆”军事行动。张治中在接到何的电话通报时,表示反对用军事方式解决。

12月13日 蒋介石提出要求与邵力子见面,邵乘机劝蒋“事已如此,委员长应以国家人民为重,他们(指张学良、杨虎城)的要求,似乎也可以考虑”。

同日 宋美龄委托端纳(英籍澳大利亚人,当时任蒋介石的顾问，以前曾担任过张学良的顾问）到西安斡旋，张学良、杨虎城复电欢迎端纳莅陕。

12月14日 中共中央发出《西安事变后促动南京政府停战抗日运动的方针办法》，要求南京政府接受张学良之八项抗日要求，停止内战的军事行动，指示全党"我们还不要同南京处于对立地位，仍应采取督促与推动他们中的抗日派及中间派走向抗日方针"。

同日 蒋介石的顾问端纳飞抵西安，会晤张学良、杨虎城及蒋介石。他在南京与西安之间沟通了联络渠道，使和平解决事变有了希望。

同日 毛泽东、朱德、周恩来、张国焘、彭德怀、贺龙、肖克、林彪、徐海东、徐向前联名致电张学良、杨虎城，表示"坚决赞助二将军领导之革命事业"，并建议立即由东北军、第十七路军和中国红军三方组织西北抗日援绥联军以应急变。西北抗日援绥联军设军事政治委员会统一军事政治领导，以张学良、杨虎城、朱德三人组成主席团，张为主席，杨、朱为副主席。

12月15日 毛泽东、朱德、周恩来、张国焘、林伯渠、徐特立、王稼祥、彭德怀、贺龙、叶剑英、任弼时、林彪、徐向前、陈昌浩、徐海东联名发表《红军将领关于西安事变致国民党国民政府电》，指出：西安事变"实蒋氏对外退让、对内用兵、对民压迫三大错误之结果"。"南京当局亟宜引为反省之资，而绝不可负气横决，反而发动空前之内战，如近日电讯之所传者"。重申红军将领"谋国共之合作，化敌为友，共赴国仇"的态度，要求国民党国民政府接受张学良、杨虎城的主张，停止内战，共同抗日。

同日　全救会为西安事变发表《为当前时局紧急宣言》，希望全国各实力派、各军政领袖在抗敌救亡的大前提下，立即捐弃前嫌，和衷共济，为全国抗敌而努力，为收复失地而奋斗。希望张学良、杨虎城恢复蒋介石的自由，也坚决反对中央用讨伐方式解决目前的纠纷。要求停止一切现存的内战，反对一切可能的新内战。

12月16日　西安事变后，南京国民党政府对处理西安事变的主张分两派，一派以亲日派何应钦为首，主张命令伐张、杨；一派以宋美龄、宋子文为首，想以和平方法营救蒋介石。是日，在亲日派把持下，南京政府下令讨伐张学良、杨虎城，并任何应钦为"讨逆军总司令"，调大军沿陇海线进攻华县，并派大队飞机准备轰炸西安。

同日　全救会为西安事变致电南京政府，要求对陕事郑重处理，务期避免内战。

同日　全救会执行委员马相伯、何香凝、宋庆龄发表《为七领袖被捕事件宣言》。宣言驳斥了对救国会的种种谣言，申明救国阵线的立场绝不反对政府，而是督促和支持政府抗日，并不袒护共产党，也不鼓吹阶级斗争，而是用全力促成各阶级的协调。要求停止一切内战，政府立刻无条件恢复被捕的救国会诸先生的自由，释放一切因爱国行动而被捕的同胞，应当允许民众组织各种救国团体。

同日　中共西北特别支部以救国会的名义，在西安召开了群众庆祝大会，支持张学良、杨虎城兵谏，声讨蒋介石不抵抗罪行。张学良、杨虎城在会上发表了讲话。

12 月 17 日 中共中央代表周恩来、秦邦宪、叶剑英等乘张学良飞机飞抵西安,参加谈判。周恩来与张学良谈至深夜,肯定了张杨发动西安事变是正义的爱国行动。分析了事变后有团结抗日和继续内战的两种前途,要争取团结抗日的前途。张学良也表示只要蒋介石答应停止内战一致抗日,应该释放他并拥护他做全国抗日领袖。双方还确定了与蒋介石谈判的基本条件:(一)立即停战,中央军全部退出潼关;(二)下令全国援绥抗敌;(三)宋子文负责成立南京过渡政府,肃清一切亲日派;(四)成立抗日联军;(五)释放政治犯,实现民主,武装民众;(六)召开救国会议,先在西安开筹备会。

同日 南京亲日派电召正在意大利休养的汪精卫立即回国,欲取蒋介石地位而代之,建立亲日南京政权,进而在日本支持下扩大内战。

同日 蒋介石手令中央空军停止轰炸西安三天。

同日 朱德致函国民党第三军军长曾万钟、第三军第十二师师长唐淮源说,张学良、杨虎城所提出的八项主张,是综合朝野意见,归纳而得之结论,如以国难为前提,对此谅亦不持异议。望警惕日寇阴谋,共赴国难,组织抗日联军,共同抗日,并希望能派人来苏区商讨。

12 月 10 日 中共中央发出《关于西安事变致国民党中央电》,提出和平解决事变的五条方针:(一)召集全国各党、各派、各界、各军的抗日救国代表大会,决定对日抗战,组织国防政府、抗日联军;(二)将讨伐张、杨与进攻红军的中央军,全部增援晋绥前线,承认红军、东北军及十七路军的抗日要求;(三)停止一切内战，一致抗战；（四）开展人民抗日救国运动，实行言论、集会、结社的民主权利，释放一切政治犯及上海爱国领袖；（五）实现孙中山先生的三大政策。指出，若能实行上述条件，“不但国家民族从此得救，即蒋氏的安全自由当亦不成问题”。这样，中共中央把和平解决西安事变与释放蒋介石统一了起来。

同日 周恩来与杨虎城进行会谈，转告了与张学良会谈的内容，杨虎城深为赞同。

同日 潘汉年在南京中央饭店同陈立夫、曾养甫谈了和平解决西安事变的问题。

12月20日 宋子文由端纳陪同飞抵西安。张学良对宋谈了和平解决事变的方针，要宋劝蒋介石同意停止内战、团结抗日。宋子文要郭增恺见杨虎城，杨向宋转达口信，兵谏是要蒋介石停止内战，领导抗日。宋子文又要郭去见周恩来，周要郭说服宋子文与周面谈，否则也要转达中共和平解决事变的方针，望宋劝蒋改变政策，只要蒋抗日，共产党当全力以赴，并号召全国拥护国民政府，结成抗日民族统一战线，并说明中共未曾参与这次事变。郭向宋转达了周恩来的话，宋大感意外，对中共的方针和态度十分赞赏。

同日 宋绮云和米暂沉等受杨虎城委托，到咸阳慰问红军十五军团。

12月22日 宋子文、宋美龄、蒋鼎文飞抵西安，准备和张学良、杨虎城、中共代表举行谈判。

同日 毛泽东致函国民党政府军事委员会副委员长、太原绥靖公署主任阎锡山，叙述中共和平解决西安事变的政策，请阎从中调停,只要南京政府停止“剿共”政策,赞同统一战线,一致抗日,给红军划定适宜防地,就决不向南京政府管辖境内进攻。建议双方电台从翌年一月十五日开始联络发报。

12月23日 上午,开始正式谈判,宋子文代表南京方面,张学良、杨虎城代表西安方面,周恩来作为中共全权代表参加了谈判。中共代表团提出和平解决西安事变的六项主张:(一)停战,撤兵至潼关外;(二)改组南京政府,排逐亲日派,加入抗日分子;(三)释放政治犯,保障民主权力;(四)停止“剿共”,联合红军抗日,共产党公开活动;(五)召开各党、各派、各界、各军救国会议;(六)与同情抗日国家合作。周恩来表示:以上六项条件,要求蒋介石接受,并保证实行,共产党和红军赞助他统一中国,一致抗日。张、杨赞成六项主张。宋子文也表示基本同意并答应转达蒋。下午,第二次谈判,仍是宋、张、杨、周四人出席。宋提议先组织过渡政府,三个月抗日战争揭开后再改造为抗日政府。双方就过渡政府的具体人选交换了意见,原则取得一致。但在何时放蒋问题上,发生了分歧。宋急于要蒋回南京主持政事,提出蒋下令撤兵,即可离开西安,等蒋到南京后再下令释放爱国七君子。西安方面担心蒋食言,坚持中央军先撤走,七君子先释放,才可放蒋。对于联共,召开救国会议,宋避而不提。张、杨、周提议在过渡政府时期,先成立西北联军,在张学良领导下准备抗日。宋不敢首肯,只是说转告蒋。

同日 宋美龄见周恩来,周首先说明中共未参与兵谏,主张和平解决事变,团结抗日,希望宋氏兄妹劝蒋介石回心转意,这对国家对个人均有好处。宋说既然中共有诚意,应在政府领导下,共同努力。周说,只要蒋同意抗日,中共拥护他为全国领袖。宋还要求周劝杨虎城早日释蒋,周应允。

12 月 24 日 上午第三轮谈判,除周恩来、张学良、杨虎城、宋子文出席外,宋美龄也参加。谈判结果如下:(一)孔、宋组行政院,宋负绝对责任,保证组织满人意政府,肃清亲日派;(二)撤兵及调胡宗南等中央军离西北,两宋负绝对责任,蒋鼎文即携蒋手令停战撤兵;(三)蒋允许归后释放爱国领袖(七君子),西安方面可先发表,宋负责释放;(四)目前苏维埃红军仍旧。两宋担保蒋确停止剿共,并可经张手接济(宋担保周与张商定多少,即给多少)。三个月后抗战发动,红军再改番号,统一指挥,联合行动;(五)宋表示不开国民代表大会,先开国民党全会,开放政权,然后再召集各党各派救国会议,蒋表示三个月后改组国民党;(六)宋答应一切政治犯分批释放,与孙夫人商定办法;(七)抗战发动,共产党公开;(八)外交政策:联俄,与英、美、法联络;(九)蒋回后发表通电自责,辞行政院长。这九条基本上同意了张、杨八条通电,也承认了共产党、红军、苏区的合法地位,并答应由南京政府提供经费。下午,周恩来单独会晤宋子文,宋表示希望中共能成为他抗日、反对亲日派的后盾,主动要求中共派专人驻沪与他秘密接洽。晚,周恩来同蒋介石进行面谈。周向蒋说明共产党抗日救国的政策。蒋介石同意中共代表团提出的并在谈判议定的六项主张。但他要求不采取签字形式,而以他的人格担保履行这些协议。蒋还表示:(一)停止"剿共",联红抗日,统一中国,受他指挥;(二)由宋、宋、张全权代表他与周解决一切;(三)他回南京后,周可直接去谈判。

12月25日 张学良没有同周恩来商量，亲自陪同蒋介石乘飞机离开西安抵洛阳。西安事变至此和平解决。张学良临行前给各军师长写了手谕："弟离陕之际，万一发生事故，切请诸兄听从虎城、孝侯（即于学忠）指挥。以杨虎城代理余之职。"

西安事变的和平解决，粉碎了亲日派和日本帝国主义的阴谋，体现了共产党决定的"逼蒋抗日"方针。推动国共两党再次合作，团结抗日，起了重大的历史作用。从此，共产党的"联蒋抗日"的方针得以实现。

同日 西安《西北文化日报》登载李济深、李宗仁、白崇禧等十六人关于西安事变的通电，他们反对内战，主张一致对外，其要点有：一、用政治方法解决西安事件；二、统一抗日战线立即对日宣战；三、反对独裁政治，确立举国一致之政府；四、出动攻击西安之中央军从速移开绥远战线；五、广西军一部北上援绥。

12月26日 蒋介石在洛阳发表了一个声明，即所谓《对张杨的训词》说西安事变是张学良、杨虎城受了"反动派之煽惑"。蒋安然离开西安是用"精诚""感召"张、杨，张、杨才释放了他。内容含含糊糊，歪曲西安事变的真相。同日蒋回到南京，立即扣留了张学良，后长期软禁。

12月27日 朱德在中共中央政治局会议讨论西安事变和平解决后的形势时说，我们逼蒋抗日策略的胜利，使西安事变能够获得顺利的解决。西安事变的和平解决，是向着好的方向转变，是转向联合抗日的革命前途。蒋介石向日本投降的条件还不具备，但如果马上同日本作战，他是会产生恐日病的。他这次看到了群众的力量，胆子会壮大一些。他要等三个月的时间也是需要的。我们应积极准备联合抗日。

12月28日 毛泽东发表了《关于蒋介石声明的声明》指出蒋介石果然想从西安事变获得教训，“他就应该有一篇在政治上痛悔已往、开辟将来的更好些的文章，以表现其诚意。十二月二十六日的声明，是不能满足中国人民大众的要求的”。对蒋声明中所谓西安事变系受“反动派“之“煽惑”的论调，毛泽东指出，西安事变的发动确系受下列种种势力的影响：(一)张杨部队及西北革命人民的抗日怒潮的高潮；(二)全国人民的抗日怒潮的高涨；(三)国民党左派势力的发展；(四)各省实力派的抗日救国的要求；(五)共产党的抗日民族统一战线的主张；(六)世界和平阵线的发展。这些都是无可讳言的事实。特别指明要蒋介石“不折不扣”地履行自己的诺言，真正做到“言必信”、“行必果”，不要因为没有在六项协议上签字而不守信用。“蒋氏如欲在抗日问题上徘徊，推迟其诺言的实践，则全国人民的革命浪潮势将席卷蒋氏以去。”

12月29日 周恩来从西安致电中共中央，阐述对于西安事变和平解决后的局势和方针的意见，提出方针应该是：打击亲日派，巩固以西北为中心的左派，影响与吸收中派，将西北变成抗日根据地和统一战线的模范地区的可能性变为现实性；规定和实现三方面合作的纲领，实现三方面休戚相关的互相尊重的合作和互助；坚持全国团结一致抗日的组织者与发动者的立场；转变党的全部工作，使之适合于新的环境，成为全国政治生活中的主导者。

同日 杨虎城写信给陕甘两省各县县长，其中引述了蒋介石在西安谈判中的六条允诺:(一)明令中央入关各部队自二十五日起调出潼关;(二)停止内战,集中国力一致对外;(三)改组政府,集中各方人材,容纳抗日主张;(四)改变外交政策,实行联合一切同情中国民族解放的国家;(五)释放上海各被捕爱国领袖,即下令办理;(六)西北各省军政统由张副司令与虎城负其全责,并谓由本日(二十五日)起如再有内战发生当由余(委座自称)个人负责。

12 月 国民党当局委托杜月笙、钱新之到苏州监狱劝诱沈钧儒等人,只要同意一个条件,即把沈等由法院解到反省院,判处每人有期徒刑五年,但并不认真执行,从反省院前门进去,后门出来,就可了解此案。沈钧儒等识破了此种诡计,断然拒绝了他们的要求。沈表示,宁愿关死在牢里,也决不投降。

本月 杨虎城的机要秘书周梵伯掌握的秘密电台,破译了何应钦指挥三十万军队对西安的兵力部署、口令、信号、航空联络符号等机密情报,杨虎城看过后,令周梵伯立即送给周恩来,得到周恩来的赞扬。

本月 邵力子从西安回到南京,在纪念周上说,西安事变的解决,周恩来先生出了大力。停止内战,一致抗日,是全国人民的愿望,现在国共已第二次合作,这是抗日民族统一战线。

本年 中国抗日红军西北军事委员会主席毛泽东和副主席周恩来、彭德怀致函国民党军第八十四师师长高桂滋,提出建议八条,主要有:两军各守原防,互不相犯;有任何卖国贼加贵军以危害者,敝方愿以实力共击之,当敝方攻击卖国贼军队(如井岳秀)时,务望采取消极态度;互相接济军需物资;互派代表在共同基础上订立初步的抗日讨卖国贼协定;互相建立机密通讯联络;保证双方代表及来往人员之安全等。

本年 巴金、林语堂、洪深、周瘦鹃、茅盾、陈望道、郭沫若、夏丏尊、张天翼、郑振铎、鲁迅、谢冰心、丰子恺等二十一位文艺界人士联名发表《为团结御侮与言论自由宣言》,要求国民党政府当局加紧全国的缉私运动,竭力援助东北义勇军,严命冀绥当局坚决保持华北各项主权,要求开放人民言论自由,凡足以阻碍人民言论自由之法规,如报纸检查、刊物禁扣等,应立刻概予废止。宣言还呼吁文学界,在抗日救国共同目标下,团结一致,以求行动之更有力。

一九三七年

1月5日 杨虎城将军领衔发出通电，要求蒋介石实行诺言，释放张学良。

1月7日 中共中央发出《关于西安事变宣传方针的指示》，指出，西安事变、蒋介石释放、张学良赴南京以及南京政府对此案之处置，均系南京政府内部问题。中国共产党站在公正的立场，赞同一切使事变引向和平解决的办法，反对使事变引向纠纷而便利日本帝国主义。中国共产党将继续为停止内战、一致抗日的基本方针而奋斗，反对日寇及亲日派挑拨内战、分裂中国的阴谋。

1月8日 中国共产党中央委员会、苏维埃中央政府向国民党南京政府、蒋介石和各省党政军首脑以及全国各党派各团体，发出为号召和平停止内战的通电。通电指出：蒋介石被释回南京后，扣留张学良，命令正在撤退的中央军又向西安进攻。当此危急关头，坚决要求南京当局立刻下令停止军事行动，肃清亲日派，召开各党、各派、各界、各军的救国会议使国内和平立即实现。蒋介石先生应挺身而出，制止祸国殃民之内战重新爆发。

1月30日 针对西安事变后，国内和平基本实现、国共合作开始形成，蒋介石被迫向抗日方面转变的新形势下，学生运动出现的右的倾向，刘少奇写了《论左派》一文。他指出："如果在这里否认左派团结的必要，取消左派的团体，那就等于毁坏统一战线的中坚和支柱，也就等于毁坏统一战线。所以，先进的、觉悟的团体和个人，一方面，要坚决地和各党各派、各种不觉悟的落后的群众进行统一战线，但另一方面决不要将自己溶解于统一战线中，取消自己的独立，而必须使自己更加团结，更加强大，更加注意保持自己的独立。"此文及时地教育了年轻的党员和民先队员，批驳了右倾投降主义和资产阶级改良主义。

同日　毛泽东、朱德、张国焘致电周恩来、秦邦宪、张闻天、彭德怀、任弼时，指出："和平是我们基本方针，也是张（学良）、杨（虎城）的基本方针。""我们与张、杨是三位一体，进则同进，退则同退，我们不能独异失去张、杨。""用以上的态度，争取最后的和平。"

1月31日　周恩来、杨虎城、于学忠、何柱国、王以哲在王的寓所召开三方最高级会议，决定坚持三位一体、争取和平、用政治手段营救张学良的方针。

1至2月　百灵庙战役胜利后，毛泽东致电傅作义，称赞他发起的绥远抗战是中国人民抗日的先声。并密派南汉宸到绥远慰劳，赠送锦旗一面。

2月1日　朱德接见《红色中华》报社记者并发表谈话，重申"红军之主张完全与全国人民一致，用全力谋国内各党派各军队之联合，共同向着中华民族最大敌人日本帝国主义进攻，而不愿自相残杀之内战再延一时一刻"。还说，西安事变和平解决后，如蒋介石能实现他在西安的诺言，则红军愿和他的军队共上抗日战场。现在红军对苏区邻近的各国民革命军确立互不侵犯的原则,不论过去曾否与红军敌对之部队,一律以友军看待,静待联合抗日局面的形成。

2月2日 西安的少数反对主和派的军官,以请吃饺子为名,将东北军和十七路军的部分军官骗至家中,封锁院门,宣布刺杀王以哲、何柱国的所谓"除奸"计划,诬称王、何两人"准备投靠蒋介石",而且立即派人执行。王以哲在家中被杀,宋学礼、蒋斌、徐方三位军官亦于同日被害。刺杀何柱国的分子因被杨虎城申斥,未敢动手。

2月4日 毛泽东、朱德等致电王以哲家属:"鼎芳先生遇难,不胜惊悼。鼎芳先生努力于抗日民族统一战线,不但是国家民族之干城,亦爱国人民之领袖。此次主持和平,力求统一,乃见巫于少数不顾大局之分子,遽以身殉,苏区军民同声悼惜。"

同日 中共中央组织部给陕北省委发出关于统一战线工作的指示信。指出陕北工作的首要方向是北面,开展抗日统一战线工作,争取高桂滋、高双成,建立联系,订立互不侵犯协定。还要争取与改造民团、自卫队,使之成为抗日的武装力量。

2月7日 中共中央关于内蒙工作问题向少数民族委员会发出指示信。指出内蒙古的工作中心,应当是抗日援绥,发动全蒙的人民拥护绥远的抗战,拥护阎锡山、傅作义抗战。应改变过去把抗日与反汉族军阀并提的策略,因为绥远的汉族统治者傅作义正在抗战。应着重解释蒙汉联合一致抗日,这比任何时候都更重要。在目前宣传蒙人的独立或分裂,甚至与汉族的统治者对立,这是非常不妥当的。

2月10日　在国民党召开五届三中全会前夕，共产党采取了重大的政治步骤，发表《致国民党三中全会电》，提出实现国共合作抗日的五项要求和四项保证。五项要求是：（一）停止一切内战，集中国力，一致对外；（二）保障言论、集会、结社之自由，释放一切政治犯；（三）召集各党各派各界各军的代表会议，集中全国人材共同救国；（四）迅速完成对日抗战之一切准备工作；（五）改善人民生活。如果国民党"能毅然决然确定此国策"，共产党"为着表示团结御侮之诚意"作出以下四项保证：（一）在全国范围内停止推翻国民政府之武装暴动方针；（二）苏维埃政府改名为中华民国特区政府，红军改名为国民革命军，直接受南京中央政府与军事委员会之指导；（三）在特区政府区域内，实行普选的民主制度；（四）停止没收地主土地之政策，坚决执行抗日民族统一战线之共同纲领。这四项保证，是共产党从团结全国抗日救国的历史任务出发，对国民党的一个重大让步。这个让步是正确的和必要的，其目的是取消两个政权的对立，便于组成抗日民族统一战线和加速实现对日作战。但是，它又是有原则的，就是共产党对红军和革命根据地保持绝对的领导权。电报发出后，受到全国各界人士的热烈拥护，国民党的不少党员和一部分上层人士也表示欢迎。

2月15日　中共中央发出关于西安事变和平解决之意义及中共中央致国民党三中全会电的宣传解释大纲。指出和平解决西安事变、中共中央致国民党三中全会电，都是便利于组成抗日民族统一战线，实现一致地反对日本帝国主义的侵略。指出致国民党三中全会电中所作四项保证，是对国民党一个大的原则上的让步，这个让步是必要的，因为没有这个让步，就不便于组织抗日民族统一战线，就不便于迅速实现对日抗战。

同日 国民党五届三中全会开幕。宋庆龄、何香凝、冯玉祥、张静江、李煜瀛、孙科、鹿钟麟、石瑛、张知本、石敬亭、李烈钧、朱霁青、梁寒操、经亨颐等人提出《关于恢复孙中山“三大政策”向国民党三中全会的提案》，指出：总理于民国十三年改组本党，确立“联俄、联共、扶助工农”三大政策后，革命阵营为之一新，革命进展一日千里，不幸十六年以后，内争突起，阵容分崩；三大政策，摧毁无遗。革命旋归失败。本党同志，负革命成败民族兴亡之大任，将何以对我总理在天之灵？近半年来，迭次接中国共产党致我党中央委员会书函通电，屡次提议国共合作，联合抗日，足证团结御侮已成国人一致之要求。我党更应乘此机会恢复总理“三大政策”以救党国于危亡，以竟革命之功业。

三中全会还通过《促进救国大计案》，提出抗日五项办法：(一)努力收复失地；(二)采取积极外交；(三)集中全国人才，严惩失职；(四)筹划开办基本工业；(五)厉行议而必决，决而必行之精神。

2月18日 宋庆龄在国民党五届三中全会上作了《实行孙中山的遗嘱》的讲演。指出：救国必须停止内争，而且必须运用包括共产党在内的全部力量，以保卫中国国家的完整。中国的人民不愿打自己的兄弟，他们知道这是违背民族利益的。一切内争是可以并且应当和平友好地解决。内战必须不再发生，和平统一必须实现，我们必须赶快建立反抗外来侵略的中国国防。

2月21日 国民党五届三中全会通过《关于根绝赤祸的决

议案》，提出：第一，军队必须统一编制，取消红军；第二，政权统一，取消苏维埃政府；第三，停止赤化宣传；第四，停止武装暴动、阶级斗争。决议案虽然在字句上对共产党进行了许多诬蔑，但实际上是接受了共产党 2 月 10 日给国民党五届三中全会电报中为着表示团结御侮之诚意而提出的四项保证，这样三中全会实际接受了国共两党合作抗日的政策。大会还否定了汪精卫提出的坚持“剿共”反共的政治决议案。大会表示：“如果让步超过了限度，只有出于抗战之一途。”这是国民党自“九一八”事变以来第一次提出抗战。

2 月中旬至 3 月中旬 中国共产党代表周恩来、叶剑英同国民党代表顾祝同、贺衷寒、张冲在西安举行谈判。谈判中心是红军改编和苏区政权改制问题。谈判开始共产党提出五项要求、四项保证，并致电国民党五届三中全会。共产党提出红军改编成四个军、十二个师，上面成立某路军指挥部，设正副总司令，以保证共产党对军队的绝对领导。在领导上，坚持独立自主的原则，决不退让、迁就，只在红军改编后的人数上可以让步。为了促使谈判成功，又提出红军改编为四个师，每师一万五千人，共六万人。一开始谈判是比较顺利的，但后来，贺、顾提出：红军改编成三个师，每师一万人，共三万人，要服从南京中央一切命令。政训人员、辅佐由南京派遣。陕甘宁边区改为地方行政区，分属各省。高级军队干部由共产党推荐，经国民党中央派遣、任命，这就是说南京当局要直接领导红军和苏区。周恩来坚决拒绝这种无理的条件，并向中央建议，关于民主政治与红军独立领导的问题，不是与顾、贺可以解决了的。并提议要同蒋介石直接谈判。

在谈判中周恩来还提出恢复张学良的自由、复职授权等问题。谈判只达成了在西安设中共办事处的协议，西安谈判遂告结束。

2月22日 国民党五届三中全会闭幕。通过了会议宣言。对日关系方面，表示：如果“使蒙受损害，超过忍耐之限度，而决然出于抗战”，但又不放弃“和平方法解决纠纷”的幻想。对内政策方面，要国民党各派和平统一，中央要总揽军事、外交、财政、交通等大权。宣言攻击共产党“煽动阶级斗争，对外则适足以冲消民族整个之力量，而陷国家于灭亡，对内则适足以引起各生产分子间之混战，阻止生产建设之进度”，扬言决不“怀功亏一篑之痛，无论用何方式，必以自力使赤祸绝于中国”。宣言宣称，于本年11月12日，召开国民大会，制定宪法。

2月 西北军、东北军的将领杨虎城、于学忠在国民党五届三中全会上提出提案，重申八项和平主张：(一)改组政府收容各党各派人材负责救国；(二)停止一切内战；(三)释放上海被捕之爱国志士；(四)释放全国一切政治犯；(五)开放民众爱国运动；(六)保障人民集会结社一切之政治自由；(七)确实遵行总理遗嘱；(八)立即召开救国会议。

3月3日 张闻天发表《巩固国内和平，准备对日抗战》的文章。提出为促进全国民族统一战线的实际建立与对日抗战的实现，今天放在中国共产党前面的具体任务，即是巩固其开始取得的国内和平，并加速度准备对日抗战。但今天还仅是停止内战一致抗日，与和平统一团结御侮的新阶段的开始，从这里到全国民族统一战线的实际建立与对日抗战的开始，还需要一个过渡的时期。全中国人民，全中国各党各派，亦应该同共产党一起，为完成这些任务而奋斗。

3月23日至31日 中共中央在延安召开政治局扩大会议。23日至26日会议讨论西安事变和平解决和国民党五届三中全会以后,国内抗日民族统一战线的形势和中共的任务。24日,朱德在会上发言说,抗日民族统一战线是对列宁主义的一种新发展。要联合资产阶级,打倒帝国主义,把中日矛盾放在第一位。在新的形势下,我们的干部还很不够,要大力培养大批新干部,造就一批职业革命家。红军中党的工作很重要,干部思想要统一,抗日的准备工作更要加紧。

3月下旬至4月初 周恩来同蒋介石在杭州直接会谈。周恩来再次重申五项要求和四项保证,提出,红军编为三个师,每师一万五千人,三个师以上设某路军指挥部;陕甘宁地区作为整个行政区,不能分割;国民党不能派政训人员和辅佐,红军要增加防地。并严正声明:共产党为国家民族利益大计,与蒋及国民党合作,但不能忍受投降、受骗之诬蔑。蒋介石承认国共分家十年造成军阀割据和帝国主义入侵的局面,但不引咎自责。蒋说,你们不必提和国民党合作,只是与我合作。对合作的形式他提不出具体方案。周马上提出,可采用共同纲领的办法。蒋表示,边区、红军改编都是小事,只要拥护他为领袖,一切好办。四月初,周恩来回到延安,中共中央决定在抗日十大纲领和国民党一大宣言的基础上起草民族统一战线纲领,并研究国共两党合作的形式。

春 中共中央向党内发出《关于统一战线区域内党的工作的基本原则草案》,供各地参考。这份文件提出了十四条工作基本原则，其中第十条为：“对各党各派的基本方针应该是：联合民族革命的左派（抗日派），争取中派（妥协派），打击亲日派。只有左派的力量愈是巩固强大，反对亲日派的斗争愈是坚决大胆，对中派动摇不彻底愈是能够使用批评的武器；共产党的政治立场愈是明确坚持与愈是能够克服一切困难，则中派愈是向左摇摆，而最后转到抗日方面来，但在任何时候，切勿放弃对中派的警戒，严密注意它在每一转变关头的动摇叛变的企图，及破坏我们对左派的巩固团结的阴谋，使它在叛变成为不可避免时处于孤立的地位。”

4月3日 中共中央宣传部发出《国民党三中全会后我们的任务》的宣传大纲。大纲指出了三中全会没有制定明确、具体、坚定的方针，也指出了在国内外形势的逼迫下，国民党的政策开始转向抗日方面来。解释了孙中山的革命三民主义，是与共产党的主张相容的，现在仍然应当赞助。提出三中全会后的中心工作是巩固和平统一、扩大民主运动。争取民主权利是巩固和平与准备抗战的关键。

4月4日 中共中央书记处发出了《关于坚持联蒋方针推动全国对日抗战问题给刘少奇的指示》，阐明目前是巩固国内和平准备对日抗战的阶段。因此，“在这个阶段内，我们必须坚持联蒋的方针”。指出，我们不但不应该敷衍地方军阀的反蒋要求，而且应该向反蒋的地方军阀坚持解释，只有同蒋介石南京政府共同合作抗日，才是中华民族的出路。同时强调在“联蒋过程中，党必须为争取领导而斗争”。

4月12日 中共中央发出《对沈、章诸氏被起诉宣言》热烈赞扬沈钧儒、章乃器、邹韬奋、李公朴、史良、王造时、沙千里七人"以坦白之襟怀,热烈之情感,光明磊落之态度,提倡全国团结、共赴国难、停止内战、一致抗日,此实我中华男女之应尽责任与光荣模范"。要求国民党彻底放弃过去的错误政策,立即释放一切爱国领袖和全体政治犯。

4月12日至17日 在中国共产党的直接领导下,在延安召开了西北青年第一次救国代表大会。到会代表三百一十二人,代表二十多万有组织的青年群众。毛泽东、周恩来、张闻天、朱德、秦邦宪、林伯渠、徐特立等到会并讲了话。毛泽东在会上针对青年当时对局势和党的新的策略不理解,提出的一些疑问,做了重要讲话。毛泽东指出:"共产党过去的政策是国内战争和土地革命,现在的政策是和平团结,对日抗战,这是什么缘故呢?"他说,"九一八"后,特别华北事变后,华北五省建立反共自治,日本要单独侵占中国,灭亡中国,使得中国内部的阶级关系变化了一些,资产阶级同国民党里也都发生了分化,国家处在危亡面前,我们的政策就有了改变旧的、采取新的必要和可能。因此我们采取了抗日民族统一战线的政策,并且提出了"停止内战,一致抗日"的口号,"中国人与中国人从前相打,现在应该一起去打共同的敌人。这样,红军也可以改为国民革命军,一切中国的军队都要变为抗日军"。"过去因为国民党背叛革命,所以共产党不得不单独负起革命的责任。现在呢?国民党开始转变到抗日的方面来,所以我们极力主张国共合作,主张恢复孙中山先生的三民主义的革命精神,国共两党与全国人民,大家都为民族独立、民权自由、民生幸福而斗争。"大会根据毛泽东和党中央的指示精神，通过了《关于救亡运动任务的决议案》，提出了《全国青年救国纲领》（草案），制定了《中华青年救国联合会组织简章》（草案），确定青年救国的中心任务是一切为着中华民族的团结和统一而奋斗。大会还选出五十五位执委。18日召开第一次执委会，选冯文彬（主任）、白治民、高朗山、刘秀梅、黄庆熙、徐克仁、李瑞山为常委，胡耀邦、刘西元为候补常委。

4月15日 中共中央发表了《告全党同志书》明确指出，由于国内外形势的变动，由于本党新政策的初步胜利，全国人民与中国共产党“停止内战”的目的，已经实现了。中国革命新时期的第一阶段，基本上已经结束，今后发展阶段的任务是：“巩固国内和平，争取民主权利，实现对日抗战”，指出“在目前新阶段内，我党工作中心的一环，应该是抗日的民主运动的发展”。要求全党迅速改变过去的斗争方式与工作方法，学习和创造新的斗争方式与工作方法，适应新形势的要求。号召全党同志在党中央领导下，“以艰苦的工作模范的行动，去取得中国共产党在民族革命中的领导地位”。

4月 中国共产党派周小舟到榆林会见国民党军第八十六师师长高双成，商谈双方合作抗日事宜。高欣然接受了中共的抗日民族统一战线政策，双方达成合作抗日协定。随后，高双成派参谋刘绍庭为代表在延安设立办事处，与中共方面保持经常联系。

5月2日至14日 中共中央在延安召开了党的苏区代表会议。毛泽东作了《中国共产党在抗日时期的任务》的报告和《为争取千百万群众进入抗日民族统一战线而斗争》的结论，毛泽东根据“九一八”事变以来的形势和国内阶级关系的变化，规定了中国共产党在新时期的任务。首先,目前党的中心任务是争取民主,从“一二·九”运动到国民党五届三中全会期间共产党提出的“争取国内和平”的任务已经基本实现,用“巩固和平,争取民主,实现抗战”的口号代替了“停止内战,一致抗日”的口号。其次提出了抗日民族统一战线中无产阶级掌握领导权的问题是革命成败的关键。为了实现共产党的政治领导,必须(一)根据历史发展进程提出基本的政治口号和各个阶段的具体目标;(二)党应该成为实现这些具体目标的模范;(三)在不失掉确定的政治目标的原则上,建立与同盟者的适当的关系,发展和巩固这个联盟;(四)共产党队伍的发展,思想的统一性,纪律的严格性。再次号召全党重新学习,提高马列主义水平,要迅速造就大批干部,改变过去的斗争方式、组织方式和工作方法,为争取千百万群众进入抗日民族统一战线而斗争。会议批准了遵义会议以来党的政治路线,为迎接抗日战争的到来做了政治上、组织上的准备。

5月27日 杨虎城离陕赴沪,准备出国。

5月29日 国民党中央考察团十八人到达延安城。延安各部队及音乐队在城南欢迎。苏区政府设宴为考察团洗尘。宴后举行欢迎晚会,林伯渠宣布开会,毛泽东致欢迎词。毛泽东指出,今天这个欢迎会有伟大的历史意义,因为第一次大革命时代是由国共两党干起的,现在比那个时候更加不同了,民族比那时更危险。两党一致团结,在今天比以前合作的意义与作用是更增加了。“中央考察团此来,使两党团结进入新的阶段。”国民党中央考察团表示愿将苏区各界对国共两党合作的愿望和诚意转达南京政府，以迅速促进对日抗战的实现。

5月 中共中央还在延安召开了党的白区代表会议。刘少奇在会上作了《关于白区的党与群众工作的报告》。会议指出，随着党的抗日民族统一战线政策的执行，全国政治形势和阶级关系的变化，党在白区的工作方式也要随之转变，即由武装的转到和平的，非法的转到合法的，秘密的转到公开的，单独的转到与同盟者合作的，等等。为了实现这种转变，要批判党内在白区工作中的关门主义、冒险主义和宗派主义。会议明确了新形势下党在白区工作的中心是长期隐蔽，深入群众，积聚与加强群众的力量，实行正确的策略，为战胜日本帝国主义而斗争。会议制定了白区工作的斗争策略，必须把经济斗争与政治斗争、合法斗争与非法斗争、公开斗争与秘密斗争结合起来。强调从实际出发，灵活运用党的斗争策略原则。这次会议，是党的白区工作开始转变的重要标志。

6月6日 中共中央书记处为争取扩大庐山谈话范围及进行宪政促进运动问题给潘汉年发出指示，要潘就近与邵力子等商议，将函请谈话范围扩大到抗日领袖、左倾教授及各民众团体方面，建议邀请平津沪港一带各党派各救国团体、各学生会代表及文化界、教育界、左倾名士去庐山谈话。推动上海宪政促进会，扩大到各界团体，吸收各方面负责分子参加。讨论宪法草案，准备解决困难的提案。

同日 张闻天在白区党代表会议上作关于白区党目前中心任务的报告。对于民族统一战线，他谈了几个伺题。他说下列问题应引起全党注意：（一）目前统一战线的组织，一般说来，还不过是团结了救国的左倾积极分子。今天的任务是要依靠这些分子的力量去争取最广大的中间群众到统一战线中来。(二)必须根据各地不同环境提出各种各样的共同要求,建立各种各样的统一战线组织,使工人、农民、下级官兵、小资产阶级,真正成为我们在民族统一战线中依靠的力量。(三)抗日民族统一战线的主要敌人是日本帝国主义、汉奸、卖国贼亲日派,但切不要把那些目前反对共产党与不赞成我们的全部主张的人称做汉奸亲日派。(四)我们应该成为执行民族统一战线的共同纲领的模范与支柱,成为它的组织者与领导者,以光明磊落、大公无私的精神去解决一切各党各阶层各实力派间的纠纷与摩擦。(五)民族统一战线,并不取消统一战线内部的各种斗争,相反的它是在斗争中生长与巩固的。民族统一战线只是改变了阶级斗争的形式(如武装斗争,没收土地斗争等),而不是取消阶级斗争。(六)必须使上层统一战线与下层统一战线适当地配合起来。(七)同党内"左"的关门主义、命令主义、包办主义的倾向作斗争,但同时不要放松尾巴主义、投降主义,保证党在组织上的独立性与批评的自由。

上旬至中旬 周恩来同蒋介石、宋子文在庐山会谈。对于谈判,共产党是有诚意的,周恩来携带着起草好的《关于御侮救亡复兴中国的民族统一纲领草案》。此纲领草案分为三部分:(一)争取民族独立,反对日本帝国主义;(二)实现民权自由,保障人民自由;(三)实现民生幸福,建立国防经济。内容细则共五十二条及十三个问题。周指出,共产党不同意与蒋个人合作。蒋提出,成立国民革命联盟,国共两党各推相同人数的干部组成，蒋任主席，有最后决定权。同盟会工作如能顺利进行，根据条件的许可，可扩大为国共两党分子合组的政党。周表示，国民革命同盟会的组织原则关系重大，须请示后定。蒋又表示：不同意在三个师上设总指挥部，要设政治训练处，公然提出要朱德、毛泽东出国留洋。周坚决反对。在指挥部和人事问题上争论很久，未取得一致看法。蒋同意红军改编为三个师，每师一万五千人。

6月15日 中华民族解放行动委员会负责人彭泽民发表《致全国各界领袖书》。对时局提出四项主张：（一）民主政治必须迅速建立，使中山先生之民族主义能完全实现。（二）各政治党派必须平等合作，共赴国难。当政之国民党宜断然接纳在野党派之共同主张，以树立民主国家之政治基础。（三）国民代表大会之召集应以民主主义为原则，彻底解决组织法与选举法之缺陷。（四）释放全国政治犯及终止障碍民权发展之防范工作与一切紧急条例。要求国民党政府采纳这四项主张。

中旬到下旬 毛泽东通过李锡九邀中华民族解放行动委员会负责人彭泽湘去延安。下旬，彭到达延安，受到毛泽东接见，毛向彭询问了北平、上海和两广等地的情况，谈论了建立广泛的抗日民族统一战线的方针。这次会见，是中国共产党同第三党领导人首次正式接触。

下旬 宋庆龄、何香凝、胡愈之、胡子婴、沈兹九等十六人，为了救援沈钧儒等，揭露国民党统治下爱国有罪的反动实质，发起救国入狱运动，发表宣言，制定救国入狱运动规约，提出如爱国有罪，愿与沈钧儒等人同受处罚，如爱国无罪，则与沈钧儒等人同享自由。七月初，由宋庆龄率领亲往苏州高等法院请求羁押。这一正义行动,得到许多爱国人士的响应和支持。

6月25日 毛泽东致函何香凝,感谢所赠画集、《双清词草》,并说:“今日之事,惟有斗争乃能胜利”,“时事渐有转机,想先生亦为之慰,但光明之域,尚须作甚大努力方能达到”。

同日 毛泽东、朱德等致电彭德怀、任弼时、杨尚昆,请他们通令全军注意进行统一战线教育。

6月29日 杨虎城将军以欧美军事考察专员的名义偕夫人及幼子,由上海乘船“出国考察”。

先一日,陕甘旅沪同乡及西北各界代表在上海国际饭店公宴杨虎城,为其饯行。

7月7日 日本侵略军在北平西南十余公里的卢沟桥附近进行军事演习,诡称一名士兵失踪,要求入宛平县城搜查,当即遭到驻军国民革命军第二十九军的拒绝。双方正交涉间,日军竟向宛平县城射击,继而又炮轰卢沟桥,旅长何基沣指挥城内守军,奋起还击,二一九团团长吉星文、营长金振中亲临前线,抗击日军。许多将士壮烈牺牲。是为“七七事变”。从此,揭开了中国抗日战争的序幕。

7月8日 中共中央发布了《为日军进攻卢沟桥通电》。通电指出:平津危急!华北危急!中华民族危急!只有全民族实行抗战,才是我们的出路!要求立刻给进攻的日军以坚决的反攻,并立刻准备应付新的大事变。全国上下应该立刻放弃任何与日寇和平苟安的希望与估计。通电号召全国同胞、政府和军队团结起来,筑成民族统一战线的坚固长城,并主张国共两党密切合作,抵抗日本的新侵略。

同日 毛泽东、朱德、彭德怀等致电蒋介石，要求“严令二十九军，奋勇抵抗”，立即“实行全国总动员，保卫平津，保卫华北，收复失地”，并表示：红军将士诚愿“为国效命，与敌周旋，以达保土卫国之目的”。

同日 七七事变发生后，在中共北平党组织的领导下，中华民族解放先锋队、北平市学生联合会、华北各界救国会等二十多个群众救亡团体组成战地服务团、劳军团、看护队，携带大批慰问品和医药用品，分赴前线和医院，慰问士兵，救护伤员。并组成募捐团、宣传队走上街头，广泛开展抗日宣传和募捐活动。民先组织的义勇队还参加了实际战斗。长辛店工人搜集了大批枕木、铁轨、麻袋，赶赴前线，帮助军队修筑防御工事。农民踊跃献粮、献草、献柴、献工，帮助军队修路，送情报，运送弹药物资，支援前线十分踊跃。

同日 国民党政府外交部对日本帝国主义发动卢沟桥事变一事提出了口头抗议。10日，提出了正式抗议。16日，向英、美、法、意、葡、德、俄、荷、比各国政府发出备忘录，揭露日本破坏九国公约的行为。

7月9日 七七事变后的第三天，西北救国会向全国青年号召：（一）不分党派，不分阶级，不分信仰，不分性别，在抗日救国的目标下，全国青年大联合；（二）放弃党派成见，放弃互相攻击，全国各地的青年组织互相合作，产生全国及各地的青年统一组织；（三）在民主原则下意见取决大多数，领导机关由大多数人的选举产生；（四）由各处青年互相推选代表，召开全国青年救国代表大会，决定抗日救国的共同纲领；（五）争取生活上、经济上、政治上的一切改善。

同日 红军将领彭德怀、贺龙、刘伯承、徐向前、叶剑英等致电蒋介石，表示红军愿即改名为国民革命军，并请授命为抗日前驱，与日寇决一死战。

7月9日 全国各界救国联合会发表《为保卫北方紧急宣言》指出，“事件发生后，举国上下，都充满着胜利的奋斗的决心，准备给予日本帝国主义以致命的打击，但是国民党冀察当局，迷惑于日本‘和平’烟幕之下，使敌人从容布置，一俟布置就绪，便即大举进攻，势必‘使北方危机与时俱深’”。宣言呼吁全国同胞全力保卫北方，支援二十九军抗战健儿；要求实施抗战国策，以保证最后的胜利；给人民以抗日活动的自由；号召人民团结起来，打击主要敌人日本帝国主义。

同日 中华民族解放行动委员会致函国民党政府，就卢沟桥事变提出八大政治主张：提前召集国民代表大会，制定全国一致遵守的政治纲领，实现民主政治，发挥人民抗战能力；建立特殊机关，统一各党派所领导之民众活动；成立武装民众指导机关，指挥全国义勇军之活动；成立在乡抗日志愿军；成立战时经济计划机关；救济战区劳苦人民；释放全国政治犯，取消以前有障民众运动之各项特殊条例。

7月15日 中共代表周恩来等在庐山向国民党中央送交了《中国共产党为公布国共合作宣言》，并约定由国民党中央通讯社发表。宣言提出了国共合作的三项基本纲领：（一）争取中华民族之独立自由与解放。首先须切实地迅速地准备与发动民族革命抗战，以收复失地和恢复领土主权之完整。（二）实现民权政治,召开国民大会,以制定宪法与规定救国方针。(三)实现中国人民之幸福与愉快的生活。首先须切实救济灾荒,安定民生,发展国民经济,解除人民痛苦与改善人民生活。宣言最后再次郑重声明:(一)孙中山先生的三民主义为中国今日之必需,中国共产党愿为其彻底的实现而奋斗。(二)取消一切推翻国民党政权的暴动政策及赤化运动,停止以暴力没收地主土地的政策。(三)取消现在的苏维埃政府,实行民权政治,以期全国政权之统一。(四)取消红军名义及番号,改编为国民革命军,受国民政府军事委员会之统辖,并待命出动,担任抗日前线之职责。

同日 周恩来致函蒋介石,要求蒋同意红军改编为国民革命军后在三个师之上设统辖机关负责指挥,不能接受三个师直属行营的方案。

7月17日 周恩来、秦邦宪、林伯渠同蒋介石、邵力子、张冲在庐山就发表《中国共产党为公布国共合作宣言》举行会谈。在谈判中,蒋表示中日开战后,宣言即可发表,但仍坚持红军改编后三个师直属中央政府的行营,政治机关只管联络,这样前次会谈蒋设置的政训处就无指挥权了,不准周、秦、林出席庐山谈话会,也就是仍不准共产党公开活动。共产党采取如果蒋不让步,不再与之谈判的方针。谈判遂无结果。中共提出的宣言被搁置。

同日 蒋介石在庐山谈话会上发表谈话,表示准备“应战”,提出了解决卢沟桥事件的四项条件:(一)任何解决,不得侵害中国主权与领土之完整;(二)冀察行政组织,不容任何不合法之改变;(三)中央政府所派地方官吏,如冀察政务委员会委员长宋哲元等,不能任人要求撤换;(四)第二十九军现在所驻地区,不得受任何的约束。并表示:“如果战端一开,那就是地无分南北,年无分老幼,无论何人,皆有守土抗战之责任,皆应抱定牺牲一切之决心。”但蒋介石还未肯定已到最后关头,而是把卢沟桥事变的推演能否结束,作为“最后关头的境界”,又声称“在和平根本绝望之前一秒钟,我们还是希望和平的,希望由和平外交方法,求得卢事的解决”。蒋介石的这个谈话虽然宣布了准备抗战自卫的方针,但仍没有放弃妥协退让的政策。

7月19日 中共陕西省委致函国民党陕西省党部,提出六项建议:(一)立刻扩大救亡运动到各县各区各乡各界民众中去;(二)加紧组织民众,对当前各救亡团体加以保护,对一切无组织民众立即加以组织;(三)武装民众,组织全陕青丁壮丁为抗战后备军;(四)开放民众运动,给民众抗日救国之民主自由;(五)给华北抗战将士以种种切实有效之援助。

7月23日 中共中央发表《为日本帝国主义进攻华北第二次宣言》。号召全国同胞,决不能对于宋哲元的投降屈辱的“已成事实”与中日间的所谓“地方解决”,表示默认与软化。指出南京政府应:(一)立即命令宋哲元拒绝执行日本所提三条件[即(1)冀察当局向日军道歉;(2)二十九军从平津卢沟桥永定河以东撤退;(3)镇压民众抗日救亡运动,实行中日共同防共],实行武装抵抗。(二)动员全中国的海陆空军实行抗战。立刻召集国防会议,集中抗战的军事领导。(三)实行全国总动员,开放党禁,开放爱国运动,释放政治犯,实行民主权利。(四)停止对日外交谈判,封闭日本使领馆与特务机关。(五)改革政治机构,吸收各党派及人民团体代表参加国民会议与政府,肃清政府内部的亲日派汉奸分子。(六)实现国共两党的亲密合作,以国共两党的合作为基础,团结一切抗日党派,创立抗日民族统一战线等。

同日 为了实现全民族抗战的方针,毛泽东在《反对日本进攻的方针、办法和前途》的文章中代表中共中央提出了八项办法:(一)全国军队的总动员;(二)全国人民的总动员;(三)改革政治机构;(四)实行抗日的外交;(五)宣布改良人民生活的纲领,并立即开始实行;(六)实行国防教育;(七)实行抗日的财政经济政策;(八)全中国人民、政府和军队团结起来,筑成抗日民族统一战线的坚固的长城。这就是共产党所坚持的全面抗战的正确路线。

7月31日 由于沈钧儒、邹韬奋等人坚强不屈的斗争,救国会和抗日团体的营救以及全国各界人民的强烈声援,国民党政府迫于人民的压力不得不将"七君子"释放出狱,沈钧儒、邹韬奋等出狱后,领导救国会继续从事抗日救亡运动。李公朴在日记中用李商隐的"春蚕到死丝方尽,蜡炬成灰泪始干"之句,表达自己的意志,他写道:"我们追求真理,服务人群,抗战到底,争取民族解放,均应取此态度。"

7月 中共中央决定成立少数民族工作委员会,把原来的蒙古工作委员会和宁边工作委员会,改为回民工作部和蒙古工作部,负责西北地区的少数民族工作,以便团结国内一切少数民族共同抗日。

本月 抗战开始不久,何香凝致函胡兰畦,指示胡在伦敦:(一)积极组织力量,宣传中国全面开展反侵略战争不仅为自救,也为保卫世界和平,争取外国人的同情支援;(二)对华侨的宣传，斟酌情况，可用何先生的名义，要求华侨发扬传统的爱国热忱，关心和拥护祖国的抗日战争，用实际行动支援抗日战争，希望每一个华侨"做黄帝子孙应该做的事"。

8月1日　"七君子"的亲友、何香凝的代表胡兰畦、救国会等团体的负责人胡愈之、张志让、沈兹九、谢承平、罗叔章、梅龚彬等人在上海邓脱摩饭店设宴，为"七君子"洗尘。"七君子"应群众要求发表了讲话，沈钧儒首先报告入狱经过，并说出狱和入狱时一样，主张没变。章乃器说，今后大家都不必算旧账，一致努力向前抗日。王造时、邹韬奋、李公朴、史良、沙千里也都讲了话，表示继续奋斗，决不背叛大众。最后七个人发表共同谈话：一为团结，要组成全民族组合阵线；二为抗日，抗日已成为全国一致要求，深信民族解放斗争必可取得最后胜利。

8月3日　沈钧儒、章乃器、邹韬奋、李公朴、沙千里、史良、王造时等人应国民党政府的邀请，到南京会见了蒋介石等"党政军各要人"以及马相伯等著名爱国人士，贡献一些关于救国运动的意见。

8月4日　应国民政府军事委员会委员长蒋介石的邀请，中共中央决定朱德、周恩来、叶剑英去南京参加国防会议，共商国防问题。

同日　朱德、周恩来、秦邦宪、林伯渠、彭德怀、任弼时致电张闻天、毛泽东，建议在与蒋介石谈判时，方针是要求南京政府发动全国抗战，并争取中国共产党参加和领导。表示中共不会拒绝红军出动，而且会不迟疑地参加，但要独立自主地担负一方面的作战任务，以发挥红军运动战、游击战、持久战的特长。

8月8日　蒋介石发布《告抗战全体将士书》，明确表示："现在既然和平绝望，只有抗战到底，那就必须举国一致，不惜牺牲，来和倭寇死拼。"

8月9日　周恩来、朱德、叶剑英飞抵南京，就发表《中国共产党为公布国共合作宣言》与红军改编等问题与蒋介石进行谈判。由于国民党将宣言中提出的政治主张全部删除，为中共所拒绝，未能达成协议。

8月12日　中共中央发出《关于抗战中地方工作的原则指示》，指出：一切地方工作以争取抗战的胜利为最基本原则。着重指出：在共同抗日的口号之下，"组织全体韩民、蒙民、回民参加抗战"。应该争取这些少数民族的上层动摇分子（如德王之类）到抗战中来。汉人的政府与军队，应该同少数民族的上下层建立良好的关系，反对大汉族主义，使他们自愿的同我们亲密的联合。

8月13日　日本官兵二人于9日驾军用汽车冲向上海虹桥机场寻衅，并开枪打死守卫机场的中国士兵1名。机场卫兵开枪还击，日官兵二人中弹丧命。日军以此为借口，在上海集结约30艘军舰，调来大批日军。13日，日本侵略军在重炮掩护下，突然发动对闸北、虹口、江湾中国驻军的进攻，并扬言三个月内灭亡中国。国民党调集了七十三个师参加抗战。是为"八·一三"事变。在民族危亡的紧急关头，上海各阶层人民，积极参加宣传、动员、筹集救亡物资、救护伤员、慰问士兵等活动，以各种方式支援前线，保卫上海。中国军队的英勇抵抗和各界人民群众的大力支援，使上海抗战一直坚持了三个月，毙伤日军四万余人。

8月14日 日本帝国主义对上海的进攻,直接威胁到了蒋介石统治的政治和经济中心。国民党南京政府发表《自卫抗战声明书》指出,自"九一八"以来,日本侵夺我东四省,淞沪之役,中国东南重要商镇,沦于兵燹;继以热河失守;继以长城各口之役;屠杀焚毁之祸,扩而及于河北;又继之以冀东伪组织之设立,中国之领土主权,已横受日本之侵略。并且表示"中国为日本无止境之侵略所逼迫,兹已不得不实行自卫,抵抗暴力"。"中国决不放弃领土之任何部分,遇有侵略,惟有实行天赋之自卫权以应之。"这个声明所表示的反侵略态度,比以前明朗,较大地改变"九一八"以来的不抵抗政策。随后,增派部队参加上海抗战,先以冯玉祥为司令官,嗣后蒋介石自兼司令。

同日 陈嘉庚等人发起组织了南洋地区第一个华侨救国救乡团体,即马来西亚、新加坡华侨筹赈祖国伤兵难民大会委员会。

8月19日 邹韬奋在上海创办《抗战》三日刊,宣传抗日救国。

8月21日 中国政府和苏联政府签订《中苏互不侵犯条约》并在财政上、军事上,给中国政府以援助。苏联航空志愿队来华直接参加了对日作战。在抗日战争时间,中国人民同苏联和其他国家人民的反法西斯战争互相支援,直至取得最后胜利。

8月22日至25日 中共中央在陕北洛川召开了政治局扩大会议。会议分析了全国抗战形势,指出争取抗战胜利的关键是实行全面的全民族的抗战路线和艰苦的持久战;要求全党全军站在抗战的最前列,坚持抗日战争中的无产阶级领导权,成为全国抗战的核心。毛泽东在会上作了关于军事问题和国共两党关系问题的报告；会议通过了《关于目前形势与党的任务的决定》和《抗日救国十大纲领》。关于国共两党关系问题，毛泽东指出，要坚持统一战线，巩固扩大统一战线；同时要保持共产党的阶级独立性和政治警觉性，要记取一九二七年革命失败的教训。毛泽东着重阐明，在统一战线中，有一个共产党吸引国民党还是国民党吸引共产党的问题，也就是说，把国民党提高到共产党所主张的全面抗战呢？还是把共产党降低到国民党的地主资产阶级专政和片面抗战？总之，必须坚持统一战线中的无产阶级领导权。十大纲领要点为：（一）打倒日本帝国主义；（二）全国军事的总动员；（三）全国人民的总动员；（四）改革政治机构；（五）抗日的外交政策；（六）战时的财政经济政策；（七）改良人民生活；（八）抗日的教育政策；（九）肃清汉奸卖国贼亲日派，巩固后方；（十）抗日的民族团结。纲领规定以减租减息作为抗日战争时期解决农民问题的基本政策。这个纲领全面地概括了共产党在抗日战争时期的基本政治主张，指明了争取抗战最后胜利的具体道路是反对蒋介石国民党所实行的片面抗战路线的基本方针。洛川会议是在抗日战争刚刚爆发的历史转折关头召开的，它高举抗日的民族革命战争的旗帜，坚持全面抗战路线，为实现党对抗日战争的领导和争取抗战胜利奠定了政治思想基础。

8 月 19 日 “八一三”事件发生，战火烧到蒋的大本营，蒋才决心抗战，于 19 日同意陕北红军改编为国民革命军第八路军，长江南北红军改编为新编第四军，并达成在南京出版中共机关报《新华日报》，在南京、武汉等大城市设立中共代表和八路军办事处，释放政治犯等协议。

8 月 22 日　国民党政府军事委员会正式发布命令，将红军改编为国民革命军第八路军（9 月 11 日改称第 18 集团军），并设总指挥部。下辖三师，每师一万五千人。

中旬　国民党立法院秘书梁寒操以中苏文化协会的名义举行茶话会，沈钧儒、千家驹在会上初晤周恩来，周邀请他俩翌日往八路军办事处商谈救国会的工作方针问题。第二天，叶剑英在办事处接见了他们，对他们的救国活动表示慰问，并说将把他们汇报的工作情况报告中共中央。

8 月 25 日　中共中央军委发布中国工农红军改编为国民革命军第八路军的命令，朱德任总指挥，彭德怀为副总指挥，叶剑英为参谋长，左权任副参谋长，任弼时为政治部主任，邓小平任政治部副主任。改编后的八路军共三个师：一一五师，林彪为师长，聂荣臻为副师长；一二〇师，贺龙为师长，肖克为副师长；一二九师，刘伯承为师长，徐向前为副师长。八路军改编后主力部队先后开赴山西、察哈尔、河北、绥远四省交界恒山地区的抗日前线。工农红军改编为国民革命军，表现了共产党实行国共合作，坚决进行抗日的诚意，八路军在共产党独立领导下同国民党军队合作共同进行抗日战争，这是抗战时期国共两党合作的主要内容。

月底至 9 月　中国共产党在南京、武汉、西安、重庆、太原、长沙、桂林、兰洲、迪化（现乌鲁木齐）等地，公开设立了八路军办事处，在广州等地设立了八路军通讯处。共产党通过这些合法机构，推动各界爱国人士参加抗日斗争，动员群众，调集物资，支援敌后抗日游击战争，宣传共产党的抗日主张，进行了大量的统战工作，从而加强了前后方的联系，加强共产党在国民党统治区的工作。

8月 中华民族解放行动委员会成员吴建东等人逃出北平到达磁县、邯郸一带，以李旭东旧部为基础，会合田裕民的一部分武装，组成抗日游击队。经王一帆从国民党第二战区司令部请得一个番号，叫“豫北游击第二纵队”。中华民族解放行动委员会派了十九名政工人员参加。这支一千余人的游击队在林县、临漳、大名、成安一带进行活动，一九三八年初被日军击溃。

本月 “八·一三”淞沪抗战打响后，中华民族解放行动委员会总书记黄琪翔被国民党政府任命为前敌总司令部副司令、第八集团军司令，参与指挥淞沪战争。参加总部工作的还有中华民族解放行动委员会临时中央执行委员杨逸棠等人。

9月1日 刚出狱不久的章乃器在上海《申报》发表《少号召多建议》的文章，反对国民党以外的党派作政治号召，他说：“在国策已经确定的今日，我们却应该少作政治的号召，多作积极的建议，使国策可以早日充实起来”，对于民众组织方面，我们现在就用不着而且不应该再提出原则的“开放民众组织”的政治号召。“政府既然已经有确定的国策，有点心肝的人，谁还愿标新立异以鸣高。”

9月2日 一二〇师在陕西富平庄里镇举行抗日誓师大会，中共中央派朱德、任弼时参加大会。朱总司令代表中共中央和八路军总部，在会上宣布了红军改编的命令，并分析了抗日民族统一战线发展的形势和任务，号召全体指战员为抗日救国的神圣事业英勇奋斗。

9月6日 根据国共两党关于国共合作的协议，共产党将陕甘宁边区革命根据地的苏维埃政府正式更名为陕甘宁边区政府，共辖23个县。林伯渠任边区政府主席。在党中央的直接领导下，边区进行了政治、经济、文化各方面的建设，使边区成为模范的抗日根据地。

9月9日 国民党政府成立国防最高会议，蒋介石任主席，汪精卫任副主席。

中旬 中国共产党代表秦邦宪同国民党代表康泽在南京商讨修改共产党关于国共合作的宣言。秦、康二人签字后，蒋介石表示宣言立刻发表。

9月22日 朱德、周恩来抵达代县太和岭口的第二战区司令长官司令部，和阎锡山会商八路军的游击地区、军队驻扎以及兵力使用等问题。阎锡山同意八路军进行独立自主的山地游击战，朱德也同意在有利条件下配合友军进行运动战。

同日 国民党中央通讯社发表了《中国共产党为公布国共合作的宣言》。

9月23日 国民党中央通讯社发表蒋介石《对中国共产党宣言的谈话》。蒋介石的谈话承认了共产党的合法地位，谓共产党的宣言，是"民族意识胜过一切之例证"，"宣言所举诸项皆为集中力量，救亡御侮之必要条件，且均与本党三中全会之宣言及决议相符合"。蒋介石表示："在存亡危急之秋，更不应计较过去之一切，而当使全国国民彻底更始，力谋团结，以共保国家之生命与生存。"

《中国共产党为公布国共合作的宣言》和蒋介石《对中国共

产党宣言的谈话》的发表，宣告国共两党重新合作，抗日民族统一战线正式成立。

9月25日 中共中央书记处发出《关于共产党参加政府问题的决定草案》，指出，今天抗战的形势，急需一个抗日民族统一战线的政府，共产党准备参加这样的政府，然而今天还是国民党一党专政的政府，所以，“在党中央没有决定参加中央政府以前，共产党员一般地不得参加地方政府，并不得参加中央的及地方的一切附属于行政机关的各种行政会议及委员会，因为这种参加，徒然模糊共产党人的面目，延长国民党的独裁统治，对于推动统一的民主政府的建立，是有害无利的”。还指出，只有当国民党一党专政的政府转变为全民的统一战线政府，这个政府接受《抗日救国十大纲领》的基本内容，允许共产党组织的合法存在。并保证共产党有动员群众，组织群众抗日的自由时候，中共才能去参加。但可以参加“特殊地区的地方政府如战区的地方政府”以及“全国国民大会之类的商讨民生宪法与救国方针的代表机关”。

9月26日 邹韬奋在《抗战》第十二号发表《全国团结的重要表现》的时评，热烈欢呼国共两党抗日民族统一战线的正式成立，认为这是“全国团结御侮的一个非常重要的表现”，是数年来，“全国忧心外患的人们不避艰险以企求的重要主张之一”。

9月29日 毛泽东发表《国共合作成立后的迫切任务》，指出:共产党和国民党重新结成统一战线，在中国革命史上开辟了一个新纪元。我们应该把统一战线发展充实起来，把民众加进去；应该把统一战线巩固起来，实行一个共同纲领；应该决心改变政治的制度和军队的制度。实行一切必要的改革来战胜困难这是今日中国革命的迫切任务,完成了这个任务,就一定能够打倒日本帝国主义。

9月30日 朱德、彭德怀致电毛泽东:现应争取山西战局持久,这有利于我军在山西创造根据地。阎锡山以山西青年抗敌决死队为骨干组织之新军,其主要干部为我们的同志。决死队有政治委员制度,政纲为减租减息,减税减价,已开始撤换旧县长,实现民主。

9月 高双成所部国民党军第二十二军张云衢团开赴绥远前线抗日,高双成力排地方实力的干扰,将该团所遗防区葭县、米脂、吴堡、绥德、清涧五县连同安定县防务,一并移交八路军接管。

秋 中华民族解放行动委员会成员梅日新、黄中广、杨朴如、杨启祥等人积极参加“抗日御亡委员会”的活动,组织抗日救亡实践社,联络各方面抗日力量,还出版《抗战农村》《抗战妇女》《抗战青年》《抗战华侨》等刊物,在广州宣传抗日救国。

10月5日 根据国共两党谈判达成的协议,国民党政府军事委员会正式宣布,将湘、赣、闽、粤、浙、鄂、豫、皖八省十三个地区的红军游击队,改编为国民革命军陆军新编第四军(简称新四军)。中共中央任命叶挺为军长,项英为副军长,张云逸为参谋长,周子昆为副参谋长,袁国平为政治部主任,邓子恢为副主任。为加强党的领导,党中央又决定成立中共中央东南分局及中央军委新四军分会,项英为分局和军分会书记,陈毅为军分会副书记。新四军军部于1938年1月6日在江西南昌正式成立。

10月3日 何香凝在上海寓所接见上海劳动妇女战地服务

团，欢送她们上战地服务，她热情地称赞服务团员们弃家奔赴抗日前线，真不愧是劳动妇女中有志气的青年，希望她们在战地工作，一定要爱护抗日的士兵和民众。次日，史良、沈兹九、罗叔章、王汝其、董竹君等十余人在四川菜馆为妇女战地服务团举行欢送会，鼓励她们要为妇女争光。上海劳动妇女战地服务团，是由全国抗敌慰劳总会上海分会何香凝派胡兰畦与上海女青年会劳工夜校联系组织的，在中共地下党组织支持下挑选一部分党团员和进步青年组成的。

10 月 10 日 中共陕西省委发表致国民党陕西省党部的一封公开信，抨击该省党部利用“统一”之名，取缔救亡团体，假借“合法”之权，压迫救亡运动，禁止青年宣传抗日，禁售抗日书籍及逮捕抗日青年等错误行动，要求立即进行自我批评，改变过去对民众运动的种种错误政策，立即实行 7 月 19 日对该党部所提出的六项建议。

月初 周恩来在太原第二战区司令长官部同阎锡山、卫立煌商谈在忻口阻击日军南下侵犯太原的联合作战等问题。周对阎愿意和共产党联合抗战，在山西省采取了若干进步措施，热情地加以鼓励。周还对他们指出目前最严重的情形在于全国广大的城乡人民群众没有被发动和武装起来，因而影响到前线不能打胜仗，挽救危机的唯一道路，就是实行孙中山先生的遗嘱，即“唤起民众”四个字。

10 月 18 日 杨虎城在西班牙马德里向英美发表广播词，他说：西安“双十二”运动的运机，在配合民众的要求，而力求国内的统一，其结果即为统一的实现，此后国共日趋合作，统一战线更日趋于完成。蒋委员长了解了民众的要求，使国内的统一真正实现，国共合作乃因两方面各有相当的让步而成，其重要前提则为对日抗战。他还说：中国对日抗战是一长期的艰苦的战争，中国人民以为非持久抗战不能达到民族解放的目的。他表示准备在短期内回国为国家效力。

10月25日 朱德、彭德怀发布命令提出对待日军俘虏的政策：一、对于被我俘虏之日军，不许杀掉，并须优待之；二、对于自动到来者，务须确保其生命之安全；三、在火线上负伤者，应医治之；四、愿归故乡者，应给路费。

同日 国民党召开最高国防会议，密议与日"停战问题"，提出："综观以上利害比较，停战或短期停战于我物质上均较有利。故在有利条件下，自可接受。又为顾虑士气精神上之影响，则外交上不妨避去停战口吻，而以'敌如抑退或退至某某之线，则我不进'之方式出之"。

10月28日 日本外务省次官崛内谦介会见德国驻日大使狄克逊，表示欢迎由德国对国民党政府进行劝降，并希望德国促使中国政府主动提议和平谈判。

10月28日 德国驻华大使陶德曼会见国民党政府外交次长陈介，表示德国愿意调解中日战争，他说：中国与日本急取解决的时机，现在已经到来了，我们愿意作两国联系的途径。

10月30日 中华民族革命同盟发表解散宣言，以表示对国民党的"公诚""拥护"的态度。要求海内外同盟组织一律结束后，所有力量自当贡献政府，效力抗战。陈铭枢于该同盟解散之后，却完全否定了这个组织的革命历史，悔恨自己"曾经一度离开国民党多年的长官蒋委员长”,“组织了一个团体,名为中华民族革命同盟”,说“这一段历史无论在个人,在国家都是一件不幸的事”。

10 月 中华民族解放行动委员会负责人章伯钧,应李济深电邀由香港到达南京,分别会晤了李济深、陈立夫和中共代表叶剑英、秦邦宪。

本月 中华民族解放行动委员会留在北平主持工作的王守光,因进行抗日宣传活动,被日军宪兵逮捕,受尽严刑拷打,坚贞不屈,日寇用狼犬将王活活咬死。

本月 邓宝珊奉蒋介石之命赴榆林就任合编之二十一军团长。不久,即派八十六师副官高少白、军团部副官石佩玖,持邓宝珊、高双成信件去陕甘宁边区绥德和陈奇涵司令员商谈彼此协防事宜。陈司令随后亲往榆林会见了邓、高。接着八路军后方留守处司令员肖劲光、陕北联保司令高岗等先后到榆林,和邓宝珊作了几次长时间谈话,达成了双方和平相处的默契。

11 月 3 日 日本外相广田接见德国驻日大使狄克逊,提交日本关于中日和平的条件:(一)内蒙古建立与外蒙古类似的自治政府;(二)在华北沿“满洲国”边境至平津铁路线以南一点建立非军事区;(三)扩大上海非军事区,由国际警察管制;(四)停止反日;(五)共同反共;(六)减抵日货关税;(七)尊重在华外侨权利。

11 月 5 日 日寇迫近太原,傅作义特派人护送周恩来出城,且将城内所存一部分武器拨交八路军。周恩来出城前对傅作义说:傅将军守城名将,是可信赖的。但抗日战争是长期的战争,焦土抗战的主张是错误的,只顾一城一地的得失也是不足为训的，要着眼于争取最后的胜利。能争取时间就是胜利，能保存有生力量就是胜利，务请深思。

同日 德国驻华大使陶德曼发给外交部的密电中说：遵照训令，我今日将日本的七项和平条件通知了蒋介石，他说假如日本不愿意恢复战前状态，他不能接受日本的任何要求。又说：假如他同意那些要求，中国政府是会被舆论的浪潮冲倒的，中国会发生革命。假如中国政府倾倒了，唯一的结果就是共产党将会在中国占优势。这就意味着，日本不可能与中国议和，因为共产党是从来不投降的。蒋委员长要求我对于我今天采取的步骤严守秘密。

月初 卫立煌从忻口败退到太原，日军又从榆次包抄太原，卫对如何保卫住太原犯愁。周恩来见到卫说，在失败的时候要看到光明前途，坚持长期抗战，不在于一城一地之得失，只要继续抗战，不动摇，不妥协，实行全民总动员，进行民主改革，将孙中山的革命三民主义付诸实施，最后定能改变不利的形势，在战场上取得主动权。

11月12日 毛泽东在延安党的活动分子会议上作了《上海太原失陷以后抗日战争的形势和任务》的报告，指出，目前形势是处在片面抗战到全面抗战的过渡期中。当时日本暗派代表与国民党代表秘密谈判，加紧诱降活动。国民党统治集团妥协投降的态度日益抬头，在共产党也有一部分人产生了右倾麻痹思想，如在统一战线工作中对国民党的无原则的迁就，对国民党的阴谋诡计缺乏警惕等，毛泽东针对这些情况指出，“在党内反对阶级对阶级的投降主义，”在一切统一战线工作中必须密切联系到独立自主的原则，因为“统一战线中的独立自主”这个原则的说明、实践和坚持，是把抗日战争引向胜利之途的中心一环。“在全国，反对民族对民族的投降主义。”还指出，在抗日民族统一战线内部存在左、中、右三种不同的集团。共产党领导的工人、农民、小资产阶级是左翼集团；民族资产阶级和上层小资产阶级是中间集团；大地主大资产阶级是右翼集团，他们是民族投降主义的大本营。因此，共产党要坚持抗日统一战线，必须坚持统一战线中的独立自主原则，必须坚决地反对民族投降主义，并且在这个斗争中，扩大和巩固左翼集团，争取中间集团的进步和转变。毛泽东的报告，在党内及时敲起了反对右倾机会主义的警钟。

同日　上海沦陷，被日寇占领。

11月16日　周恩来在《目前抗战危机与坚持华北抗战的任务》文章中指出，由于国内外妥协调解空气渐渐抬头而发生了汉奸政权的活跃、投降主义的生长、特殊化思想的增长、失败主义情绪的发生。要消灭这一切现象就必须坚持抗战到底。对于怎样坚持华北抗战，提出了四项主张：（一）改造旧军成立新军，建立政府工作制度；（二）开放政权，实行民主政治，应该团结全华北的抗日人民，不论何党何派何军，均应容纳他们的代表，来共同担当国事；（三）开放民运，要宣传民众、发动民众、组织民众、武装民众，共同担当华北的持久的游击战；（四）肃清汉奸，坚决反对投降主义。

11月20日　国民政府发表宣言：国民政府兹为适应战况，统筹全局，长期抗战起见，本日移驻重庆。26日，国民政府主席林森率部抵达重庆。

11 月 26 日 杨虎城抵香港准备回国参加抗日。杨是 10 月 29 日由法国启程回国的。

11 月 宋庆龄对于共产党和国民党的重新合作表示热烈的支持，发表了《关于国共合作的声明》，指出："共产党是一个代表工农劳动阶级利益的政党。孙中山知道没有这些劳动阶级的热烈支持与合作，就不可能顺利地实现完成国民革命的使命。"并强调指出，国难当头，应该尽弃前嫌。必须举国上下团结一致，抵抗日本，争取最后胜利。

12 月 2 日 蒋介石在南京召集高级将领顾祝同、白崇禧、唐生智、徐永昌等开会，商讨对日本提出的七项条件的态度。蒋介石表示：（一）德国之调停不应拒绝，并说如此尚不算是亡国条件；（二）华北政权要保存。会后，蒋介石接见陶德曼，表示：（一）可以将日本所提条件作为和平谈判的基础；（二）华北的主权完整和行政独立不得侵犯；（三）在和谈中由德国任中介人。蒋还要求日本政府对初步谈判，特别是条件，要严守秘密。

12 月 6 日 汪精卫在汉口主持召开国防最高会议第五十四次常务委员会会议，决定接受德国驻华大使陶德曼调停，实现中日和平。

12 月 9 日 徐特立和王凌波抵长沙，设立办事处，徐特立为十八集团军高级参谋、八路军驻湘代表；王凌波为八路军驻湘通讯处主任、新四军驻湘办事处主任。

12 月 13 日 日本侵略军占领南京。沦陷前，沈钧儒、沙千里、孙晓村、刘清扬等救国会负责人，由八路军办事处派汽车送到江边，用专轮送过江，登上冯玉祥的专车离开南京。

12 月 14 日　由日寇一手扶植的傀儡政权“中华民国临时政府”在北平成立。汤尔和、董康、王克敏、朱深、王揖唐、江朝宗、齐燮元、高凌蔚充任委员。王克敏、王揖唐、董康、齐燮元、朱深为常务委员。

12 月 15 日　毛泽东致函抗日军政大学九队，指出救亡是全国人民在现阶段上唯一的总目标。唯有统一战线才能达到救亡之目的。

12 月 18 日　朱德、彭德怀、任弼时、邓小平以第十八集团军分会的名义发出训令，指出：“巩固民族统一战线，是我们工作的中心与方针。在山西方面的地方工作中，必须注意尽量取得到与山西当局及地方政府、民众团体与附近友军的协同与合作。”

12 月 21 日　日本外相广田向德国驻日大使狄克逊面交日本内阁会议通过的关于中日和平解决的基本条件：（一）中国政府放弃反日、反满政策，与日、满合作共同反共；（二）在必要地区设立非军事区和特殊政权；（三）日、德、中缔结经济合作协定；（四）中国应对日本赔款。如果中国政府接受上述条件，必须表现出实行防共的诚意，并在一定期限内派遣媾和使节到日本所指定的地点进行淡判。后来，由于日本政府更迭，与蒋介石政府的联系暂时中止。

12 月 22 日　黄炎培在长沙访晤即将飞赴新疆的朱印泉，劝朱向盛世才建议三事：（一）日寇自包头进兵宁夏，压近马家军，盛宜为马后盾；（二）盛世才宜介苏联为马后盾；（三）共产党与马家军间宜为调解。

12 月 25 日　中共中央为巩固国共两党精诚团结，贯彻抗战到底，争取最后胜利，特发表《对时局宣言》。宣言说，蒋介石先生 12 月 16 日告全国国民书所提出之“贯彻抗战到底”“争取国家民族最后之胜利”之主旨，与本党目前对时局的基本方针，正相符合。指出：目前最大难关，在于日寇“以华制华”的企图和汉奸托派破坏我民族力量团结的阴谋。抗日力量的更加团结，实为挽救时局的中心关键，团结的根本方策，在于巩固和扩大抗日民族统一战线，而巩固和扩大的中心环节，则为巩固国共两党的亲密合作。宣言最后提出了动员全国力量坚持长期抗战，充实全中国统一的国民政府，吸收抗日各党派各团体代表参加政府工作等六项政策。

12 月 27 日 周恩来在武汉同东北军将领黄显声及王化一作深夜长谈，周恩来谈了三个问题：（一）分析上海、太原、南京失陷后的抗战形势，批判汉奸、投降派的卖国行为和蒋介石片面抗战的荒谬论调；阐述共产党毛主席的全面抗战主张，强调全国一致，团结所有爱国力量，避免摩擦，共同对敌。（二）估计敌我力量对比，说明八路军及游击武装和群众在抗战中的重要作用，确信最后胜利属于中国人民。（三）西安事变后东北军及东北爱国人士的情况及出路，也谈到了东北救亡总会应起的作用等方面的问题。

12 月 28 日 八路军驻湘代表徐特立在长沙访晤黄炎培，阐述中国共产党决与中国国民党合作到底，拥蒋到底，并谈论国际大势。黄炎培说：立国要有力量，能自立，但同时要有朋友，不可孤立。事后，黄炎培应邀到湖南省政府与张治中会谈时事，黄炎培讲述欲抗战到底，必须国共切实合作的主张，并希望张治中遇事处以公正，任何党派不为偏袒。

12月30日 杨虎城随蒋介石的特派代表，只身由香港乘飞机回国。回国后即被蒋介石囚禁。

12月 9日至14日，中共中央举行政治局会议。王明于11月底刚回到延安，在会上作了《如何继续全国抗战与争取抗战胜利呢?》的报告。他指责中共中央在抗战爆发后对国民党的“进步”认识不够而妨碍统一战线的进一步发展，否定洛川会议关于共产党在统一战线中的独立自主原则，特别反对毛泽东在《上海、太原失陷以后抗日战争的形势和任务》的报告中的基本观点。王明在报告中，完全抹杀抗日民族统一战线中不同阶级集团的存在，认为抗战时期国内政治营垒没有左派、中派、右派之分，“主要地是以抗日降日为分野”。他否定共产党的“有团结，有斗争，以斗争求团结”的坚持和发展统一战线的正确方针，主张“一切经过统一战线”、“一切服从统一战线”，实际上是一切经过国民党，一切服从国民党。他提出“建立真正统一指挥、统一纪律、统一武装、统一供给和统一作战计划”的部队，实际上企图把共产党领导的人民军队“统一”给国民党。他还认为，国民党政府已经开始起到了统一的国防政府的作用，主张“共产党员及一切反日派别中有威望有能力的代表加入国民政府”，热衷于到国民党政府中去做官，把人民的抗日救亡运动完全置于国民党的控制之下。王明的这一套主张，根本错误是放弃无产阶级在抗日民族统一战线中的领导权，在统一战线问题上实行右倾投降主义。王明打着传达共产国际和斯大林指示的旗号，迷惑了与会的一些同志。但因毛泽东等的抵制，这些错误意见没有能形成决议。25日，王明擅自以中共中央名义发表《对时局宣言》，意在屈从国民党片面抗战，提出右倾投降主义的六大纲领，而从党的《抗日救国十大纲领》所确定的目标后退。27日，王明发表《挽救时局的关键》一文，就是着重阐明这种意图。虽然以王明为代表的右倾投降主义路线未成为在党内占统治地位的路线，但是它给局部地区和个别方面带来了严重危害。

本月 沈钧儒、李公朴和柳湜在武汉创办了《全民周刊》，提出加强全民族的统一战线，将单纯的政府与军队抗战，转变为全面的、全民族的抗战，以克服当前的民族危机，作为它的基本任务。

本月 中华民族解放行动委员会负责人黄琪翔、章伯钧、彭泽湘、彭泽民等人，分别从南京、安徽、香港会聚汉口。彭泽民联络冯玉祥、李烈钧、李公朴、王造时等极力谋求实行民主改革，发展抗日力量，因而遭受蒋介石、汪精卫的不满。

冬 许士林、陈晓初等人到武汉后组织“黎明救亡剧团”。中华民族解放行动委员会吸收他们入党后，剧团改名“黎明抗敌剧团”，许士林任团长，演唱抗日剧和抗日歌曲，进行抗日宣传活动。武汉撤退前，被国民党政府勒令停止活动。

本年 胡愈之在《抗战》三日刊第十五号刊上发表《谨防疫病》一文，针对当前中日间的和谈妥协阴谋活动，提醒人民警觉，他指出：“妥洽是一种疫菌”，“抗战开始后它潜着”，遇到一定条件“就会活跃起来”，因此，必须“谨慎防范，正象夏秋间同我们必须打防疫针一样，我们现在应该赶快加强民众组织，肃清汉奸意识，同时对外表示中国抗战决心，以防疫病——妥洽和平论——的流行”。

一九三八年

1月11日 晋察冀边区军政民代表大会在冀西阜平召开。经民主选举成立了晋察冀边区临时行政委员会。选举宋劭文、聂荣臻、刘奠基、吕正操、胡仁奎、李杰庸、孙志远、张苏、娄凝光九人为委员。它代表着边区三十九个县政权和一千多万人民，中心区域在平绥、平汉、同蒲、正太四条铁路之间，具有重要的战略地位。这是敌后第一个由共产党领导的统一战线性质的抗日民主政权。

同日 在国民党统治区武汉，公开出版发行了中共中央机关报《新华日报》。

1月12日 下午3时至5时，周恩来在黄显声将军的武汉寓所，同黄显声、王化一谈话，专门商谈营救张学良将军的问题，周恩来分析了西安事变在抗战中所起的积极作用，表示对张的安全极为关切，他希望东北军及东北人士利用各方面人士关系，了解张学良的情况，由各方面进行营救。

1月13日 朱德和彭德怀、卫立煌、阎锡山等乘火车赴河南洛阳。途中，朱德与卫立煌诚恳谈心，讲述了自己的身世，给卫立煌留下了深刻的印象。

1月14日 晋察冀边区军政民代表大会发表致国民党政府主席林森、军事委员会委员长蒋介石及全国各党派的大会通电，说大会中充分地表现了统一战线的巩固，这一巩固给那些拆散中国抗日民族统一战线的日本帝国主义及汉奸卖国贼以致命的打击。表示边区在国民政府主席、军委会委员长及第一、第二战区司令长官领导下，完成收复平津、收复华北、收复一切失地，驱逐日寇出中国的神圣的民族革命战争的任务。

1月16日 日本政府发表声明："帝国政府今后不以国民政府为对手，而期望真能与帝国合作的中国政权的建立与发展，并将与此新政权调整两国邦交，协助建设复兴的新中国。"对国民党进行分化，鼓动亲日派建立亲日傀儡政权。

1月18日 日本御前会议通过《处理中国事变的根本方针》，提出：如果国民党政府拒绝接受日本所提条件，对日求和，日本今后不再以国民党政府为解决事变的谈判对手，将扶植成立新的中央政府。

中旬 蒋介石在洛阳召集第一战区和第二战区师长以上军官开会，蒋介石宣布：中国还要和日本打下去，虽然上海、太原、南京也失陷了，但是中国政府不议和，不屈服、要继续抗战，把日本侵略者赶出中国去。但蒋讲的仍是国民党政府的片面抗战，不提全面抗战，也不给共产党及其他抗日党派的合法地位。朱德总司令率彭德怀副总司令及林彪、刘伯承、贺龙三个师长参加了会议。

1月31日（农历春节） 卫立煌、李默庵、郭寄峤来第十八集团军总司令部向朱德、彭德怀拜年。总司令部召开欢迎会，朱德在会上致辞，赞扬他们在忻口战役中建立的功绩。会后由西北战地服务团演出了以抗日为内容的文艺节目。卫立煌看了非常欣赏，表示在自己部队里也要组织一个战地服务团，作为学习八路军经验的第一步，并要求朱德给他介绍一些人才。朱德欣然同意。

1月　乡村建设派首领梁漱溟到延安访问，同毛泽东长谈两个夜晚。第一晚，主要谈抗日前途问题，梁表示失望和悲观，毛泽东十分肯定地说，中国抗日前途大可不必悲观，最终中国必胜，日本必败，只能是这个结局。第二晚谈建设新中国的问题，两人分歧较大，毛泽东对梁漱溟送的《乡村建设理论》写了一条条批语，并说梁总的主张是改良主义的道，不是革命的路。改良主义解决不了中国的问题，中国的社会需要彻底革命。在阶级斗争问题上，两人发生争论。梁说中国的社会贫富贵贱不鲜明、不强烈、不固定，因此，阶级分化和对立也是如此。毛泽东强调说中国社会有其特殊性，但中国社会却同样有着与西方社会共同性即一般性的一面，说梁太看重了特殊性一面而忽视了共同性一面。

本月　黄显声将军在武汉的东北军中下级军官集会上讲话，揭露"蒋介石不真心抗日，他说的抗日是敷衍舆论"，指出：我们除参加革命外，别无它途。蒋介石穷凶极恶的狰狞面孔已完全暴露，我们还不赶快从中吸取教训，寻求更生的道路，还待何时！

年初　中华民族解放行动委员会的负责人彭泽民在武汉，因主张实行民主政治，团结各党抗日，遭到蒋介石等人的排斥，返回香港创办《抗战华侨》刊物，对海外华侨进行“爱国保乡，团结抗日”的宣传。

年初 国民党上海市党部负责人吴开先潜伏于上海，代表蒋介石和日本侵略军联络，吴不便露面，即委托彭文彰同日本人接触。

年初 中共中央派曾三、程子华等到榆林，同第二战区北路军总司令傅作义商谈双方合作抗日事宜。之后，傅作义派周北峰去延安拜访毛泽东及中共中央其他领导人。

2月1日 中华民族解放行动委员会机关周刊《抗战行动》在汉口创刊。麦朝枢为主编，杨清源为发行人；创刊词说其主旨是本民族至上、民主至要，发挥民意，抒陈有利于民族国家的政见。

同日 中国民族解放行动委员会负责人章伯钧发表《抗战与团结》文章，他说：中国共产党为完成统一团结抗日，发表了“划时代”的重要宣言，蒋介石发表了有重大历史意义的讲话，此为吾人共同庆祝与必须拥护之光明的转变。他要求国民党应接纳各党派的政治要求，商定全国一致遵守的抗日行动纲领，建立共同参加的政治机构、开放党禁，放弃党外无党的传统观点，使孙中山的革命主张具体实践。

2月2日 黄显声将军在武汉寓所被军统逮捕。

2月17日 朱德赴临汾土门和阎锡山、卫立煌会晤，根据蒋介石关于第一、第二战区即日反攻的命令，共同制定作战计划。会晤期间同卫立煌多次长谈，并鼓励阎锡山坚持抗战，“旧军垮了，可以积极组织新军”，不要退到大后方去。

本月 中华民族解放行动委员会的负责人章伯钧在武汉同

董必武会谈了该党在安徽省桐城由吴健东率领的“皖中人民抗日义勇军”同当地新四军发生的矛盾问题。随后，章伯钧、彭泽湘同周恩来、王明举行正式会谈，双方一致同意今后应密切合作，共同抗日。这次会谈，使第三党负责人受到了教育和鼓舞，为以后进一步靠扰中共奠定了政治思想基础。

本月 国民党惧怕共产党在其统治区的文化宣传扩大影响，蒋介石、汪精卫批准了周佛海、陶希圣等的献策，成立了和中共对抗的灰色文化团体“艺文研究会”，任命周佛海、陶希圣、陈立夫、陈果夫、曾养甫、张道藩、丁默邨、张国焘为干事。该社以付稿费名义收买文化界人士。蒋介石密谕该会每月津贴青年党、民社党。汪精卫、周佛海叛国出逃后，蒋立即下令停止该会经费。

本月 周恩来任国民政府军事委员会政治部副部长，郭沫若任政治部第三厅厅长。第三厅在周恩来的直接领导下，团结和组织进步文化界人士，做了大量抗日宣传工作，开展抗日救亡运动。

本月 吴玉章、陶行知、李石曾、王礼锡代表世界反侵略大会中国分会，经伦敦出席世界反侵略大会。吴玉章在会上作了《中国抗日战争的新阶段》的报告。

3月1日 中共中央向国民党临时全国代表大会提议：(一)巩固和扩大各党派的团结，建立一种包括各党派共同去参加的某种形式的民族革命联盟，即由各党派、各团体拟定一个统一战线纲领，作为各方宣传鼓动共同遵守的方针，同时由各方代表组成一个由上而下的统一战线组织，以规划抗日救国的大计和调解各党派、各团体间的关系。而参加联盟的各党派仍保持其政治上和组织上的独立性。(二)健全民意机关,此机关要不仅真有建议权和对政府咨询的作用,而且能有商量国事和计划内政外交的权力。(三)动员全国广大民众积极参加抗战,将工、农、军、商、学各界,根据其职业地位而组织各种职业联合团体。已有组织的群众团体,加以健全和充实,尚无组织的民众,组织在各种群众团体内,造成统一的群众运动和统一的群众组织。并且希望国民党中央委员会和临时全国代表大会,将以上提议,列入临时全国代表大会提案。

同日 中华民族解放行动委员会在汉口召开第二次临时代表会议。参加的有章伯钧、彭泽湘、张云川、何世琨、李士豪、王一帆、郭翘然、丘哲、朱代杰、万灿等二十余人。邀请周恩来、叶剑英、秦邦宪与会。会议由章伯钧、彭泽湘主持,会期一天。会议通过了《中华民族解放行动委员会抗日战争时期的政治主张》有十五项,强调全国上下,不分党派,共同抗战,扫除官僚主义,实行民主,建立民意机关,保障人民自由权力,取消保甲制度,各民族一律平等,没有再提反对蒋介石和实行土地改革的主张。

3月15日 中共中央作出《关于大量发展党员的决议》,提出:为了担负起扩大与巩固抗日民族统一战线以彻底战胜日本帝国主义的神圣的任务,强大党的组织是必要的。打破在统一战线中忽视党的发展,以为党的扩大无足轻重,甚至于取消党的发展的严重倾向。要宣传有了强大的党才能有强大的统一战线的真理。

3月25日 中共中央致国民党临时全国代表大会电,指出在全国人民面前,当前最中心的任务,就是如何加强全国团结,不屈不挠，坚持抗战到最后胜利。并且建议：继续动员全国武力、人力、财力、物力，为保卫西北、武汉而战；继续扩大和巩固抗日民族统一战线；继续扩大和巩固国民革命军，加强军队的政治工作；继续改善政治机关，召集真能代表全国民意的、全权的国民大会；继续动员全国人民，颁布在民族统一战线方针下言论、集会、结社、出版、信仰自由的民主法令等等。

3月27日 为了广泛地团结作家和建立文艺界的抗日统一战线，在共产党的推动下，中华全国文艺界抗敌协会在汉口成立。大会通过了宣言，选出郭沫若、茅盾、夏衍、田汉、郁达夫、郑振铎等45人为理事，并选举周恩来、孙科、陈立夫等人为名誉理事。"文协"先后在成都、昆明、延安、上海、桂林、广州、贵阳、香港等地建立了分会，并发行了会刊——《抗战文艺》。

3月29日至4月1日 国民党在武汉召开了临时全国代表大会。大会主要议案是通过了《抗战建国纲领》，选举蒋介石为总裁，汪精卫为副总裁；决定组织三民主义青年团；增设中央调查统计局；决定召集国民参政会，并发表了宣言。宣言表示："此抗战之目的，在于防御日本帝国主义之侵略，以救国家民族于危亡。""中国若忧于日本之暴力，以屈服谋一时之苟安，则将降为日本之殖民地，民族失其生存独立，国家之自由平等更无可望。"纲领内容包含有关抗日战争的军事、政治、经济、外交等各方面的政策，特别是规定了加紧军队的政治训练，加强完成地方自治条件，推行战时税收，发展农村经济，对人民言论出版、集会、结社应当予以合法之保障等。《抗战建国纲领》与共产党的《抗日救国十大纲领》相比，则有原则区别和分歧，但是与抗战前国民党的国策相比，无论是从对外的抗日政策方面还是从对内的政治开放方面，均有相当大的进步，在当时日军大举进攻的形势下，《抗战建国纲领》对推动国民党的抗战起了一定的积极作用。

蒋介石在致闭幕词中表示，对于国内各党派，国民党“要以先驱前导的地位，尽到提絜共进的责任”，“要拿‘以大事小’的道理来对待各派”。在大会通过的《统一革命理论肃清政治斗争之意识案》中，也说“由中央宣传部重申本党容纳各党各派之立场，并制定以民族统一阵线为理论中心之抗战时期宣传纲领，颁发党内外宣传机关，切实遵照”，但又要各党各派服从国民党和国民党政府的法令、“在一个信仰、一个领袖、一个政府之下”，不准批评其错误政策。

3月29日 中华民族解放行动委员会对国民党全国临时代表大会，发表了《对于国民党的希望》的宣言，希望国民党接纳各方面的政治要求，反省过去在政治设施上的缺陷，根据中山先生遗教，确定全国一致遵守的政治纲领，其内容要规定人民必须有的民主权利，设立民意机关，并赋予必须之政治权力，确定国民党对政府及各党派的法律关系，以及战时经济政策和外交政策等。

3月 李宗仁指挥国民党军队在台儿庄与日军激战，歼敌七千余人，取得重大胜利。

本月 蒋介石数次约见中华民族解放行动委员会负责人章伯钧、彭泽湘，交换对时局及成立国民参政会的意见，未获结果。最后，章伯钧向蒋介石提出彭泽湘、彭泽民、章伯钧三人为第一届国民参政会参政员。事后为汪精卫所反对，只发表章伯钧为参政员。

本月 中华民族解放行动委员会负责人章伯钧发表题为《国际形势与中国抗战》文章。他认为:中国抗战所应坚持的最高战略,即为变中日战争为国际战争的总路线。中国民族之最后的生路,亦只有在国际现局之总崩溃的形势下,得到最确实的保证。

春 何香凝到参加淞沪抗战的张治中第五军部住下,慰问抗敌将士,慷慨赋诗:"倭奴侵略,野心未死,既据我东北三省,又占我申江土地,叹我大好河山,今非昔比。焚毁我多少城市,惨杀我多少同胞,强奸我多少妇女,耻! 你等是血性军人,怎样下得这点气?"

春 卫立煌率所部四个军十几万人在山西义县一带抗击日军,由于指挥失误被日军追至黄河边上,损兵八个旅,所余四个旅走投无路,卫束手无策。时八路军一一五师三四三旅六八五团二营营长周长胜,奉杨得志之命到敌后运采煤机,路经卫部,向卫建议南北突击,插到敌人侧翼,保存实力。卫连称好计谋,卫突围后到一一五师对代理师长陈光说,多亏你们八路军救了我。

春 徐特立在长沙获知原工农红军抗日先遣军参谋长乔明信等三十余人,从江西监狱移到长沙关押,前往探望,向他们讲了国共合作一致抗日的新形势和党的抗日政策,并鼓励说:"太阳快出来了,天就要亮了!"随后开出名单,要求国民党当局立即释放。国民党反而将乔等转移,徐直接找国民党湖南省主席张治中交涉,乔明信等人终于从桃源监狱获释出狱。

夏初 叶剑英到广州,中华民族解放行动委员会郭冠杰、郭翘然等请他在"哥伦布"餐厅共进午餐。叶剑英向他们介绍了西安事变的经过及中国共产党的抗日政策。

4月6日 国民党五届四中全会在武汉召开,8日结束。全会通过了《国民参政会组织条例》等决议案,参政会实际上只是个咨询性机关,对国民党政府没有约束力。额定参政员总数为150人。

4月12日 国民党政府公布了《国民参政会组织条例》规定了国民参政会的性质、职能和组织机构。其中最主要几条是:"在抗战期间,政府对内对外之重要施政方针,于实施前,应提交国民参政会决议;国民参政会得提出建议案于政府";"国民参政会有听取政府施政报告暨向政府提出询问案之权"。国民参政会的一切决议必须经国防最高会议通过,它对国民政府无任何的束力。它是国民党在抗日的各阶级、各党派,反对国民党一党专制,要求民主呼声的压力下,所采取的一项既作出开放民主的姿态,又坚持国民党一党专制的措施。但是,国民参政会的设立,对于一向不许其它党派和广大人民过问国事的国民党来说,毕竟是一种进步的表现。

4月13日 国社党代表张君劢写信给蒋介石和汪精卫,对国民党临时代表大会宣言,表示:同人等捧读之下,怦然有动,岂敢不勉竭愚诚,冀赞盛业。并声明承认国民党的领导,遇事商承。

4月17日 卫立煌率第二战区前方总部人员从延水关到延安,毛泽东在会见卫时,谈了国共合作的重要性,指出目前投降阴谋活动,是一种很大危险。希望卫能帮助催促国民党主管部门发给八路军军需品。卫到西安后,手令:"即发十八集团军步枪子弹一百万发,手榴弹25万枚",还发给了180箱牛肉罐头。

4月4日　邓宝珊趁去武功参加会议之便,由榆林经过延安,中共中央备极礼遇,毛泽东和邓作了长时间的谈话,对邓后半生所选择的道路有很大影响。

本月　中华民族解放行动委员会在汉口创办中央机关报《前进日报》,由彭泽湘负责,实际工作负责人有方荣欣、汪盈科等人。该报主要是宣传抗日与民主,强调"要民主才能团结,要团结才能胜利"。重要政论文章由章伯钧、彭泽湘、朱代杰、邹静陶四人撰写。武汉撤退后停刊。

5月14日　中共中央书记处给长江局、东南局及项英同志发出关于新四军行动方针的指示,要到敌人后方去发展,在大江以南创立一些模范的游击根据地,还必须向党的干部解释目前斗争形势与过去有根本区别,因此,工作方法与方式与过去有根本不同。要他们在大胆向外发展与积极的抗战行动中,来扩大与巩固统一战线,争取更多同情者在自己的周围,同时扩大与巩固自己的力量。

5月15日　针对国民党的阴谋破坏,陕甘宁边区政府、第八路军后方留守处发表布告,边区内一切已经分配过的土地房屋和已经废除过的债务,不准擅自变更;各种抗日的军事、政治、经济、文化等组织及其他民众团体,予以保护;从外面进入边区的人,未经同意一律禁止其活动;准许人民告发各种破坏分子,并予处置。

5月25日　下午3时,周恩来、陈绍禹、秦邦宪、吴玉章假武汉一江春大礼堂举行茶会,招待世界学生代表团。周恩来首先致欢迎词,黄炎培亦到会讲话,他说对日抗战不仅是自卫,也是为人类除公共之毒物,是最高尚的神圣的义务。

同日 黄炎培、沈钧儒举行夜叙餐会,周恩来、陈绍禹、秦邦宪、吴玉章、张君劢、胡石青、曾琦、左舜生、李璜、邹韬奋出席。

6月3日 周恩来等人连夜开会研究国民党通讯社发表的国民党中央监察委员会决定恢复毛泽东、周恩来、吴玉章等的国民党党籍的问题,并向国民党交涉不准在报纸上登出。次日,派吴玉章往重庆处理此事,根据报纸已经登出的情况,吴向各报社负责人发表谈话,表示:国民党的这一决定我们不能接受,因为两党关系是否恢复民国十三年的办法尚未商定且事前亦未征求我党中央及我们的意见。张继得悉后,向吴玉章承认错误,由国民党中央委员会间接取消此事了结。

6月15日 周恩来在汉口举行夜叙餐会,出席的有陈绍禹、秦邦宪、张君劢、胡石青、曾琦、李璜、沈钧儒、梁漱溟、江问渔、黄炎培。

6月21日 国民党政府公布第一届国民参政会参政员名单,共200名。共产党及中间党派的名额被列入"文化团体"、"经济团体"之中。其中国民党员89名,占44.5%;共产党员7名,占3.5%;青年党7名,占3.5%;国社党6名,占3%;社会民主党1名,占0.5%;中华民族解放行动委员会1名,占0.5%;无党派89名,占44.5%。共产党参政员有毛泽东、林伯渠、吴玉章、邓颖超、陈绍禹、秦邦宪、董必武。中间党派的有沈钧儒、梁漱溟、陈嘉庚、史良、张申府、章伯钧、黄炎培、罗隆基、张奚若、杜重远、许德珩、邹韬奋、谭平山、冷遹、江恒源、褚辅成、陶行知、张东荪、王造时、张澜、李中襄、王葆真、周士观、莫德惠、张君劢、左舜生、杨赓陶、晏阳初、李璜、曾琦、罗文干、吴贻芳、王立明、余家菊、陈启天、王卓然等。

6月29日 在各党派聚餐会上，林伯渠、罗隆基、曾琦、沈钧儒、黄炎培被推为参政会整理议案。

6月30日 国民党政府军委会政治部以煽动兵工厂罢工嫌疑拘捕李公朴。黄炎培致电陈诚，要求保释，电文说：弟交公朴10年，其长其短，知之差深，但其不致有妨碍抗战行为，吾敢确信。倘荷见许，炎培愿以身家保证。

6月 宋庆龄组织“保卫中国同盟”，向国外和华侨宣传抗日运动，募集医药和其他物资，介绍国际友人组织的医疗队到敌后抗日根据地参加战时救护工作。

7月3日 参政员陈博生、王亚明、秦邦宪、马乘风、陶希圣、陈绍禹、刘百闵、黄炎培邀请40余人谈话，由黄炎培主持，商谈建议案问题。

同日 朱德在八路军总部直属干部会上作《八路军抗战的一年》的报告，总结抗战一年来的经验教训，指出：“共产党的真诚，在一年以来推动大家走上真正团结的道路。”“有人说主义、阶级、党派的冲突不可避免，但在世界大潮流中，民族的冲突大于阶级的冲突。”今后的“中心工作还是统一战线”，“要用一切方法巩固统一战线，才能胜利”。

7月5日 中共参政员毛泽东、陈绍禹、秦邦宪、林伯渠、吴玉章、董必武、邓颖超发表对国民参政会的意见。表明对国民参政会的看法、国民参政会应解决的问题和对国民参政会的态度。指出：国民参政会将于日内开会，虽然表示着我国政治生活向着民主制度的一个进步和我国各党、各民族、各阶层、各地域的团结统一的一个进展。虽然在其产生的方法上，在其职权的规定上，国民参政会还不是尽如人意的全权的人民代表机关，但是并不因此而失掉国民参政会在今天作用与意义——进一步团结全国各种力量为抗战救国而努力的作用，企图使全国政治生活走向真正民主化的初步开端的意义。所以我们共产党人除继续地努力于促进普选的，全权的人民代表机关在将来能建立外，将以最积极、最热忱、最诚挚的态度去参加国民参政会的工作。并且宣布："国民参政员是人民的公仆，是人民的使者，是人民的代表，我们将忠实地遵循人民的训示和人民的意志而努力工作，我们将确定地为中国人民的意志、愿望和要求的实现而奋斗。"

7月6日 第一届国民参政会第一次大会在汉口正式开幕。出席的参政员136人，来自各省市、各党派团体、少数民族和海外华侨，都是由国民政府指派的。其中国民党代表88人，共产党代表只有毛泽东（未出席）、陈绍禹、秦邦宪、林伯渠、董必武、吴玉章、邓颖超七人。其他党派人士章伯钧、王造时、黄炎培、史良、邹韬奋、沈钧儒、罗隆基、许德珩、杜重远、王云五、谭平山、梁漱溟等也出席了大会。大会确定了"抗战到底，争取国家民族之最后胜利"的国策；通过了《拥护抗战建国纲领案》、《改善各级行政机构案》、《设立省县参议会案》、《实现民主政治案》、《抗战时期改善民主案》等。大会宣言指出，各党各派要"舍小异而趋大同，翊赞统一，共同救国"。大会对如何普遍地发动和组织广大民众积极参战和如何坚持抗战以及保障各个抗日党派合法存在等问题没有得到解决。国民参政会作为具有初步民主形式的民意机关，为共产党和民主党派反对国民党独裁统治，展开合法抗日民主运动，提供了某些方便条件。

开幕前几天，傅斯年、梁实秋对吴玉章说，孔祥熙昏庸无能，且多劣迹，准备提出弹劾孔祥熙案，想由汪精卫代替。中共参政员研究后，认为孔虽不好，汪更坏，提出该案对团结抗日不利，决定不予支持。参政员许德珩等支持中共参政员的态度，结果取消了此案。

7月7日　参政员、中华民族解放行动委员会负责人章伯钧在国民参政会上发表《对国民参政会的意见》。他说，对于国民参政会的组织，是赞成的。提出应当确定各在野党派参加国民参政会，由其自行推选参政员，参政会得到制定法律之权，要保障参政员的权利。

7月8日　国民参政会教育文化审查会召开第一次会议，由召集人黄炎培主持，审查邹韬奋所提改善青年训练案。10日，继续审查，结果保留。

7月9日　蒋介石举行招待茶会，并发表演说，谓战事绝对有把握。黄炎培应邀赴会并将写给蒋介石"揭发政府与社会间积弊"函件面交蒋介石。

7月15日　日本政府五相（首相、外相、藏相、陆相、海相）会议通过《建立中国新中央政府的指导方针》，决定最快使临时、维新两个傀儡政权合作，建立联合委员会，并使傀儡政权蒙疆联合委员会与之联合。同时吸收各种亲日势力组建中央政府。如果国民党政府改组或蒋介石下野，也把它作为组成新中央政府的一个成员。

同日 国民参政会一届一次大会休会期间驻会委员被推选25人，其中有中间党派的沈钧儒、张君劢、罗隆基、左舜生、梁漱溟、曾琦。

7月18日 黄炎培在汉口访晤董必武，进行了长时间的交谈。

7月 蒋介石要国民党军委会政治部部长陈诚通过该部副部长黄琪翔的介绍，两次找章伯钧、彭泽湘，要求中华民族解放行动委员会自行取消组织，与国民党合作组织三民主义青年团，均被章伯钧拒绝。后来，蒋介石又叫陈公博找到彭泽湘，要彭提出解散组织的条件，彭也拒绝了。

本月 沈钧儒、李公朴和柳湜主办的《全民周刊》与邹韬奋主办的《抗战》三日刊合并，在武汉出版《全民抗战》三日刊，继续进行抗日宣传，深受群众喜爱，每期发行量达三十万份。

本月 中华民族解放行动委员会发表《抗战时期的政治主张》15条，呼吁全国上下，不分党派，共同抗日。目前第一等重要任务，是政治大改革，切实实现民主政治，使人民有参政的机会，保障人民的自由，取消保甲制度。

8月上旬 朱德到山西垣曲辛庄会晤卫立煌，受到卫立煌的热烈欢迎。他俩单独长谈了两整天。朱德对卫立煌说，八路军已比以前大大地扩充，拟向蒋介石提出增编3个师。卫立煌表示同情。事后他对人说："朱玉阶对我很好，真心愿意我们抗日有成绩。这个人的气量大、诚恳，是个忠厚长者。"

8月21日 朱德给云南省主席龙云写信，希望他在动员西南、西北的人力物力、支持抗战方面作出更大贡献。

同日 朱德给四川绥靖公署主任邓锡侯写信,鼓励他发扬民气,组织民力,在民族解放斗争中起模范作用。

8月22日 朱德从西安出发赴延安,途经洛川转道晋西吉县古贤村和阎锡山会晤。为加强第十八集团军和第二战区司令长官部的联系,和阎协商成立"第十八集团军驻第二战区司令长官部办事处"。还出席阎召开的孙中山总理纪念周会,并在会上讲话,指出只要坚持抗日民族统一战线,团结一致,就一定能打胜仗,日本侵略者是注定要失败的。

8月29日 朱德于本月25日抵达延安。是日在延安抗日军政大学作《一年余以来的华北抗战》的报告。指出:华北抗战能够获得这些胜利,主要是忠实执行了民族统一战线的结果。抗日民族统一战线的扩大和巩固,是争取抗战胜利的主要的条件。今后我们还要动员更多的力量参加抗战。

9月1日 青年党第九次全国代表大会发表宣言:(一)拥护政府抗战,以求最后胜利;(二)促进民主政治,完成各级民意机关;(三)厉行全民总动员,加强抗战力量;(四)在不妨害国家之独立与统一的原则下,联合各党共同奋斗;(五)肃清贪污,解除人民痛苦;(六)策动友邦,实行制裁暴日。

9月4日 张治中从长沙打电报到武汉,向蒋介石提出一项建议,主张承认中共合法地位,允许中共公开活动,以减少无谓摩擦,加强两党团结,以利抗战大业。蒋介石默不置答。

9月5日 第二战区北路军总司令傅作义在河曲召开会议,延安来的南汉宸及在晋西北的罗贵波亦出席会议。会议未作什么报告和通过决议,只交谈和协商了一些问题。这次会议奠定了抗战期间晋陕绥边境的安定局面。会议期间,罗贵波、南汉宸、续范亭、邓宝珊在灯下彻夜交谈,研究协防问题。八十六师政治部主任包介山向傅作义提出周北峰是共产党要傅驱逐。傅说周是阎长官锡山派来的,如有问题,我当送回阎长官。包的阴谋未能得逞。

9月14日 中共中央政治局举行会议,王稼祥传达共产国际的指示和季米特洛夫的意见,认为中国共产党一年来建立了抗日民族统一战线,政治路线是正确的。尤其是毛泽东、朱德等领导的八路军执行了党的新政策,中共在复杂的环境和困难的条件下真正运用了马克思列宁主义;认为中共中央领导机关中要以毛泽东为首解决统一领导问题,中共领导机关要有亲密团结的空气。

9月22日 两个傀儡政权临时政府和维新政府在北平成立中华民国政府联合委员会,王克敏、王揖唐、朱深、梁鸿志、温宗尧、陈群为委员,王克敏为主席。

9月29日至11月6日 中国共产党在延安召开了扩大的六届六中全会。会上,王稼祥传达了共产国际的指示,毛泽东作了《论新阶段》的报告和会议总结,张闻天作了《关于抗日民族统一战线与党的组织问题》报告,朱德作了华北战场的报告,刘少奇作了关于北方局工作和组织工作的报告,周恩来作了中共中央代表团工作报告,陈云作了青年工作报告。全会通过了《中共中央扩大的六中全会政治决议案》,批准了以毛泽东为首的中央政治局路线。全会确定,要不断巩固和扩大抗日民族统一战线,用长期合作来支持长期战争,同时,批判了统一战线问题只讲联合不讲斗争和“一切经过统一战线”的迁就主义，重申全党必须坚持独立自主地放手发动群众，组织人民抗日武装斗争的方针，把党的工作重心放在战区和敌后，大力巩固华北，发展华中。全会强调全党必须努力学习马克思列宁主义原理，把马克思列宁主义和国际经验应用于中国的具体环境、反对教条主义。全会决定撤销长江局，设立中原局和南方局。南方局代表党中央负责同国民党与其他党派的统一战线和党在国民党大后方的其他工作，以及沦陷区和港澳的工作，同时负责华南的抗日游击战争，书记周恩来。这次会议基本上克服了王明右倾投降主义错误，统一了全党的步调，为实现党对抗日战争的领导进行了全面的规划，推动了各项工作的迅速发展。

9月 沈钧儒、王炳南、蒋南翔等人以武汉文化界代表的名义，往武汉前线汤恩伯的三十一军总司令部及关麟征部进行劳军慰问。

10月7日 《新华日报》发表《论目前抗战形势》社论。指出：巩固和扩大统一战线，是克服抗战困难的重要条件之一。国共两党的合作是粉碎敌人分裂中国、破坏团结的最好办法。在统一战线已经形成之后，一切历史的痕迹，应当消失，一切小的摩擦、地方的冲突，某些党部不妥的做法，均应受到批评。只有坚持长期抗战，加强国内团结，才是克服困难，争取胜利的转入敌我相持局面的基本方针。

10月19日 武汉文化界人士在青年会举行鲁迅逝世两周年纪念会，纪念会由郭沫若主持。周恩来在会上发表了讲话，他用“疾风知劲草”来歌颂鲁迅，号召人民在大敌当前的时候，要学习鲁迅的彻底革命精神。

10 月 22 日 朱德飞抵汉口。在周恩来的陪同下,面见蒋介石,详细报告八路军一年多来的战绩,抗日根据地建立的情况以及取得这些胜利的原因。着重指出,只要发动群众武装群众,即使退到重庆也不要紧,日寇是一定能够被打败的！并向蒋报告八路军的人数已达 12 万及其分布情况,要求准予改师为军。还要求成立八路军总部直辖炮兵营,增发八路军经费及弹药。23 日,朱德飞返延安。

10 月 20 日 重庆妇女界在社交会堂聚会欢迎女参政员,请邓颖超、史良、刘蘅静三位参议员讲演,到会者五百余人。

10 月 28 日 中共中央发出《关于广、汉失守后给各级党部的指示》,及时向全党指出,广州失陷,武汉不保,使抗战形势起了新的变化。目前抗战形势,一方面是困难加多,一方面是抗战力量更加团结,统一战线是更多进步。目前任务就是克服困难,团结全国人民力量继续抗战,停止日本的进攻,以准备将来我们的反攻。中央还强调,要巩固国共合作,反对破坏团结统一的挑拨离间的言论和行动。

10 月 28 日至 11 月 6 日 国民参政会一届二次大会在重庆举行,到会参政员 120 余人。中共参政员董必武、吴玉章、林伯渠、秦邦宪、陈绍禹、邓颖超出席,并联合沈钧儒、周士观、左舜生、罗文幹、张一麟、史良、梁漱溟、章伯钧、冷遹、王造时、张澜、褚辅成、张君劢、张申府、王葆真、邹韬奋、陶行知、吴贻芳、罗隆基、许德珩、江恒源、陈启天、杨赓陶分别提出:拥护蒋委员长持久抗战宣言案;为抗战到底,宜由本会决议宣言,请政府明令公布，以防反间而定人心紧急动议案；拥护蒋委员长和国民政府加紧全民族团结、坚持持久抗战、争取最后胜利案；参政会应发表宣言，拥护蒋委员长告全国同胞书，并号召全国同胞，一致奋起继续抗战，以争取最后胜利案等有关坚持持久抗战的重要议案。在参政会内外积极开展反对汉奸投降，迫使蒋介石国民党坚持抗战的斗争下，终于使这次大会合并讨论这几项议案并作出决议："拥护蒋委员长所宣示全面抗战，持久抗战，争取主动之政府既定方针，今后全国国民应在蒋委员长领导之下，坚持抗战，决不屈服，共守弗渝，以完成抗战建国之任务。"

10月　英属马来西亚、缅甸、北婆罗洲，荷属爪哇、苏门答腊、西婆罗洲、巴达维亚，美属菲律宾，法属安南及暹逻等地45个华侨社团联合成立了南洋华侨筹赈祖国难民总会，陈嘉庚任总会主席。

本月　日本侵略军21日占领广州，27日占领武汉后，采取了新的侵华方针，把军事进攻的矛头主要指向解放区，对国民党以反共为诱饵，进行拉拢，实行政治诱降为主，军事进攻为辅的方针，以挑拨国共关系，分化抗日民族统一战线。11月3日，日本近卫政府发表声明："如果国民政府抛弃以前的一贯政策"，欢迎国民党政府参加"建设东亚新秩序"，改变了1月16日声明中"不以国民政府为对手"的方针。12月22日，日本近卫政府再次发表声明，向国民党政府提出所谓"善邻友好"、"共同防共"、"经济提携"三原则。这既是给汪精卫集团提供叛国降日的借口，又是引诱蒋介石国民党政府上钩的诱饵。

11月1日　参政会讨论了参政员陈嘉庚从新加坡发来的电

报提案《官吏谈和平者以汉奸论罪》并由二十名参政员联署提出的《在日寇未退出我国土之前,不得言和案》。汪精卫反对此案,胡说:孙总理常说和平救国,如果谈和平就是汉奸国贼,那么骂总理也是汉奸国贼了。汪的谰言,立即遭到包括中共参政员吴玉章在内的参政员们的痛斥。最后经审查通过将原案改为《敌人未驱出国土之前谈和平者以汉奸论罪》。

11 月 4 日　国民参政会一届二次大会举行第七次大会,讨论并通过参政员邹韬奋所提出的《请撤销图书杂志原稿审查办法,以充分反映舆论及保障出版自由案》。

11 月 5 日　国民参政会一届二次大会第八次会议通过了中共参政员陈绍禹、秦邦宪、林伯渠、吴玉章、董必武、邓颖超同中间党派及群众团体人士张澜、史良、张申府、沈钧儒、王造时、邹韬奋、陶行知、杨赓陶、许德珩、王葆真、章伯钧等参政员分别提出的三项议案。在关于克服困难,渡过难关,持久抗战,争取胜利的提案中指出,将广大民众动员起来成为取胜的无比力量,关键在于政府真正给民众以自由。在严惩汉奸傀儡民族叛徒,以打击日寇以华制华之诡计而促成抗战胜利案中,提出应明令宣布一切傀儡组织为民族败类,人人得而诛之。在加强国民外交、推动欧美友邦人士敦促各国政府对日侵略者实施经济制裁案中,提出选派农工商学妇女职业民众等代表及知名人士若干人,分赴欧美与各友邦政党、民众团体切实联络,实现真正的国民外交。

同日　毛泽东致函邓宝珊,着绥德警备区司令员陈奇涵前往报告防务,并送去中共六届六中全会的报告、决议、宣言等文件。

11 月 6 日 中国共产党扩大的六中全会通过政治决议案，提出：全中华民族的基本任务应该是：坚持抗战，坚持持久战，巩固和扩大抗日民族统一战线，以便克服困难，增加力量，停止敌之进攻，实行我之进攻，以取得最后驱逐日寇出境和建立独立自由幸福的三民主义新中国的光荣胜利。提出，发展国共两党及一切抗日党派、强固抗日民族统一战线，支持长期抗战。为了顺利进行抗日持久战，就必须国共两党长期合作。国共两党合作是抗日民族统一战线的基础，是抗战建国大业完成与胜利的保证。会议决定，中共不在国民党中及其军队中建立共产党的秘密组织。

同日 国民参政会一届二次大会休会期间驻会委员共产生 25 人，其中有中间党派的张君劢、黄炎培、罗隆基、左舜生、李璜。

11 月 11 日 中共陈绍禹、董必武在重庆访晤黄炎培，并深谈。

同日 湖南省政府主席张治中接到侍从室副主任林蔚电话，传谕“我们对长沙要用焦土政策”。旋即接到蒋介石文侍参电：“长沙如失陷，务将全城焚毁，望事前妥密准备，勿误。中正文侍参。”张治中立即召集警备司令酆悌、保安处长徐权，指示办法，并指定警备司令部负责筹备，由保安处协助。警备第二团团长徐昆为正指挥。

11 月 20 日 高宗武、梅恩平与影佑祯昭、今井武夫在沪秘密签订《日华协议纪录》及《谅解事项》，还拟定了响应日本招降声明与逃往河内伺机成立新傀儡政府的行动计划。《协议》规定:(一)中日缔结防共协定,中国承认日军防共驻扎,内蒙地区作为防共特殊区域;(二)中国承认满洲国;(三)日本侨民有在中国居住营业的自由,日本允许废除在华治外法权并考虑归还在华租界;(四)中日经济合作,特别是利用开发华北资源,承认日本有优先权;(五)赔偿日本损失;(六)协议以外的日军于两国和平恢复后,开始撤退,两年撤完。日汪共同承认上述解决时局的基本条件后,汪就待机在云南、四川地区成立新的政府,建立五到十个师的部队。

下旬 朱德抵达吉县会晤阎锡山,对阎和他的部下以及各阶层人士进行工作。在谈话中,多次指出悲观的亡国论是不对的,盲目乐观的速胜论也没有根据。只要全国人民团结起来,有钱出钱,有力出力,有人出人,打败日本侵略者是一定能办到的。

11 月 30 日 朱德、彭德怀对冀南的反摩擦斗争发出指示:硬不破裂统一战线,软不伤政治原则立场。应避免和鹿钟麟发生武装冲突,如他先向我开枪,则给以有力的打击。

11 月 中共北方局派南汉宸、罗贵波到河曲,根据中共中央决定不在友军中发展共产党员的精神,向傅作义提出了在傅部帮助工作的共产党员名单,以便做好统一战线工作。

12 月 1 日 梅恩平由重庆到香港,会见西义显,面告:(一)汪精卫已同意《日华协议纪录》;(二)汪预定于 12 月 8 日离重庆,10 日到昆明,希望近卫于 12 日左右发表声明。西义显也同时通知梅恩平,日本方面对协议纪录也无异议。

12 月 10 日 国社党负责人张君励配合蒋介石解散共产党的阴谋,发表致毛泽东公开信,张以"军队属于国家"为由,要求将八路军的训练、任命与指挥之权,“完全托之蒋先生手中”。再以“一国之内惟有一种法律、一种行政系统”为词,要求中共“取消特区之制”,张在信中还说“先生等既努力于对外民族战争,不如将马克思主义暂搁一边”。张在信中胡说:共产党“自有党军、自有特区,自标马克思主义”是长期合作的“障碍”。国民党将此信印发,进行反共宣传。张君劢因写此信得到了国民党给的钱,办了一所民族学院。

同月 吴玉章在重庆出席陈希豪举行的宴会,商谈民主运动等问题。参加商谈的还有孔文轩、李中襄、王昆仑、邓飞黄、邹韬奋。

12 月 11 日 黄炎培、江问渔、傅孟真、张君劢、左舜生、李璜、罗隆基、曾琦、高惜冰在重庆聚晤,讨论结果推黄炎培、傅孟真、李璜起草致蒋介石的联署函稿。

12 月 12 日 蒋介石在重庆会见中共代表王明、周恩来、董必武、吴玉章,拒绝了中共提出的处理国共两党合作关系的跨党办法,坚持取消共产党,将国共两党并为一个大党。蒋表示:跨党办法绝对不行。他说,我的责任就是要将两党合成一个组织。过去,我打你们也是为“保存共产党革命分子合于国民党”。“此目的达不到,我死了心也不安,抗战胜利了也没有什么意义”。这个根本问题不解决,一切均无意义,“所以,我这个意见至死也不变的”。对蒋所谓的“一个大党”的主张,周恩来等当即严词拒绝了。

12 月 18 日 国民党副总裁、国民参政会议长汪精卫等人由重庆飞逃昆明。在前四五天,汪从重庆打电报给在昆明的周佛海:“兰娣因事不能如期来,秀妹定阁佳期不必等候。”此电是由汪妻陈璧君胞弟陈昌祖为经理的中德航空公司的电报挂号收转的。交由陈春圃转电高宗武(外交部亚洲司司长)以便他在香港同日本联系。此电是为汪精卫等人原定15日飞往昆明,适蒋介石由峨嵋回重庆,汪不便走而延误行期,告知日本可以按原定日期发表文告。

12月19日 汪精卫、陈璧君、周佛海、陶希圣、曾仲鸣、陈君慧、陈国琦、陈常焘、汪文惺、何文杰等十余人,乘龙云包的专机离开昆明飞往河内。行前,汪曾将逃往越南准备与日本人商谈中日和谈的计划告诉龙云。龙云又电告蒋介石。几天后,蒋介石又秘密派遣谷正纲往越南给汪补送外交护照和旅费。

12月20日 陈公博由成都飞赴昆明,欲往见汪精卫。因汪先一日飞河内,陈亦至河内见汪。

12月26日 蒋介石发表宣言,驳斥近卫声明。

12月29日 由林柏生在香港发表汪精卫致国民党中央党部、蒋介石及中央执监委员的艳电,赞同日本政府本月22日关于调整中日邦交根本方针的“善邻友好”、“共同防共”、“经济提携”三原则,劝国民党“应以此为根据,与日本政府交换诚意,以期恢复和平。”汪公开投降日寇,对国民党蒋介石进行劝降活动。

12月31日 周恩来、黄炎培、张君劢、冷遹、李璜、梁漱溟、江问渔等至张群寓所,讨论抗战动员的有关问题。黄炎培提出动员民众的四条原则:(一)统一;(二)可领导,必不可包办;(三)不求平衡,可以局部到全体;(四)运用各种组织力量。

12月 蒋介石在武汉召开军事会议,召集第一、二、五战区师长以上军官参加，但未邀十八集团军及山西牺盟会决死队参加。蒋介石在会上提前宣布了将于翌年一月在重庆召开国民党五届五中全会的反共精神，将以“统一政令”、“统一军令”为由，把一切坚决抗日的进步团体都解散，把一些“思想庞杂”的人员驱逐。

冬　中华民族解放行动委员会成员司徒卫中，组织农民数百人成立抗日游击队，自任司令，在广东省番禺、龙门、从化一带开展游击活动，一直坚持到1940年，司徒到曲江联系工作，被国民党逮捕，游击队亦被迫解散。

本年　董必武通过武汉大学教授、河南鸡公山林场场长李相符的关系，以办林场试验场为掩护，在鸡公山办了党政干部武装训练班，经过培训的大批青年干部，分配到军队、农村，对发动群众、组织抗日武装部队，开展游击战争，创建华中各抗日根据地发挥了很大作用。

本年　吴耀宗去武汉，首次会晤周恩来，谈了一个多小时，周向吴分析了抗战形势，论述了国共合作、中国革命及中共对宗教信仰等问题的态度，给了吴很大启发。

本年　邹韬奋到武汉不久，蒋介石就约他和杜重远去谈话，诱迫他们加入国民党，以后国民党又以“三民主义青年团中央干事”诱逼邹韬奋，全部遭邹拒绝。邹在武汉时向周恩来提出要求加入中国共产党，后来邹到重庆，又向周恩来提出要求，周说，你现在以党外民主人士身份所起到的作用与党员不一样，这是党需要你这样做的。

一九三九年

1月1日 国民党开除汪精卫党籍。

同日 朱德在山西省第三、第五行政专员公署于沁县联合召开的晋东南各界“拥蒋反汪”大会上讲话，痛斥汪精卫的卖国投降活动，表示支持蒋介石继续抗日，强调巩固和发展抗日民族统一战线，团结一致，共同对敌。

1月2日 沈钧儒、张申府、邹韬奋、胡愈之、史良、张仲实、王炳南、沈兹九、沙千里等人发出声讨汪精卫叛国投敌罪行的“快邮代电”，指出今后凡属言论行动有妥协动摇倾向之分子，均应随时揭发，严加制裁，以巩固革命阵营。

1月3日 黄炎培、张澜、梁漱溟、冷遹、江恒源联名发表宣言，反对汪精卫接受日本近卫声明之主张。送重庆各报后被国民党审查时扣留，不允许登载，独《新蜀报》4日刊载。

1月5日 中共中央发出《关于汪精卫出走后时局的指示》，指出在目前形势下中国共产党的任务是：拥护蒋介石国民党坚持抗战、开除汪精卫出国民党的行动；坚决打击卖国的汉奸汪精卫和一切投降反共活动。

月初 周恩来、邓颖超至重庆沙坪坝南开中学参加了校友座谈会。周恩来应邀在会上就统一战线、抗战形势和青年在抗日战争中的责任等问题作了发言。他说，我们全民族团结起来，建立了抗日民族统一战线，同日寇进行英勇顽强的战争，这在中华民族的历史上是空前的。青年们一定要把关心民族的存亡担在肩上，要把民族的利益看得高于一切。凡是有利于抗战的事都要支持、拥护，凡是不利于抗战的事都要抵制、反对。

1月13日 中共中央书记处正式批准周恩来、秦邦宪、凯丰、吴克坚、叶剑英、董必武六人为中共南方局常委，周恩来为书记。中共南方局正式成立，领导西南和南方各省地下党的工作，并直接领导八路军驻重庆办事处和重庆《新华日报》的工作。

1月17日 国民党特务在香港刺伤追随汪精卫的林柏生。

同日 重庆文化工作座谈会在中苏文化协会四川分会举行，到会文化界人士百余人，郭沫若出席，发表《抗战文化工作》演讲，提出“文化人到农村去，到敌人后方去”的口号。

1月19日 蒋介石约见周恩来，再次询问中共中央对他的关于统一国共两党为一大党的提议的意见。周恩来又一次明确表示“不可能”。蒋介石要求周恩来再电延安，希望中共在此问题上作出让步。20日，周恩来向中共中央书记处报告了目前与蒋介石谈话的情况，并提议两点办法：（一）给国民党五中全会一个公开贺电。（二）另发一密电给蒋介石，表示我党愿与国民党进一步合作。报告说，目前的事实是国民党到处反共捕人、杀人、封报，制造摩擦，甚至进攻边区，报告提议由两党组织联合视察团或委员会，进行实地调查，以求迅速解决此等问题，并寻找进一步合作的具体办法。22日，中共中央致电周恩来，同意他在20日电报中的两项提议，并先拟中央给蒋介石的电报全文。中央给蒋介石的电报指出："共产党诚意地愿与国民党共同为实现民族独立、民权自由、民生幸福之三民主义新中华民国而奋斗，但共产党决不能放弃其马克思主义之信仰，绝不能将其党的组织合并与其他任何政党。"断然拒绝了蒋介石鲸吞我党的主张。25日，周恩来写信给蒋介石，并将我党中央的电报转送给他。

同日　江问渔、褚辅成、冷遹在重庆瞰江楼举行午餐聚会，到会的有章伯钧、张君劢、曾琦、梁漱溟、沈钧儒。

1月21日至30日　国民党在重庆召开五届五中全会，全会根据蒋介石在会上所作《唤醒党魂、发扬党德、巩固党基》的报告，制定了"溶共、防共、限共、反共"的反动方针，设立了"防共委员会"，通过了《限制异党活动办法》。会后国民党又发布了一系列反共文件，如《共党问题处置办法》《沦陷区防范共党活动办法草案》《第八路军在华北陕北之自由行动应如何处置》《异党问题处理办法》《处理异党实施办法》《陕甘两省防止异党活动联络办法》《运用保甲组织防止异党活动办法》等。这次全会确定政策重点从对外转向对内。五中全会标志着国民党自抗战以来在政策上的重大转变。全会后，国民党继续打着"抗日"旗帜，但抗日消极；继续打着"联共"旗帜，但不断制造借口，搞军事摩擦。

1月21日　董必武、黄炎培、曾琦等出席在渝参政员茶话会，并被推起草欢迎蒋介石兼任参政会议长电文。

1月24日　中共中央致电蒋介石暨国民党五届五中全会，希望严整抗战阵容，密切军民联系，刷新政治，发展民运，以固国共两党长期合作之基；强调指出唯有进一步加强团结，巩固与扩大抗日民族统一战线，才能渡过难关，对抗敌人阴谋，消灭汉奸毒计，准备反攻。

1月25日 中共中央就国共关系问题致电蒋介石，指出：巩固与扩大国共两党长期合作，为全国爱国同胞和世界先进人士所切望，为全民族抗战建国所必需；所谓两党合并则为根本原则所不许，共产党绝不能放弃马克思主义信仰，绝不能将共产党的组织合并于其他任何政党；两党合作以来，反共摩擦，时有发生，希望国民党五中全会能致力两党长期合作，以慰全国人民殷切之望。

同日 中共代表、国民政府军事委员会政治部副部长周恩来，中共代表、国民参政员董必武、邓颖超视察胡厥文等开办的合作五金厂，并为该厂题词。

1月27日 中共中央关于国民参政会一届三次会议提案问题致电南方局，指示对下列问题提出提案：(一)明令通缉汪精卫等汉奸；(二)拥护蒋介石去年12月26日写的驳近卫讲演所阐明的国策，必须强调反共即灭华之真理；(三)实行民权主义，以利抗战。

1月29日 《新华日报》记者在八路军驻渝办事处访问指挥过华南民众武装抗日的蔡廷锴将军。蔡说，要在广东集合二三万人的抗日武装力量是很容易的，只要有人主持，是不难领导起来的。广州之所以失陷得那么快，主要是由于军队的政治认识较差，纪律也不够严明，政府和民众脱离。今后，只要在政治、经济方面求进步，抗战前途是绝对有把握的。

1月 中华民族解放行动委员会声讨汪精卫通敌卖国。指出汪响应敌酋声明,通电主张乞降,其通敌卖国之逆迹,实已昭彰,不能再加逭怒。认为国民政府对汪精卫尚须严申国法,政府应该立即下令通缉,归案严办。汪本人虽已脱逃,而其党羽潜伏各地尚不在少数,后患堪虞,不容姑息,应彻查缉办。

2月1日 高宗武由香港到河内,与汪精卫密商建立伪中央政府的办法,汪提出:(一)如果日本和蒋介石妥协,他将努力协助;(二)如果由王克敏、梁鸿志、吴佩孚等组织中央政府,他将以在野地位加以协助;(三)如果由他收拾时局,则要求:一、由他以国民党的名义组织反共救国同盟会,重新编组12个师的军队;二、在日军逼近西安、宜昌、南宁时,他将再次发表声明,宣布由他组织政府,担当与日本实现和平的负责人,并号召西南将领通电响应;三、以10月10日为限,在南京组织新国民政府,并撤销临时、维新两政权;四、与日本协商借款两亿元,在此之前,日本每月供给活动经费300万元。

2月6日 中共中央关于参政会会议问题致电南方局并林伯渠。电谓:国民党五中全会对民主民生问题一无表示,对我党的态度仍不好,对我八路军、新四军和解放区采取进攻方针,增加摩擦对立;前次参政会议案也毫未见诸行动,因此,我参政员对本次会议应采取较冷淡的态度,以促蒋及国民党反省。

2月8日 重庆妇女团体联席会举行妇女参政问题讨论会,到会的有各界妇女团体、各大学代表30余人。中共参政员、南方局妇委和陕甘宁边区各界妇女救国会驻渝代表团负责人邓颖超,以及史良、胡子婴等先后在会上发言,一致认为妇女解放与民族解放有不可分离的关系，妇女参政极为重要。而妇女参政在当今乃为参加民主政治、拥护及推动民主政治的实现而努力。

2月10日 中共中央发出《关于河北等地摩擦问题的指示》，提出一面与蒋介石及其各将领谈判，一面坚持下列主张：(一)坚决要求撤换鹿钟麟，以朱德为冀察战区总司令兼河北省主席；(二)为发展热察鲁三省之游击战争，巩固三省之抗日根据地，应将山西八路军部队，多开一部分赴三省；(三)冀察晋边区和冀中、冀南的现行政权，不但决不应取消，相反的应在北东及其他地区，依照战略形势划分新的行政区域；(四)限制排挤八路军等政策是错误的，必须加以纠正。八路军名称，为敌人所畏，为国人所爱，决不应轻易更改；(五)对非理性进攻，必须反击，决不能轻易让步。这些指示，是对国民党顽固派正确进行斗争的策略原则和具体办法，为粉碎反共顽固派在河北等地抢夺八路军政权与地区，限制排挤八路军的反共摩擦阴谋提供了保证。

2月12日至21日 国民参政会一届三次会议在重庆召开。大会针对近卫声明和汪精卫"艳电"作出决议："抗战既定方针，必须坚持到底……。"中共参政员董必武、吴玉章、林伯渠、邓颖超出席。18日，大会通过黄炎培、罗文幹、张澜、吴玉章、余家菊、许德珩、陈启天、李璜、曾琦、张奚若、左舜生、罗隆基、冷遹、沈钧儒、褚辅成、张申府、邹韬奋、张君劢等51人提请确立民主法制制度以奠定建国基础案。该提案建议：(一)政府行动应法律化。一切法律一经订立公布后，在未修改前，政府行动应以之为准绳，不可违反、忽略或曲解；(二)政府设施应制度化。建立吏制制度，分明公务人员权责；(三)政府体制应民主化。国民党所组织的政府应向国民负责，国民如对政府不满，政府仍不能设法满人意时，国民党应加以改正或改组。应以国民参政会为民意机关，使之具有监督行使之权力。十八日，在提案审查会上，董必武提出《加强民权主义的实施发扬民气以利抗战案》，颇责政府施政失当，要求对各党派予以法律上保障。国民党参政员无端反对，会议主席黄炎培居中调停，被修正通过，使之有利于国民党。董必武当即退席抗议。次日，董必武又因提案未得圆满解决再次退席抗议。

2月14日 国际反侵略大会中国分会在重庆社交会堂举行茶会招待各党派领袖、各社团及各界代表，到会者四百余人，周恩来、邓颖超、潘梓年等人出席，周恩来在会上发表了讲话。

2月 日本华北特务机关长喜多诚一在所拟“和平计划”中公开声明，尊重蒋介石上将的地位，并给予崇高的位置。

3月8日 重庆各界妇女四千多人在市商会举行了纪念“三八”国际妇女节大会，主席团有宋美龄、沈惠莲、邓颖超、吴贻芳等。邓颖超代表陕甘宁边区各界妇女救国联合会出席并讲了话。她说，只有把妇女的伟大力量组织到民族的抗战中，才能迅速获得抗战胜利与民族解放。会后举行盛大游行。宋庆龄、何香凝在香港出席纪念会并讲演。成都、桂林、梧州、沅陵、韶关、翁源、始兴及上海均举行了纪念会，共同发出了反抗日本侵略的呼声。这次有各地各阶层妇女参加的纪念活动，是由庐山妇女谈话会产生的新生活运动妇女指导委员会与在重庆的各妇女团体共同发起筹备的。邓颖超在筹备会议上的发言被通过作为制定纪念大会工作纲要的基础。这次纪念“三八”国际妇女节大会的成功举行,反映了抗日民族统一战线中妇女运动的新发展。

3月9日 川康建设期成会及川康建设视察团成立,参政会议长蒋介石指定邵从恩、张澜、吴玉章等14人为期成会成员,指定李璜、黄炎培等21人为视察团团员,李璜为团长,黄炎培为副团长。

月初 日本新任内阁首相平沼在国会演说中正式提出,蒋介石与其所领导之政府,假使能重新考虑其反日态度,与日本共同合作,谋东亚新秩序之建立,则日本准备与之作中止敌对行为之谈判。

3月12日 国民党发布了《精神总动员纲领》,并于5月在全国开始实施"精神总动员运动"。这个运动是要求做到:不违反国民革命最高原则之三民主义;不鼓吹超民族之理想与损害国家绝对性之言论;不破坏军事令及行政系统之统一,不利用抗战形势以达成国家民族利益以外之任何企图。显然,"精神总动员"的目的,是为进行独裁反共做舆论准备。

3月17日 朱德、彭德怀致电蒋介石、程潜、阎锡山、卫立煌,指出在河北,鹿钟麟所到之处,屡向我军挑衅,制造摩擦,并利用反动会道门屠杀我来往人员,使我军作战极感掣肘,请严厉制止。

3月20日 中共中央书记处发出《中央关于统战部工作的指示》。指示说:"各局各省委各特委还无统一战线部的应赶速成立。"统战部的经常工作为:具体调查研究各党派、军队及少数民族的情况;具体研究各党派、各地驻军、政权对我党我军的态度,提出适当的对策;负责进行和指导对各党派各友军的统战工作;争取帮助和爱护同情分子及非党干部。指示要求各级党委必须经常讨论和领导统战工作,“目前须特别讨论如何争取和帮助友党友军中的进步分子,以及如何自己严守秘密工作及公开工作规律,并帮助同情分子注意秘密工作及应付方法,以免受顽固分子打击等问题”。

同日 深夜,国民党军统头子戴笠派河内的特务余乐醒率特务六人,越墙进入高朗街27号朱培德住宅内刺杀汪精卫,误杀了汪的秘书曾仲鸣。

3月22日 刺杀汪精卫的消息传到东京。日本五相会议立即决定由影佐大佐担任营救汪的工作。

3月26日 朱德在就任第二战区副司令长官大会上讲话,强调共产党、国民党、牺牲救国同盟会及其他抗日党派,中央军、晋绥军、八路军以及华北地方政府和各界同胞,必须加强团结,担负起坚持华北抗战的使命。并发表就职通电。

3月27日 汪精卫在香港《南华日报》发表文章《举一例》。文章说“中央心理想和,而口里不敢言和,余则口心如一”。汪还披露了国民党政府国防最高会议第五十四次常务会议记录中外交次长徐谟关于德国驻华大使陶德曼会见蒋介石调停中日议和的报告。

3月29日 中共山东分局从渤海地区调四百名干部到鲁中受训,然后去延安学习。是日,行至博山、益都之间的大河镇时,突然遭到国民党山东省政府驻鲁南办事处主任兼第五纵队司令秦启荣的第四梯队的袭击,200多名干部惨遭杀害。

3月 周恩来在皖南新四军军部干部大会上发表题为《目前

形势和新四军的任务》的讲话。其中谈道：中国统一战线的特点就是复杂。愈复杂，愈能够使我们的统一战线发展。提出新四军在江南发展克服困难的办法：要坚持统一战线，拿统一战线的发展来击退敌人的一切造谣中伤，团结周围的友党、友军、地方政府和广大群众，造成有利的工作环境。要坚持帮助友军，使友军感到我们是可以合作的朋友。

本月 国民革命军事委员会战地党政委员会成立，蒋介石任主任委员，李济深为副主任委员，周恩来等13人为委员，邵力子为秘书长。

春 阎锡山根据《限制异党活动办法》的精神，在陕西宜川县秋林镇召开晋绥高级军政干部会议，讨论重庆的电令，取消军队的政治委员制度，按军政部的统一建制番号进行整编，撤去实际上是共产党员担任的政治委员，让旧军官去带领新军。这项意见在会上遭到牺盟会和决死队干部的硬顶，使阎的夺权计划一时未能得逞。

4月5日 中共中央发出《关于精神总动员的指示》，指出，今年3月，国民党政府公布《国民精神总动员纲领及实施办法》具有两面性：一方面是为抗日的，另一方面是防共的。对此中国共产党应采取的立场是：一方面运用与发挥其中一切积极的东西，来提高全民族的觉悟，振奋革命精神，为争取抗战建国的最后胜利而奋斗牺牲；另一方面要反对与打击一切反共防共阴谋和反民族分子的观点。号召全国为坚持抗战，为坚持统一战线，为坚持国共长期合作，争取民族最后胜利而奋斗。

4月10日 秦邦宪、董必武在重庆会见李济深，就国共两党军队摩擦问题提出4点要求:(一)鹿钟麟应辞职,河北省主席从朱德、彭德怀中择一兼任。(二)八路军应照3个军5个师及直属队编制给饷。(三)游击队的饷由国民政府发给。(四)与我军摩擦之部队应调开,如将来反攻增兵时,亦宜调与我军关系较好之部队前往。

4月18日 影佐祯昭在河内首次会见汪精卫,声明"我是奉日本政府的命令,前来帮助先生移住另一安全场所的"。汪表示感谢,并说今后在上海活动最为适宜。遂商定由日方协助密往上海。

4月25日 汪精卫由海防乘法轮"冯福林哈芳"往上海,影佐祯昭等乘"北光丸"尾随护送。汪怕风浪大出事,在海上改乘"北光丸"于5月6日在上海虬江码头上岸。

4月27日 中共中央发出《关于精神总动员的第二次指示》。指示各地的党组织,要利用精神总动员的形式,根据其中一切积极的东西,来实际解释与发挥中国共产党坚持抗战的正确路线;使这一动员成为中国共产党巩固抗日民族统一战线,坚持抗战,开展群众运动,反对防共要求民主的武器,以防止和打击顽固分子利用作为防共武器的企图。

4月 中共中央派南汉宸、肖克、曾三、续范亭往五原,多次与傅作义密商双方合作抗日事宜。

5月4日 中共中央发出《关于党员被逼加入国民党问题的决定》。决定说:国民党最近在其统治的地区内强迫各机关工作人员、各学校教职员学生和军队中各级军官加入国民党与三青团。为了抗日民族统一战线和党的利益,党中央决定在国民党统治地区内的我秘密党员，凡被迫加入时，除特别情形外，一律加入，并报上级批准。凡加入国民党的党员，一般的应采用埋头苦干，积蓄力量，推动其进步的方针。

5月28日 中共中央书记处致电南方局，同意周恩来向国民党中宣部部长叶楚伧表示的与国民党共同进行反汪运动的意见，并指示南方局注意两点：（一）利用反汪运动机会广泛地进行反对一切投降派的运动，着重指明反共是投降的阴谋，是亲日恐日分子准备投降的一种步骤，应在反汪斗争中，更亲密地加强与一切主战爱国的进步分子及国民党群众联系，与他们一起动员群众共同进行反对一切投降派及反共分子的斗争，以达到巩固国共合作和巩固及扩大抗日民族统一战线的目的。（二）向蒋介石及国民党中坚决主战的军政人员公开说明，汪在国民党内及政府中还有不少同情分子，日寇及汪并用一切力量企图使他们作里应外合的勾当。因此，不仅在政治上必须尽量揭露和孤立一切同情汪派汉奸主张的分子，而且在实际上采取必要办法，防止他们的一切阴谋。

5月 中共代表董必武、林伯渠等在重庆曾家岩潘文华家与川西地方实力派的国民党将领刘文辉晤谈，向他分析了国内外形势，阐明了抗战必胜、妥协必败的道理。

本月 傅作义部在百川堡举办“抗战建国讨论会”，共办五期，历时三月余，统一了军内思想，坚定了抗日信念。但却引起了国民党中央的非议，特派中央委员姚大海胁迫排除傅部内的共产党员。傅作义只得将各军政机构中的大部分共产党员安全送回延安。

6月7日 中共中央发出《关于反对投降危险的指示》。指示说：目前最大的危险就是国民党投降的可能，新的慕尼黑的可能。国民党对共产党的压迫，对八路军、新四军的攻击与摩擦，对边区的挑衅，对抗日民族统一战线与国共合作的破坏等，都是它准备投降的准备，指示要求全党用全力来反对投降反共活动，给一切投降阴谋和叛变行为以适时的、坚决的打击，开展反对妥协投降的斗争，公开揭穿反共活动即是准备投降的实质。同时，中国共产党不应给民族统一战线的破坏者造成借口，这种统一战线无论如何是需要巩固和扩大的。党的基本任务，仍然是巩固国共合作，继续抗日。

6月8日 国民政府下令通缉汪精卫。

6月10日 毛泽东在延安高级干部会议上作了《反对投降提纲》的报告。指出当前形势是：由于日本的诱降政策，国际的压力，中国地主资产阶级的动摇，国民党投降的可能性已经成为最大的危险，而其反共活动则是准备投降的步骤。为此，党的当前任务是：（一）全党努力从思想上、组织上准备自己，准备群众，随时对付可能发生的突然事变。（二）全党努力，同一切爱国进步分子、一切爱国进步的国民党人员亲密联合，并和他们一道去动员群众，开展反对投降斗争。（三）不论何种情况，党的基本任务是巩固和扩大抗日民族统一战线，坚持国共合作，不能有任何的动摇。

6月12日 国民党第27集团军奉蒋介石的密令，派兵包围新四军设在湖南平江嘉义镇的通讯处，惨杀新四军参议徐飞坤、八路军少校副官罗梓铭等6人，是为平江惨案。这一惨案，激起了各抗日民主根据地的人民和国民党统治区人民的极大愤怒，延安各界人士曾举行集会并通电全国，提出强烈抗议。新四军军部负责人电告国民党最高当局，要求严惩凶犯，抚恤被害者之家属，并严禁以后再发生同样事件。

6月26日 朱德在《八路军军政杂志》上发表《我们一定要胜利》一文。文章指出，日本法西斯原来打算用二三十万军队在3个月内灭亡中国，这个计划完全失败了。他们失败的原因，是中华民族的团结，是我们的抗日民族统一战线，是国民党、共产党的亲密合作。两年来，中华民族愈战愈强，特别是表现在华北的抗战中。当日本法西斯侵入长城以后，以为再无第二道长城可以阻挡他囊括华北的企图了，但是，一座新的长城出现了，这就是华北的游击战争。伟大的中华民族是能够而且敢于胜利的。

6月30日 毛泽东发表《反对投降活动》的文章，他深刻揭露抗日阵线内的主和派，是动摇分子，是投降派，是暗藏在抗日阵线内的“张精卫、李精卫”。他们所进行的种种反共欺骗宣传，如所谓“共产党捣乱”、“八路军、新四军游而不击，不听指挥”、“共产党阴谋推翻政府”等，是为了破坏国共合作，分裂抗日民族统一战线，达到投降的目的。指出，投降活动是当前政治形势中的主要危险。战下去，团结下去，中国必存；和下去，分裂下去，中国必亡。号召全国一切爱国党派及全国同胞，团结起来，坚持抗战和团结，把投降阴谋和分裂阴谋压下去！

同日 朱德、彭德怀致电贺龙、吕正操、聂荣臻等，指出冀中、冀南之八路军，应加强各方统一战线工作，团结抗日力量，克服目前困难；对一切顽固势力，必须采取人不犯我，我不犯人的对策。反摩擦亦须适可而止。

6月 国民党河北省民军总指挥张荫梧率部袭击河北深县八路军的后方机关，惨杀八路军干部和战士400余人。是为深县惨案。

同月 中华民族解放行动委员会在重庆打入陆军卫生用具制造厂，成员连瑞琦任厂长，郭则沉、王人璇分任总务、工务处长，借以取得活动经费和作为活动地点。连瑞琦不顾蒋介石的指令，于六月间秘密将医疗器械送交八路军办事处王若飞和徐冰。任谦所策动的甘肃农民暴动，就是由周恩来、章伯钧等在该厂王人璇家里开会决定的，并由连瑞琦陪同任谦乘车到各处秘密接洽。后来，有人向国民党密报该厂是第三党经费来源，是共产党开会地点，为此连瑞琦遭到“军法”拘审。

7月1日 中共代表，八路军参谋长叶剑英致电国民政府军委会副参谋总长白崇禧，严正抗议国民党当局制造平江事件，要求迅予彻查。2日，周恩来致电军委会政治部部长陈诚，指出，国民党制造此一事件，显系别有用心，其目的不止于反共，还在破坏抗战，走入不得不对日妥协之途。14日，国民党政府军令部长徐永昌和军政部长何应钦先后复电周恩来、叶剑英进行抵赖。22日，周恩来、叶剑英致电徐永昌并军委会及各部长官，严正驳斥国民党当局歪曲报告惨案经过及对新四军平江留守通讯处的诬蔑，要求派员驰赴肇事地点查明真相，雪冤治罪。

7月4日 国民党中央宣传部副部长潘公展在重庆找邹韬奋谈话，强迫生活书店与国民党官办的中正书店、独立出版社合并，组织总管理处或成立董事会，直接由中央全部领导并派遣总编辑，还要邹加入国民党。邹断然拒绝，告诉潘：“我50多个书店可以不要，但方针必须坚持，不能有丝毫的改变。”

夏初 日寇调集10余县的兵力及伪军，化装偷袭高树勋部，直到逼近才被发觉，八路军东进抗日纵队司令员肖华率部阻击来犯敌人，给高树勋部很大帮助。

7月7日 中共中央为抗战两周年纪念发表对时局宣言，针对当时的危机，适时地提出了“坚持抗战到底，反对中途妥协；巩固国内团结，反对内部分裂；力求全国进步，反对向后倒退”三大政治口号，用以动员全国同胞，抗战将士和爱国进步人士，一致努力向投降派和反共顽固派作斗争。

7月20日 陶行知在重庆北温泉创办的育才学校开学，后迁合川县草街子古圣寺。中共南方局在该校建立了党支部，并在师资和经济上给以帮助。

8月1日 延安各界万余人召开追悼平江惨案死难烈士大会。毛泽东在会上作了《必须制裁反动派》的演说，对国民党顽固派的反共投降活动，作了彻底的揭露和猛烈的抨击。针对国民党利用所谓“统一”口号想消灭共产党领导的抗日武装力量和抗日根据地的阴谋，提出应该统一于抗战、团结、进步。要求取消破坏团结的种种罪恶行为的根源——《限制异党活动办法》。大会发出通电，要求国民政府“明令昭雪本案冤抑，平查主使，惩办凶犯，并通令全国不得再有同类事件发生”。

同日 黄炎培、江问渔、邹韬奋假重庆康宁路三号招待午餐聚会，到会的有张澜、沈钧儒、董必武、李璜、冷遹、章伯钧等人。

8月4日 周恩来在中央政治局会议上就抗战两年来的总

结、目前时局的关键、统一战线3个问题作了报告。他指出，现在我们遭遇到了新的困难与新的危机，主要是国民党的中途妥协与内部分裂。克服这一投降妥协危险的关键，在于各民族的团结，在于各党派的团结，其中心是国民党和共产党合作，即在于巩固与发展以国共合作为基础的抗日民族统一战线。报告从统一战线的性质、特点与形势，统一战线的变化与危机，国民党与统一战线，共产党与统一战线四个方面，对抗日民族统一战线作了详细的阐述，提出了许多精辟的见解和行之有效的方法。报告还明确指出，共产主义是我们的信仰，三民主义是统一战线的政治纲领。真正的三民主义是孙中山的三民主义，既不是汪精卫的伪三民主义，也不是戴季陶的修正三民主义，当然也不能是企图马克思主义化的三民主义。必须将三民主义与共产主义差别分清楚，否则，模糊社会视听，增加国民党的自大心理，并不能帮助统一战线的发展。

8月8日 董必武、沈钧儒、李璜借张澜寓所宴请邹韬奋、林虎、章伯钧、黄炎培、江恒源等人，讨论一届四次国民参政会的提案问题。15日，董必武、张澜、李璜、邹韬奋、江恒源、曾琦、黄炎培再次会商，决定分别起草重要提案，董必武负责起草民众问题提案，李璜负责起草党派问题提案，邹韬奋负责起草文化问题提案，江问渔负责起草地方行政问题提案，曾琦负责起草财政金融问题提案，黄炎培负责起草游击队问题提案。

8月22日 林虎、冷遹假张澜重庆寓所召集午聚餐会，黄炎培等人到会，商议向国民参政会提出实行保障人权案。

下旬 山东八路军第一纵队司令员徐向前为了打击国民党

顽固派反共嚣张气焰，鼓舞人民抗战热情，决定打击秦启荣，在福山、八陡一带经过两天激战，将秦部主力击溃，缴枪2000余支。

8月 汪精卫在上海召开一些投敌叛国的国民党员参加的“中国国民党第六次全国代表大会”，制订了降日卖国纲领和政策，宣布易抗战建国为和平建国，以反共为和平建国之必要工作。

夏 中华民族解放行动委员会临时中央执行委员丘哲到达重庆，陈诚设家宴招待，陈以“识时务者为俊杰”劝丘哲脱离中华民族解放行动委员会，企图进行分化瓦解，被丘断然拒绝。

9月8日 毛泽东、董必武、林伯渠、秦邦宪、陈绍禹、邓颖超、吴玉章七参政员发表对过去参政会工作和目前时局的意见，提出反对投降妥协，肃清汪派汉奸，实行战时民主，发展游击战争，努力增进外援，加强各党派团结并要求：（一）明令保障各抗日党派之合法权利，认真取消防止异党活动办法；（二）严禁对共产党及其他抗日党派之歧视压迫行为，严禁因所谓党籍及思想问题而妨害到工、农、军、学、商、各界人民及青年之职业及人权之保障，以使造成举国一致精诚团结现象；（三）在抗战各种工作中，广泛地容纳各党派人才参加，不以党派私见摒弃国家有用人才。

9月9日至18日 国民参政会一届四次会议在重庆召开。中共参政员董必武、林伯渠、秦邦宪、陈绍禹、吴玉章出席。董必武还和张澜、李璜、邹韬奋、黄炎培等民主党派负责人提出了“民众问题”一案，沈钧儒等提出“请政府重申前令切实保障人民权利案”，章伯钧等提出“请结束党治立施宪政以安定人心发扬民力而利抗战案”和“改革政治以应付非常局面案”。讨论时争辩甚烈,最后通过:甲、治本办法:(一)请政府明令定期召集国民大会,制定宪法,实行宪政;(二)由议长指定参政员若干人,组织国民参政会宪政期成会,协助政府促进宪政。乙、治标办法:(一)请政府明令宣布全国人民除汉奸外,在法律上其政治地位一律平等;(二)为因应战时需要,政府行政机构应加充实并改进,借以集中全国各方人才,从事抗战建国工作。大会还通过了否认伪组织及通电声讨汪精卫等提案。由议长指定张君劢、张澜、史良、周览、章士钊、黄炎培、陶孟和、周炳琳、杭立武、李中襄、左舜生、李璜、董必武、许孝炎、罗隆基、傅斯年、罗文幹、钱端升、褚辅成19人为国民参政会宪政期成会委员。以后又增至25人,增推梁上栋、胡兆祥、王家桢、章伯钧、马亮、李永新为委员。

9月16日 毛泽东在延安接见中央社、扫荡报、新民报三记者并发表谈话。批驳了国民党的所谓"统一",指出:中国确实需要统一,不统一就不能胜利。但是应该统一于抗战,统一于团结,统一于进步。如果向相反的方面统一,那中国就会灭亡。毛泽东直率地明确表示了中共对待所谓摩擦的态度。他说,我们根本反对抗日党派之间那种互相对消力量的摩擦。但是任何方面的横逆如果一定要来,如果实行压迫,那么,共产党就必须用严正的态度对待之,这态度就是:"人不犯我,我不犯人;人若犯我,我必犯人。"并指出,大敌当前,大家一定要长期合作,避免分裂。但是要做到这个就要坚持抗战到底和实行民主政治,实行"七七宣言"中提出的三大政治口号。只有这样,中国才能避免亡国,并把敌人打出去。

9月19日 朱德应邀参加武乡县政府召开的士绅座谈会。

在会上对爱国士绅热心抗战工作，加以慰勉，并对士绅们所提出的有关国际国内问题，予以解答。有人提出：有人说共产党发展太快，力量太大了，威胁别人，所以应当“限共”，你认为这个意见对吗？朱德回答说：我认为共产党的力量还是太小了。抗战两年来共产党的确有相当的发展，但是受到威胁的只是日本军队。如果以为共产党力量太大了要想“限共”，那就是限制抗日力量，帮助日本帝国主义。

10 月 1 日 参政员褚辅成、张澜、沈钧儒、章伯钧、左舜生、江恒源、李璜、胡石青、张申府、莫德惠、王造时、张君劢等 12 人在重庆举行宪政座谈会，中共参政员吴玉章、董必武以及《新华日报》社长潘梓年等应邀参加。座谈会决定组织一民众团体，协助宪政的实施。

10 月 4 日 毛泽东为党内刊物《共产党人》写了发刊词。指出，统一战线、武装斗争和党的建设，是中国革命中的三个基本问题，是战胜敌人的三大法宝。他强调如果我们党不知道在一定时期中同资产阶级联合，党就不能前进，革命就不能发展；如果我们党不知道在联合资产阶级时又同资产阶级进行坚决的、严肃的“和平”斗争，党在思想上、政治上、组织上就会瓦解，革命就会失败。

10 月 7 日 毛泽东复函国民党政府参军长吕超，说“国难当前，团结为第一义，此物此志，当与先生同之也”。

10 月 9 日 黄炎培、梁漱溟、梁仲华、李璜在重庆黄炎培寓所谈论国内时局问题，黄炎培提出除国共两党以外的国社党、青年党、第三党、七君子派、大学教授派、乡村建设派，于适当时机联名发表告全国同胞书，呼吁各党派精诚团结，戒绝国内斗争，任何意见参商须在法律常轨上求解决。劝政府登用贤才，不分派别。

10月10日 毛泽东在为中共中央写的一个决定中指出：抗日统一战线中的投降危险、分裂危险和倒退危险仍然是当前时局中的最大危险，目前的反共现象和倒退现象仍然是大地主、大资产阶级准备投降的步骤。我们的任务，仍然是协同全国一切爱国分子，动员群众，切实执行“坚持抗战，反对投降；坚持团结，反对分裂；坚持进步，反对倒退”三大政治口号。在这个决定中提出：必须迅速地实行政治改革，结束国民党一党专政，召集真正代表民意的有权力的国民大会，制定宪法，实行宪政。

同日 为加强反对国民党五中全会后发布的一系列反共办法及派奸细混入中共内部进行破坏，中共中央做出了《关于反奸细斗争的决议》，要求全党全军必须最高限度地提高革命的警惕。

10月11、12日 河南省确山县国民党县长许工超奉指示纠集了确山、信阳、泌阳等县民团常备队及第一战区豫南游击队戴民权所部1800多人，诈称是国民党六十八军壮丁队，强行进入确山县竹沟镇，猛然袭击驻该镇的新四军团留守处。激战两天一夜，寡不敌众，留守处一部分人撤出，该处医院伤病员及家属200余人遭到惨杀。事后，八路军驻重庆办事处即向蒋介石提出交涉，张云逸亦致电卫立煌提出抗议。

10月14日 中华职业教育社、救国会的负责人褚辅成、江恒源、沈钧儒、邹韬奋、李中襄、张申府及记者30余人，参加了中国青年记者学会总会召开的宪政问题座谈会，座谈会由范长江主持，《新华日报》社长潘梓年、总编辑吴克坚、南方局文委负责人徐冰出席了座谈会。

10月18日 参政员褚辅成、黄炎培、沈钧儒、秦邦宪等19人，在重庆召集第二次宪政问题座谈会。

11月12日 重庆新生活运动妇女指导委员会、妇女慰劳会渝分会、反侵略分会、回教救国协会、天主教妇女服务会、陕甘宁边区各界妇女联合会驻渝代表团、难民服务团、渝市妇女会、东北救亡总会等27个妇女团体代表百余人举行宪政座谈会。座谈会由史良主持，史良、刘清扬、曹孟君、廖似光、张玉琴、陈逸云、朱伦、邓季惺、黄佩兰等就妇女宪政问题在会上作了发言。

同日 国民党五届六中全会在重庆召开，20日闭会。蒋介石在致开幕词中表示：日本一日不觉悟，则抗战一日不停止；不参加防共协定；信任友邦等。全会还通过决议，一再延期的国民大会，限定于1940年11月12日召开，制定宪法。同时秘密制定对共产党实行以军事“限共”为主、政治“限共”为辅的方针。

11月23日 沈钧儒、梁漱溟、黄炎培、章伯钧、左舜生等在重庆青年会餐堂聚会，发起筹备统一建国同志会。参加的还有罗文幹、罗隆基、胡石青、曾琦、李璜、余家菊、丘哲、邹韬奋、张申府、章乃器、江恒源、冷遹、张澜、光升等人，他们分属救国会、国家社会党、第三党、中华职业教育社、乡村建设派及无党派人士。这些参政会中的中间党派人士感到人少势孤，遂想联合起来，形成“第三者”的立场和力量，在国共两党之间发挥调解作用，促使国民党实施宪政，在国内政治生活中起举足轻重的作用。统一建国同志会的宗旨是:“集合各方热心国事之上层人士,共就国事探讨国事政策,以求意见之统一,促成行动之团结。”该会定有信约十二条,主要有:吾人以诚意接受三民主义为抗战建国最高原则,拥护蒋先生为中华民国领袖;中国以建设完成革命,从进步达到平等;一切国内暴力斗争及破坏行动,无复必要,在所反对;主张实施宪政,成立宪政政府;凡遵守宪法之各党派,一律以平等地位公开存在;一切军队属于国家,统一指挥,统一编制;不赞成以政权或武力推行党务,反对一切内战。该会还订有简章八条,规定以巩固统一积极建国为帜志。

11月26日 晏阳初、梁漱溟、黄炎培等在重庆聚会,商定乡村建设学会理事名额19人已定者为杨开道、章元善、瞿菊农、孙廉泉、晏阳初、梁仲华、梁漱溟、高践四、陈筑山、江问渔、黄炎培。常务理事为晏阳初(主席)、黄炎培、梁漱溟。书记长为梁仲华。

11月29日 梁漱溟在重庆往见蒋介石,说明统一建国同志会的“第三者立场”,要求蒋允许他们有此一联合组织。蒋介石认为救国会是“中共的外围”,对沈钧儒、邹韬奋参加表示不放心。梁解释说,“与其让他们在这一组织的外面,还不如约在里面”。蒋介石提出以不组织正式政党为条件,允许成立这个组织。

11月30日 宪政促进会筹备人沈钧儒、董必武、张申府等在重庆巴蜀小学召开筹备会,参加的有孔庚、邹韬奋、章乃器、钱俊瑞、史良、刘清扬、韩幽桐、黄薇、胡子婴、朱楚辛、于毅夫、潘梓年等50余人。会议推定孔庚、张申府、董必武、秦邦宪、刘清扬、章乃器、褚辅成、沈钧儒、左舜生、李中襄、史良、曹孟君、张友渔、许宝驹、许孝炎、黄炎培、莫德惠、章伯钧、沙千里、梅龚彬、康心之、于毅夫、韩幽桐、周钦兵、李璜等25人为常务委员组成宪政促进会常委会。

12月1日 中共中央发出《中央关于组织进步力量争取时局好转的指示》。指示说:争取时局好转的基本方针是,根据巩固和扩大抗日民族统一战线政策去组织全国一切抗战和民主的力量,要求各级党组织利用国民党内各个派别各个集团之间的各种矛盾,支持和帮助国民党内的抗战进步分子;团结和争取救国会的朋友、各地的公正士绅、名流学者以及地方实力派。为达此目的,要动员和说服那些能做统一战线工作的党员和同情我党的文化人士和青年知识分子,使他们去认真亲近国民党干部及党员,使他们有计划有步骤地去影响和接近国民党嫡系非嫡系以及非国民党的各个重要党政军领导人,使他们诚意地帮助各种赞成抗战和民主的人们,形成有组织的力量,在这里,文化人与知识分子是非常重要的。

同日 宪政促进会筹备会举行首次常委会,决议推张申府为常委会秘书处主任,沈钧儒为宣传委员会主任,左舜生为研究委员会主任,章伯钧为联络委员会主任。另推张申府、章乃器、于毅夫3人负责起草宪政促进会章程、大会宣言及工作纲领。推请孔庚、李中襄、张申府、左舜生、章伯钧5人负责办理立案手续。

12月10日 由25位参政员召集的宪政座谈会在重庆市银行公开举行第五次会议,到会参政员和各界人士80余人。张申府在会上报告了宪政促进会筹备经过及办理立案的情形。到会人士就国民大会问题展开了讨论。

同日 重庆青年宪政问题讨论会在美专礼堂举行。到会的有潘公展、方采芹、邹韬奋及各界青年500余人。会上讨论了青年对宪政应有之认识等问题,邹韬奋就实施宪政的问题发表讲演。会议决定筹组中国青年宪政促进会。

同日 重庆各界妇女团体召集的宪政促进会,在求精中学举行第三次座谈会,到会的有各团体代表200余人。大会由刘清扬主持,与会者讨论了"目前人民程度是否能够实行宪政"的问题。

12月11日 《新华日报》为检讨过去,勉励将来,在重庆西三街营业部招待在渝文化界人士,听取批评和指教。来宾有沈钧儒、邹韬奋、张西曼、张申府、史良、沙千里、阳翰笙、钱俊瑞、沈志远、杜君若、孔罗荪等40余人。《新华日报》董事会何凯丰、社长潘梓年、总编辑吴克坚、编委吴敏(杨放之)、许涤新、戈宝权等到会招待。

12月23日 中共中央书记处向党内发出对时局的指示,指出国民党正动摇于亲英反共降日与亲苏联共抗日之间。今年3月国民党五中全会的反共政策,是以政治限共为主,以军事限共为辅,到11月国民党六中全会时,则已发展到军事限共为主,政治限共为辅了。提出今后的任务是:极力发展统一战线工作,力争中间阶层;深入群众工作;极力发展与巩固八路军、新四军的力量;凡遇军事进攻,准备在有理又有利的条件下坚决反抗,决不轻言退让。

12月25日 八路军总司令朱德、副司令彭德怀及林彪、贺龙、刘伯承师长、陕甘宁边区政府主席林伯渠等8人发表致蒋介石、国民党政府及胡宗南等的通电，痛斥自本年3月流行“防制异党活动办法”以来国民党所制造的种种摩擦事件，要求蒋介石、国民党政府惩办肇事祸首，取缔反共邪说，明令取消“防制异党活动办法”及“处理共党实施方案”，制止反共军事行动，勿使局部事件日益扩大。

12月至次年3月 国民党顽固派发动了抗日战争期间的第一次反共高潮。12月，蒋介石命令胡宗南部队侵占了陕甘宁边区的淳化、栒邑、正宁、宁县、镇原等五县。阎锡山在山西发动12月事变，进攻抗日决死队，摧残抗日民主政权，杀害大批共产党员和进步分子。1940年2、3月间，蒋介石令九十七军朱怀冰纠合庞炳勋、张荫梧、侯如墉等部，进攻太行区域的八路军总部。我抗日根据地军民坚持《七七宣言》中提出的“三坚持、三反对”的方针，在政治上坚决揭露国民党顽固派的反共投降阴谋，军事上坚持自卫的原则，给进犯者以有力的回击，粉碎了国民党的第一次反共高潮。

12月 毛泽东在《中国革命和中国共产党》一书第二章中，将中国大资产阶级区别为亲日派（投降派）和欧美派（顽固派），对大资产阶级投降派的政策是坚决地打倒他们，对于大资产阶级顽固派，则是用革命的两面政策去对待，即一方面是联合他们，因为他们还在抗日，还应该利用他们和日本帝国主义的矛盾；又一方面是和他们作坚决的斗争，因为他们执行着破坏抗日和团结的反共反人民的高压政策，没有斗争就会危害抗日和团结。毛泽东还写道，中国民族资产阶级不但和大地主大资产阶级的投降派有区别，而且和大资产阶级的顽固派也有区别，是我们较好的同盟者,对他们采取慎重的政策是完全必要的。

本月 蒋介石指定庞炳勋担任国民党的河北省政府主席,向庞布置反共措施:“打日本要有限度的,千万注意不能‘前门拒狼,后门进虎’”。

年底 汪精卫和日寇签订卖国密约(《日支新关系调整纲要》)。其主要内容为:(一)东北割让给日本,将蒙疆(指当时的绥远、察哈尔两省和山西省北部)、华北、长江下游和华南岛屿,定为“日支强度结合地带”,由日军长期占领;(二)伪政权自中央政府至地方政府,都由日本顾问或职员监督;(三)伪军和伪警察,由日籍教官训练,武器亦由日本供给;(四)伪政府的财政经济政策,工业、农业和交通事业,都由日本控制,一切资源,由日本任意开发;(五)禁止一切抗日活动。

本年 宋庆龄与何宝芳(伍朝枢夫人)、陈淑子(胡汉民夫人)在香港组织妇女慰劳会,发动香港居民和海外侨胞捐款支援国内抗日战争。

本年 乡村建设派负责人梁漱溟得陈诚同意,以军委会政治部第三大队名义,于春天经洛阳、徐州返鲁活动,带有蒋介石给的电报密码本及1万路费。梁还未及集合好队伍,遇日军扫荡,将国民党发给的枪械弹药、无线电等物资丢光,梁漱溟和黄艮庸几乎被日军俘去,后由中共组织将梁护送出敌占区,回到后方。梁在山东看到国共军事摩擦情况后,对中共极为不满。回渝后向陈诚建议:(一)增加3个师到黄河以北,专门对付八路军;(二)限制共产党军队的发展;(三)国共摩擦均由共产党一手造成,国民党应大加宣传。

一九四〇年

1月5日　国讯同志会成立，会长黄炎培，副会长江问渔、冷遹、杨卫玉。

1月10日　中共中央给南方局发出关于边区问题与国民党谈判的方针指示，指出以严正的态度向国民党提出：中共边区应为23个县，中共和八路军在这23个县内，有动员民众实行三民主义与抗战建国纲领之全权；委任朱德为冀察总司令兼河北省主席，贺龙为察哈尔省主席；八路军扩充至3个军9个师，22万人；新四军应为3个师5万人。

1月11日　中共中央给南方局发出关于边区与扩军问题同国民党的谈判条件的指示，指出：目前可先解决边区和扩军两问题。边区坚持23个县，边区主席由林伯渠担任，名称定为"陕甘宁边区"，扩军问题照10日指示办理。

同日　宪政促进筹备会在重庆市康宁路五号张申府寓所举行常委会，董必武、张申府、沈钧儒、张友渔、于毅夫、刘清扬、沙千里、韩幽桐、曹孟君等到会。

同日　统一建国同志会在重庆普海春举行夜聚餐会，参加者有：左舜生、沈钧儒、章伯钧、刘清扬、章乃器、晏阳初、周士观、李璜、张申府、杨赓陶、余家菊等。

1月13日 黄炎培往曾家岩50号访晤董必武，索得文件。

1月15日 中共中央关于东北反日总会问题与高崇民来往信件要点给南方局发出指示，指出：东总应成为东北人不分党派和职业的群众团体，不仅团结进步的一部分，也应团结除汉奸外所有的东北人，我党只在政治上和工作上帮助，使东总完成此任务。关于所提出的将东北抗日武装交给东北抗日救亡总会领导的问题，指示说，人民的抗日武装只能由共产党领导，谈不上交出去的问题。

1月25日 中共中央关于与国民党谈判条件不能让步问题给南方局发出指示，指出中央前次所提边区扩军等各条件都是最低限度的、正当的、合理的，不能再让步。否则，将于抗日不利，抗日阵地也将受到大破坏。

1月27日 中华全国文艺界抗敌协会，为改善作家们的经济困境，动员广大文艺作家投身于抗日民族解放斗争，发动了"保障作家生活"运动。《新蜀报》副刊《蜀道》积极响应，于当日召开座谈会，参加会议者有老舍、阳翰笙、葛一虹、华林、王亚平、罗荪、胡风、方殷、光未然、陈纪滢、梅林、陈白尘、凤子等人。到会者就提高稿费、保障版权、版税等问题交换了意见。《新华日报》《大公报》《新民报》等在此会后，都纷纷发表文章表示积极支持这一运动。

同日 朱德、彭德怀致电徐向前、朱瑞、陈光、罗荣桓、刘伯承、邓小平等，指出对盘踞在山东对我军搞摩擦的沈鸿烈顽固力量,须在有理有利的原则下在军事上打击之,在政治上孤立之,并推翻其危害抗日的反动政权。要力求掌握鲁南之蒙阳、日照、诸城等11县以及胶东半岛8县、地区。要帮助进步分子,争取中间动摇分子。对搞摩擦者,也要利用矛盾,区别对待,中立一部分,孤立一部分,只打击某一部分。在冀南,要口头揭露石友三通敌,争取其士兵及进步军官,在有理有利原则下,消灭其一部。并指出,我们的主要敌人是日寇,不要放过一切有利时机予日军和伪军以沉重的打击。

1月28日 中共中央发出《克服投降危险,力争时局好转》的指示,提出党的任务是,坚决反抗投降派顽固派的军事进攻和政治进攻,积极发展全国的统一战线,发展抗日根据地的武装和政权,以克服投降危险,争取时局好转前途。

同日 冯玉祥在重庆发表广播讲演,呼吁:“国共两党要真正团结起来,用积极抗战的行动去彻底粉碎汪逆卖国密约,战斗到最后胜利。”

同日 中共中央书记处向北方局、山东分局、中原局、彭雪枫、刘少奇、项英、陈毅发出关于在山东华中发展武装、建立根据地的指示。指出:只有广大发展革命武装力量,以与全国工作相配合,才能制止投降与反共、巩固统一战线及争取时局好转。建立革命军队与政权是一个严重斗争过程,因此不能避免有理有利的摩擦。凡阻碍抗日进步势力发展并向我攻击之反动势力与顽固派,我必须坚决反击之。应极力争取进步与比较进步的势力,对中间派如于学忠、李明杨等,应采取中立他们的政策。

1月29日 王稼祥、谭政关于决死队的工作给方强发出指示，指出：巩固决死队、保存牺盟这一武装力量，是巩固山西统一战线的基础。为此，应当巩固党的领导，巩固内部团结，肃清各种妥协成分与小资产阶级的影响，提高军队的组织性和纪律性。

1月30日 中共中央关于武装自卫反顽进攻给朱德、彭德怀等发出指示，指出：对河北和山西境内的任何军队，如果他们进攻八路军地区，我应在自卫原则下，在有理有利条件下，坚决反抗并彻底消灭之。只有这样才能停止那些阴谋家冒险家的诡计，才能分化他们内部，才能使动摇的军队，不敢参加进攻，才能与努力进行军队中统一战线工作（此工作要十分加紧）作有效的配合。

1月 毛泽东发表《新民主主义论》文章，全面阐述了中国共产党的政治纲领。他将统一战线分为四个时期。他指出，从1937年以后的第四个时期的统一战线的范围更大了，上层阶级包括了很多统治者，中层阶级包括了民族资产阶级和小资产阶级，下层阶级包括了一切无产者，全国各阶层都成了盟员。他针对近来妥协反共声浪又甚嚣尘上的时局，驳斥了国民党顽固派所谓“一个主义”的叫嚣，指出其本质就是顽固分子们的资产阶级专制主义。

本月 中共中央为增援新四军在淮北、皖东和苏北的抗日斗争，从华北调遣八路军二万余人到达江苏北部。

本月 陈布雷受蒋介石委托接见新任命的河北省政府秘书长胡梦华，专门布置反共策略，并传达蒋的政策：“宁肯失地于日本，不能失权于共产党”，坚决反对中共提出的在抗日地区实行“三三制”联合政府的主张。

年初 青年党为配合国民党掀起首次反共高潮，决定翻印《铲共须知》《共产主义批判》《唯物史观批判》等反动书籍，令下级组织“护党反共”，并在“必要时”“帮助政府铲共”。

年初 国民党顽固派发动第一次反共高潮中，胡宗南从南边进攻陕甘宁边区，要国民党晋陕绥地区总司令邓宝珊从北边封锁陕甘宁边区，进行军事进攻。邓宝珊借故离开榆林，实行抵制，胡宗南连电催促，邓仍不返榆，从而使边区北边相安无事。

2月1日 中共中央关于抗日民主政权的阶级实质问题给北方局等发出指示，指出：抗日民主政权应当在政策上和阶级实质上，都是抗日统一战线的政权，即一切拥护抗日统一战线、不投降、不反共、不倒退的人都应当吸收其代表加入政权，但决不是大地主、大资本家、工、农、小资产阶级的联合政权，而是以工、农、小资产阶级为主，同时又不拒绝进步的中产阶级分子及进步士绅参加的政权，这样形式与内容便是一致的。而国民党政权则是大资产阶级与地主联合的政权，工、农、小资产阶级、中产阶级都是除外的。所以，“工农小资产阶级政权”这个口号在现时不适当，因为这个口号对于党的抗日民族统一战线的路线不适合，当党的政治路线没有变更以前，我们不宜提这个口号。

同日 中共中央作出《关于目前时局与党的任务的决定》，提出中共的基本任务是强固抗日进步势力，抵抗投降倒退势力，力争时局好转，克服时局逆转。为此，必须强调抗战、团结、进步三者不可缺一。并执行扩大反汪反汉奸的宣传，猛力发展全国党政军民学统一战线，开展宪政运动，力争民主政治，要抵抗投降反共势力的进攻，发展抗日的民众运动等十大任务。

同日 延安各界3万余人举行讨汪大会。毛泽东、陈云、王稼祥、林伯渠、肖劲光等出席大会。毛泽东发表了《团结一切抗日力量,反对反共顽固派》的讲演。指出:共产党和全国人民的根本任务和方针,是团结一切抗日的进步的势力,抵抗一切投降的倒退的势力,力争时局的好转,挽救时局的逆转。他深刻地揭露国民党反共顽固派的统一论的实质,就是要消灭共产党及其领导下的抗日武装和民主抗日根据地,是借统一之名,行专制之实。会后,通电全国,向国民党提出十项要求:全国讨汪;加紧团结;厉行宪政;禁止摩擦;保护青年;援助前线;取缔特务机关,取缔贪官污吏;实行《总理遗嘱》;实行三民主义。

2月3日 中共参政员毛泽东、陈绍禹、林伯渠、吴玉章致电国民参政会秘书处,指出:国民参政会华北视察团,不仅无一中共参政员,且连提出组织该视察团的沈钧儒、邹韬奋、陶行知诸先生,以及素以老成顿望公正无私著称之张一麐、黄炎培、江恒源、张澜等先生亦无一参加,在团长团员中,除梁实秋、余家菊两个拥汪主和反共的人外,余皆国民党一党之参政员。由此等人选所组成的视察团,对于视察事项所收材料及所作结论,必属偏私害公,绝无疑义。该团与特务机关配合行动,收集虚假材料,以便作为国民党在下次参政会提出取消边区与八路军提案的依据,阴谋打击共产党。因此,中共拒绝接受国民党利用参政会名义派出的"视察团"到陕甘宁边区。

2月9日 中共中央关于与国民党谈判内容给南方局发出指示,指出:目前同国民党谈判的重点,已不是军队扩编为九个师,边区应为23个县的问题,而是全面停止摩擦的问题。10日,中共中央又指示南方局,不同意国民党在谈判中提出的以四个县换我边区四个县。

2月10日 毛泽东为延安《新中华报》出版一周年撰文《必须强调团结和进步》。他指出中国共产党提出的抗战、团结、进步三大方针,是三位一体的,三者不可缺一。为了抗战就要反对投降,为了团结就要反对分裂,为了进步就要反对倒退。不这样做,没有团结和进步,所谓抗战只是空喊,抗日胜利是没有希望的。

2月20日 延安各界宪政促进会举行成立大会。毛泽东在会上作了《新民主主义宪政》的重要讲话。大会发表了宣言,指出:(一)今日实施宪政之意义,在于发扬民意,彻底战胜日本帝国主义;(二)国民代表大会选举法必须彻底修正,其代表必须重新选举;(三)国民大会组织法必须修正,国民大会应成为国家最高权力代表;(四)全国应发起普遍深入之宪政运动,人民有讨论宪法与选举国大代表之自由,各抗日党派有合法存在权利与参加国大代表竞选之自由。大会推举吴玉章为促进会理事长,毛泽东、陈云、张闻天、王稼祥等四十五人为理事。

2月25日 中共中央派王若飞、肖劲光前往宜川县秋林镇与阎锡山谈判,向阎当面申述共产党八路军关于新旧军团结和拥阎抗日的主张,主动表示休战言和,并递交了毛泽东给阎的信。阎在政治、军事上均遭到失败,在别无出路的情况下,只得接受共产党团结抗日的主张。经过谈判,于四月初双方正式达成协议:确定以汾阳经离石至军渡的公路为晋西南与晋西北的分界线,以汾河为晋东南与晋西南的分界线。晋西南为晋绥军的活动地区，晋东南和晋西北为八路军及新军的活动地区。

2 月 26 日 延安回民救国协会在延安成立，协会推举马青年、金浪白、马文良、马宾等为理事。并作出如下决议：(一)参加延安宪政促进会，争取回族在宪法中的平等地位；(二)出版刊物，研究回族问题；(三)建立中国回教救国会陕甘宁边区分会；(四)在延安建立清真寺。

下旬 由于朱怀冰提出要八路军让出河北部分抗日根据地给他的部队，否则将向八路军进攻，朱德在八路军总部会见朱怀冰指出，抗日根据地是八路军从日寇手里夺回来的地方，你们要占领，人民不会同意。你们要地盘，有的是地方，你们去把日寇占领的广大沦陷区夺回来，不就行了嘛！如果你朱怀冰不仁不义，胆敢进攻，我们一定坚决自卫。

3 月 1 日 秦邦宪、董必武与黄炎培交谈当前时局问题。

3 月 3 日 妇女宪政座谈会第六次会议在重庆求精中学举行，到会 200 多人，陈波儿首先报告华北妇女参政情况，救国会的刘清扬、曹孟君、史良、胡子婴等 30 人先后发言，讨论妇女促进宪政及解放问题。

3 月 5 日 中共中央关于和平解决晋西事变的宣传方针给各地发出指示，指出山西问题已和平解决，旧军与新军的军事冲突已经停止，并约定双方停止政治攻击，重新团结在阎司令长官之下，一致抗日。这是由于共产党八路军坚持团结抗战方针和阎长官适当解决而得到的，同时是由某方特务分子挑拨山西新旧冲突以消灭阎系之阴谋被揭露失败所致。各地对外照此解释。

同日 八路军在林县东北的漳河南岸反击国民党九十七军

军长兼河北省民政厅长朱怀冰部的进攻,激战三天,将朱部3个师歼灭,朱仅以身免。至此,打退了国民党第一次反共高潮。

3月6日 毛泽东为中共中央写了党内的指示:《抗日根据地的政权问题》。指出抗日民主政权是民主统一战线性质的,即几个革命阶级联合起来对汉奸和反动派的民主专政。指示规定,在抗日政权的人员分配上,共产党员、非党的左派进步分子和中间派应各占1/3。这种规定是为了保证共产党在政权中的领导地位,便于团结广大的小资产阶级群众,并争取中等资产阶级和开明绅士,以孤立反共顽固派,避免过右和过"左"的倾向。

3月7日 毛泽东、王稼祥致电朱德、彭德怀、杨尚昆说,我们觉得此时应对卫立煌有所让步。在此反摩擦斗争中,我们能够巩固山西临汾、屯留、平顺及漳河、河北大名之线已算很大胜利,在此线以南,应与国民党休战。朱、彭接电后,即令该线以南部队北撤。

3月8日 重庆各界妇女举行纪念"三八"节大会。由李德全主持。大会通过了宣言、讨汪通电、慰问前方将士电、告世界妇女信,并通过如下决议:要求国民党政府在宪法上明文规定妇女在政治上、经济上、教育上和社会上一律平等,确实保障妇女地位;请求国民党政府普遍建立妇女组织;要求国民党政府通令全国工厂,实行男女同工同酬等。

上旬 蒋介石召集全国军以上的参谋长会议。十八集团军参谋长叶剑英和新四军参谋长张云逸之代表肖正岗出席。蒋介石在会上说国民革命军冬季攻势之失败,是因为十八集团军"游而不击","破坏抗战,制造磨擦"等不法行为所造成的。宣布要彻查此事，严整军纪军令。一些国民党军官也尾随发言，恶语中伤。针对这些攻击，叶剑英作了长达一个半小时的发言，系统地阐述了我党我军坚持团结抗战的方针和原则立场，并以大量的事实和国内外公正反应，证明我军在冬季作战中是积极的、英勇的，是按照蒋介石统帅部的抗战命令办的，证明我军在各地摩擦中所采取的是自卫原则，有力地驳斥了蒋介石等人的诬蔑。

3月10日 蒋介石国民政府向日本提出了以反共防共为中心，出卖中国领土主权及中华民族利益的八条“和平意见”，企图与日本谋和，结束中日战争。

3月11日 毛泽东在延安中共高级干部会上作了《目前抗日统一战线中的策略问题》的报告，针对当时党内出现的“左”的倾向，指出抗日战争胜利的基本条件，是抗日统一战线的扩大和巩固。而要达此目的，必须争取发展进步势力、争取中间势力、反对顽固势力的策略。在反对顽固派斗争中要坚持“有理、有利、有节”的原则。

3月15日 黄炎培、张君劢、左舜生、李璜、李中襄晤谈国共两党关系问题。

同日 朱德、彭德怀、杨尚昆致电左权、黄克诚、杨得志、程子华、宋任穷、刘伯承、邓小平等，指出：在反摩擦斗争中，我们已取得很大胜利，巩固了晋西北、冀中、冀南、冀西抗日根据地，开展了直南工作，打击了投降派和顽固分子，争取了中间分子。根据国内外条件，可能争取时局好转。对国民党中央军，应加紧团结工作。

3月16日 朱德、彭德怀、杨尚昆致电彭真、贺龙、关向应并报中共中央,指出山西牺牲救国同盟会是中共领导下的一个民族革命的联盟,它对山西新军的建立,山西抗日民族统一战线的发展以及山西抗战的坚持,都起过光辉的作用。今后党对它的工作方针是:保存它,整顿它,帮助它进步,保证它在共产党的统一领导下进行工作。

中旬 中共中央派朱德到国民党第二战区驻地与副司令长官卫立煌谈判,于五月达成协议:以临屯公路及长治、平顺、磁县之线为界,该线以南为国民党军队驻区,以北为八路军驻区。

3月20日 宪政期成会第三届会议开幕,会期10天。会上讨论了宪法草案等问题。参加会的有:张澜、黄炎培、张君劢、史良、罗隆基、章伯钧、董必武、左舜生、章士钊、李璜、罗文干、王家桢等。30日,通过宪法草案共8章128条。

3月21日 宪政座谈会与宪政促进会筹备会在重庆举行茶会,招待宪政期成会会员,交换对宪政问题的意见。参加者:宪政期成会的张澜、章伯钧、董必武、黄炎培、罗文干、周炳琳、史良、李中襄、罗隆基、左舜生10位参政员,宪政座谈会的沈钧儒、邹韬奋、张友渔、潘梓年、张申府、刘清扬等40余人。会上,沈钧儒发言说,实施宪政已成为全国一致的要求,不发动人民参加讨论,则宪政是空架的。他还抨击国民党对第四次国民参政会通过的"全国人民都有政治自由"实施宪政提案办法迟迟未予公布的做法,对促进宪政运动有妨害。

3月25日 中苏文化协会妇女委员会成立。该会是为了加强和扩大妇女抗日统一战线,开展中苏妇女友好交往和文化交流,在邓颖超提议下设立的。李德全为主任委员,傅学文、曹孟君为副主任委员，委员：邓颖超、张晓梅、史良、胡子婴、刘王立明、刘清扬、黄静汶、劳君展、郑瑛、胡绣枫、倪斐君、张启凡、陆慧年、陆晶清、彭子冈、谭得先、于立群、邓季惺、谭惕吾、浦熙修、王枫等。该会的成立，为动员重庆各界妇女参加民主，反对独裁斗争，为加强中苏妇女的友谊和文化交流作出了积极贡献。

3月26日 南洋侨胞回国慰劳团发起人、华侨筹赈总会主席陈嘉庚一行5人，自仰光飞抵重庆。陈在机场发表谈话说，敝人此行任务是代表南洋1000多万华侨回国慰劳和考察。他表示准备往延安视察，以明真相，庶不负华侨的委托。

3月28日 蒋介石在重庆约见黄炎培、罗隆基、张君劢、张澜、钱端升、李璜、左舜生、罗文干、褚辅成、周枚荪交谈宪政问题。黄炎培谈了宪政期成会第三届会议讨论宪法草案问题的经过，张澜还谈及川政问题。

3月30日 汪精卫集团在南京成立伪"国民政府"，汪任代主席，发表所谓《国民政府还都宣言》，向重庆蒋介石的国民政府进行诱降。参加汪伪政府的还有青年党中央委员赵毓松和党员张英华、李宗墨等，国社党的成员李祖虞、诸青来等。

3月31日 妇女宪政座谈会召开第七次会议，出席各界妇女百余人。韩幽桐主持会议并报告了对"五五宪草"的意见。史良报告了宪政期成会上讨论宪草时关于争取妇女权利斗争的情况。出席这次座谈会的妇女一致认为，宪法中必须明白规定妇女在政治、经济、文化、教育方面必须与男子享受平等权利。

3月 冈野进到延安，组织和领导了"日本在华士兵反战同盟"。

同月 日军向晋西北坚持抗战的八路军发动大扫荡，八路军留守机关准备撤回延安。蒋介石给驻榆林的二十二军军长高双成打去十万火急亲译电报，令速派两个团截断螅蜊峪、宋家川等黄河渡口，阻止八路军过黄河，违令停饷等语。延安方面获悉后，即派绥德绅士刘绍庭到榆林探询，高双成说："你回去告诉毛先生，我交朋友就要交到底。"高果然未发兵，电复蒋介石：八路军在横山以东地区集结三千人，有北犯榆林，打通神府的企图，无兵抽调等语。

3、4月间 国民党安徽省政府主席李品仙、第五战区司令长官李宗仁，向安徽、湖北之间的新四军发动大规模进攻。新四军江北指挥员张云逸、鄂豫挺进纵队司令李先念向国民党提出强烈抗议，并抵抗他们的进攻。

4月1日 中共中央就国民参政会一届五次会议等问题给凯丰、董必武、叶剑英发出指示，指出要积极争取各小党派和中间派分子。

4月1日至10日 国民参政会一届五次大会在重庆举行。到会参政员145人。中共参政员董必武、秦邦宪、林伯渠、邓颖超先后出席。大会表示坚持抗战国策的贯彻，并一致通过发表声讨汪逆兆铭南京伪组织通电。在9日的大会上选举秦邦宪、董必武、黄炎培，莫德惠、张澜、许德珩等25人为驻会委员。

4月5日 国民参政会审查会召开会议，黄炎培主持。梁漱溟等人提出关于国共两党军队摩擦问题的提案五件，商定请议长蒋介石组织特种委员会讨论解决。

4月6日 重庆市各界妇女召开会议，招待女参政员。邓颖超、张晓梅、史良、吴贻芳、伍智梅、刘蘅静、陶玄、罗衡8位参政员出席。各界妇女团体代表40余人与会。韩幽桐报告了妇女宪政促进座谈会的工作和妇女界的要求。邓颖超介绍了她去苏联几个月的见闻,并且提出:我们当务之急,应是加紧团结,展开反汪斗争。

同日 国民参政会一届五次大会举行第六次会议,对议长交议的宪政期成会草拟的《中华民国宪法草案修正案》进行讨论,参政员董必武、邹韬奋、罗隆基、左舜生等相继在会上发表意见。

4月9日 特种委员会第十次会议就梁漱溟等人的五项提案议决:(一)一切军队,无论何种番号,一律服从最高统帅之命令,绝不得自由行动;(二)如果有军队怀疑于邻近军队之行动者,应将事实报告上级长官,听候最高统帅之处置,在未奉命之前,不得自由行动。

同日 国民参政会一届五次大会休会期间驻会委员有左舜生、黄炎培、张澜、章伯钧、许德珩、张君劢、李璜、褚辅成、王造时等。

上旬 叶剑英、林伯渠、董必武至嘉陵招待所访晤南洋侨领陈嘉庚,双方就国共两党摩擦事进行了数小时交谈。越日,中共南方局在红岩村办事处举行茶会欢迎陈嘉庚等,叶剑英、林伯渠、秦邦宪、邓颖超等百余人到会表示欢迎。林伯渠、陈嘉庚、叶剑英相继在会上致辞。

4月10日 朱德、彭德怀致电毛泽东、王稼祥说,卫立煌的高级参议申凌霄到一二九师师部,要求河北武安县、涉县由卫立煌任命县长，庞炳勋军进驻武、涉两县，范汉杰军进驻林县及其以北。我们意见：武、涉两县可换县长，但庞、范不能在该地驻军。12日，毛、王复电，同意武、涉两县由卫立煌派县长，向卫再让一步，但对庞军进驻坚决拒绝，并说："目前力争八路、中央两军团结。朱总能否与卫一晤？"

4月11日 黄炎培访晤邓颖超，交谈当前时局问题。

4月19日 黄炎培、梁漱溟、李璜举办午聚餐会，到会者有沈钧儒、邹韬奋、左舜生、罗隆基、张申府、周士观、张澜、章伯钧、杨赓陶，商定以周士观重庆南岸弹子石操坝子巷36号（玉皇观）为统一建国同志会之通讯处。

4月14日 国民参政会审查梁漱溟等所提五项提案的特种委员会召开第二次会议，张伯苓、黄炎培、秦邦宪、张君劢、傅斯年、褚辅成、左舜生、李中襄、林虎等出席。中共参政员秦邦宪报告与何应钦总参谋长商谈的情况，他说，所有区域之划分，职权之隶属、军队之改编数目，防线之划定，均在具体商谈中。会议主张建议：对于地方政治制度及其职权，必须经中央正式订定公布，以举统一之实；民众运动应绝对遵守抗战建国纲领之规定，服从国家法令；所有政治性防制办法，应予一律撤销，以收团结之效等4项。

4月16日 秦邦宪会晤黄炎培，商讨时局问题。

4月18日 国民参政会副议长张伯苓、秘书长王世杰和参政员黄炎培会见蒋介石，陈述参政会特种委员会两次审议梁漱溟等5项提案经过情形，并交谈共产党问题及处置方法。

中旬 蒋介石由重庆打电话给在洛阳的卫立煌，令卫立刻到晋南布置队伍，将进占太行山以南的八路军打出去。卫到晋城召集二十七军军长范汉杰、九十三军军长刘戡、十四军军长陈铁开会，传达蒋的命令，叫他们候命行动。卫同时派第一战区司令长官部高参申凌霄到武乡县王家峪八路军司令部，送交卫给朱德、彭德怀的信件，要求把越界部队撤回去。并邀朱德到洛阳商谈。朱德到晋城与卫立煌商定重新划定驻军防区，以临（汾）屯（留）公路及长治、平顺、磁县为界，界线以南为国民党驻防区，以北为八路军驻防区。

4 月和 7 月 中共中央西北工作委员会先后拟定《关于回族问题的提纲》和《关于抗战中蒙古民族问题提纲》并经中央书记处批准。这是当时共产党领导少数民族工作的指导文件，抗战以来，各地党组织认真贯彻执行各民族一律平等和团结抗日的民族政策，动员和组织各族人民积极参加抗日斗争。

5 月 1 日 中共中央致电叶剑英及南方局，指出：我军为顾全大局遵令一再撤退，而蒋部则在太行山以南地区集结 7 个军兵力，得寸进尺，欲一战而后快。指示立即经过张冲、刘为章等向国民党当局提出质问并告诉他们，如逼人太甚，引起武装冲突，责任完全在他们。

5 月 4 日 毛泽东写中共中央给东南局《放手发展抗日力量，抵抗反共顽固派的进攻》的指示。详细阐述了在国民党统治区城内的工作方针。指出：应该广泛地展开统一战线的工作，发展进步势力，争取团结民族资产阶级、开明绅士、杂牌军队、国民党内的中间派、中央军中的中间派、上层小资产阶级和各小党派，孤立顽固势力，用以克服投降危险争取时局好转。同时，充分地准备应付可能发生的任何地方性和全国性的突然事变。

上旬 朱德在洛阳与卫立煌会晤。在卫举行的欢迎会上致辞，强调国共两党和全国军队团结的重要性，说：全国人民需要这种团结，国民党的大多数需要这种团结，共产党八路军坚决要求这种团结。只有日寇、汪精卫汉奸、投降分子和摩擦专家害怕这种团结。这种团结必须建立在进步的基础上。只有这样，才能克服困难，争取抗战的最后胜利。

5 月 12 日 国民党扣发新四军军饷，供应困难。保卫中国大同盟上海分会将在上海筹集的 10 万多元分两次慰劳新四军，是日，第二次慰问团长吴大琨离开新四军军部回沪途中在安徽太平，遭国民党特务绑架后押送上饶集中营。沈钧儒请黄炎培、冷御秋、杨卫玉 3 人向蒋介石提出质问，蒋答应发电查询。但顾祝同诡称吴是被“挽留”在那里，并无他意。吴于 1942 年 11 月 12 日经吴觉农保释出狱。

5 月 13 日 国民党代表宋子良、章友三在九龙旅馆会见日本代表今井武夫、铃木中佐、板田。章友三说，只要秘密会谈取得日华双方同意的成果，按照预定，日华双方军队停战，重庆政府就同时发表反共声明。还告诉日方，重庆政府打算派遣国防最高会议秘书长张群为参加正式会谈的代表。

5 月 17 日 国民党代表宋子良在香港庐山酒家会见日本政府代表今井武夫，并乘艇至海上密谈。宋子良说，蒋介石内心希望“和平”确实是事实，反对实现“和平”的是共产党和冯玉祥，秘密谈判如果成功，当然要讨伐共产党，蒋介石已制订了反共计划，准备对冯使用强硬手段。

5月29日 朱德在中共中央书记处会议上报告国共摩擦问题,指出:对中央军,我们经常有人和他们来往。我们和卫立煌的关系很好,使他在国共两党的摩擦中保持中立。蒋介石曾严令卫立煌向我军进攻,后来我们退出白(圭)晋(城)公路,摩擦空气便和缓了。洛阳是国民党特务机关集中的地方,但因为有卫立煌这个中间力量在,情况比西安还要好些。卫立煌表示要坚持进步。我们得到一个大的教训,这就是争取中间力量是非常重要的,对顽固势力也要争取。

5月31日 陈嘉庚率领南洋侨胞回国慰劳团第一分团到达延安,受到毛泽东、朱德等领导人和广大军民的热烈欢迎,在各界三千余人欢迎大会上,陈发表讲话,激励侨胞积极帮助祖国抗战。次日,毛泽东宴请陈嘉庚等,朱德、王明作陪。6月7日,各界千余人为陈嘉庚等离延举行欢送大会,毛泽东、朱德、吴玉章、肖劲光等出席,朱德致欢送词。

5月 国民党政府军委会参谋长兼军政部长何应钦向国防最高会议报告,诬称沈钧儒、邹韬奋、沙千里将领导国民党军委会政治部举办的綦江县的干训团学生于7月7日举行暴动,如七月不成,又将在双十节再行暴动。由此,国民党政府最高当局令军警机关、各地党部严加防范,并派武装特务严密监视沈钧儒、邹韬奋、沙千里的行动和住所。同时指使干训团桂永清对团内爱国青年严刑拷问,被杀害及致伤者达四百余人。

6月4日 国民党和日本双方代表在澳门举行第二次预备会谈,交换了各自提出的三点意见,后因板桓、蒋介石、汪精卫3人举行会谈的地点问题迟迟达不成协议。7月16日日本未内内阁倒台，近卫又复上台，日本政局发生变化，这种“和平会谈”遂告流产。

6月23日 周士观举办聚餐会，到会者有黄炎培、沈钧儒、章乃器、章伯钧、邹韬奋、张申府、杨赓陶诸人，谈论国际大局、国共合作及宪政等问题。

6月27日 朱德在中共中央政治局的会议上发言指出，目前我们要加强民族统一战线的工作，不要把民族利益和阶级利益对立起来。地主、资本家一般也还有民族思想，不要把他们看成汉奸。统战工作做得好，地主愿意把粮食供给我们；如果工作做得不好，他们会跑掉。国民党军队在抗战中受了我们的影响，只要我们工作做得好，也会有人转到我们方面来。

6月10日 中共中央指示中原局说，东北军在抗日战争中是一支较可靠的友军，在国共斗争中基本上是一种中间势力，且有可能为我争取。我们对东北军的关系好坏，对于我们争取广大友军工作有极大的影响。你们必须把争取东北军工作看成党争取全国友军工作的重要环节。

6月 为解决第一次反共高潮后的国共关系，周恩来在重庆与国民党进行谈判。要求国民党承认陕甘宁边区23个县，准八路军扩编为3个军9个师，新四军为3个师。但国民党只承认边区18个县，八路军只准编3个军6个师加6个团，新四军两师。关于防区问题，国民党要求八路军、新四军全部开到黄河以北。中共原则上同意划分防区，但要求国民党保障各党派在全国的合法存在；承认人民在全国敌占区进行游击战争的权利；划给八路军、新四军足够战区（华北五省）；保证八路军、新四军足够的补给;承认中共在冀察之行政领导(主席)及其他游击区之行政权。

7月1日 黄炎培与左舜生经军事委员会见蒋介石,黄炎培递交了关于外交方针的意见书,左舜生陈述对于内政方面的意见。蒋介石表示希望他们以公证人资格参与商讨中共问题。

7月3日 沈钧儒对重庆《新华日报》记者发表谈话,指出抗战胜利的条件为:(一)国内的进步与团结,自力更生;(二)国际的援助;(三)敌国内部的崩溃。但后两个条件必须依靠着第一个条件,只有我们自己进步,自力更生,才能最后胜利。

7月6日 黄炎培、沈钧儒、邹韬奋、张申府、周士观、章伯钧、杨赓陶在职教社商谈大局,“皆极慨叹”。

7月7日 中共中央作出关于目前形势与党的政策的决定,指出:现在是反共高潮下降时期,应该强调团结一致,强调团结并不是停止一切斗争,国民党的反共政策一天不停止,我们站在自卫立场上的斗争便不能停止。现在斗争的主要火力应该向着真正的投降派,而不是向着一般的顽固派,在反共高潮已经降低、某些顽固派初步表示某些好转之时,应对他们团结,以便争取合作时间的延长。规定共产党领导的军事力量,不向国民党后方作任何可以引起冲突的行动。指示要求对于执行统一战线中的左倾错误,如乱打汉奸、侵犯商人财产、不执行各阶级“三三制”联合政权的原则、对待顽固分子只有斗争没有团结、把国民党看成都是顽固派、对非党干部不信任等,必须严格纠正,同时不能放松对右倾错误的警惕。

同日 中共中央为纪念抗战三周年发表对时局宣言,指出抗战三周年证明日本帝国主义是必然要崩溃的，最后胜利必然属于我中华民族。号召全国同胞、各党各派及将士们，必须抵抗敌人的进攻，克服困难，反对投降阴谋，清除内部摩擦，调整国共关系，根绝内战危险，巩固抗日民族统一战线。

7月16日 国民党拟定了一个所谓“中央指示案”，主要内容是企图取消陕甘宁边区，代以陕北行政公署，归陕西省政府领导，缩编八路军、新四军编制，限定八路军、新四军全部开到黄河以北。

7月20日 毛泽东、朱德、王稼祥致电中共中央中原局、陈毅，指出在苏北要极力扩大统一战线工作，争取一切动摇分子，只打击当前直接向我进攻的部分。

7月21日 周恩来在重庆嘉陵招待所会见陈嘉庚，双方就国共两党摩擦事及谈判调解情况，进行交谈，周向陈介绍了1个多月的谈判情形。

7月25日 陈嘉庚于晚间应国民外交协会之邀，讲演“西北观感”，讲了延安的真实情况。27日，《新华日报》登出全文，国民党对陈不满，陈说，余所讲的无一句失实，事实胜于雄辩。共产党果有良好政治，自能树进势力，外间毁誉，何关大局。

7月 毛泽东为纪念抗战3周年撰文《团结到底》。强调必须坚持抗日民族统一战线，指出共产党员要作抗战的模范，也要作团结的模范。我们所反对的只是敌人和坚决的投降分子、反共分子，对其他一切人，都要认真地团结他们。对于非坚决投降和非坚决反共的人，必须采取团结政策。共产党员在敌后建立抗日政权，应采取“三三制”，共产党员占1/3，使其他主张抗日民主的党派和无党派人士占 2/3。对于财政、经济、文化、教育、锄奸各方面的政策,均必须从协调各阶级的利益出发,实行统一战线政策。

8 月 2 日 中共中央关于目前国际形势与我们宣传方针致电南方局和《新华日报》社指示说,在外交问题上及内政改革上,你们应与各中间派报纸的某些正确观点取统一战线态度,不采取对立态度,以便有力地打击投降派。

8 月 3 日 重庆文化界在中苏文化协会举行纪念鲁迅先生 60 诞辰大会,文化界著名人士郭沫若、田汉、张西曼、吴克坚、沈钧儒等相继在会上发表演讲,郭沫若说,今天纪念鲁迅就要尽自己的力量向他学习。吴克坚说,我们今天纪念鲁迅先生要做两点:(一)争取言论自由;(二)爱护文化干部。

8 月 8 日 朱德在中共中央政治局讨论统战工作和财政问题的会议上发言,指出华北党与部队有些干部骄傲,许多士绅和友军来找我们,但他们不注意做统战工作,今后要注意对友军派来的人即使是特务人员,也只能采用礼送出境的办法。对向财主筹款的问题,根据华北的经验,通过政权和民众去做,比军队直接去做好。

8 月 13 日 重庆妇女界 20 多个团体在求精中学召开纪念"八·一三"及探讨 3 年来妇女工作的大会。邓颖超、曹孟君、史良、韩幽桐等在大会上发言。邓疑超说,我国抗战正处在一个空前困难的时候,我们希望消灭一切妨碍团结的摩擦,希望中国政治上进步。

8 月 15 日 中共中央发出《关于开展统一战线工作的指

示》。《指示》对3年来统一战线工作中存在的问题进行了批评，指出：尤其是国民党实行反共政策以后，许多干部认为国民党及中央军都是顽固派，我们方针只是对立斗争与准备破裂，也不研究国民党内幕了，也不研究中央军及非中央军的具体情况了，也不研究统一战线的组织方式了。对于统一战线工作机关及工作人员，没有指导和检查，对于中央屡次号召统一战线的指示，有些人竟当作耳旁风。中央要求对上述现象，在党内开展自我批评，总结经验教训。指出：研究对待友党友军及各阶级阶层的策略问题，是各级干部尤其是中级高级干部的中心问题。最后强调：利用矛盾，争取多数，反对少数，各个击破，乃是列宁主义的正确策略方针，必须坚决予以执行。

8月19日 中共中央发出《关于扩大交朋友工作的指示》，指出要让全党深刻认识到争取200万友军继续抗战，是今天巩固与扩大抗日民族统一战线最中心的工作，交朋友的方式是今天对友军工作最主要的方式。要求各级统战部一定要加强、做好交朋友的工作，交友无成绩的地方，须受到党的严格责备。

8月25日 周恩来由延安飞返重庆向国民党提出“调整游击队区域及游击部队3种办法：（一）扩大第二战区至山东全省及绥远一部；（二）按照十八集团军及各地游击队全数发饷；（三）各地游击队留在各战区，划定作战界线，分头击敌”。

8月30日 中共晋察冀边委公布目前施政纲领，计有20条，第1条是：亲密国共合作，坚持团结抗战，坚决保卫与发展边区，肃清一切破坏团结抗战、破坏边区的特务、奸细、托匪、妥协投降派。

8月　绥远蒙汉人民及抗日团体在武川县召开绥察人民代表会议。共产党、国民党、抗日民主人士、工人、农民、抗日军队、知识分子及蒙汉回各族代表共600余人出席了大会。会议制定了《绥察施政纲领》，成立了"绥察行政办事处"，推姚哲、杨植林为正副主任。

9月1日　中共中央社会部发出《关于锄奸政策与锄奸工作的指示》，强调必须根据党的统一战线方针，认清日寇是主要敌人，不可把日探与国特混为一谈，不可把国特普通情报人员与特务破坏分子混为一谈，不应该把顽固分子都当作汉奸敌探，不应将一切国民党员绅士都当作特务人员，更不应将中间派当作顽固分子。

9月6日　毛泽东电周恩来、叶剑英、李克农、饶漱石，指示做好对大地主、大资产阶级、国民党军高级将领的调查工作，要求每省调查数10人到100人，由各省党委分别负责。

9月7日　国民参政员左舜生等30余人联名上书蒋介石，请立即召开参政大会，解决国是，"应付艰局"。10日，蒋介石拒绝召开该会。

9月10日　中共中央发出《关于发展文化运动的指示》，指出：在国民党统治区域的党（敌占区大城市亦然）应对发展文化运动问题，特别提起注意，应把文化运动的推动、发展及其策略与方式等问题，经常放在自己的日程上。应动员与联合各阶层的知识分子、各部门的文化人与青年学生共同投入这一运动。

同日　中共中央发出关于时局趋向的指示，指出目前正处在顽固派要求维持现状，投降派准备组织贝当政府，进步派与中间派要求亲苏和共与政治改良的激烈斗争时期。当前任务是坚决执行中央“七七宣言”及“七七决定”，团结一切进步派与中间派，分化与拉拢一部分可能起变化的顽固派，尖锐批评顽固派，坚决反对投降派。先争取实现初步政治好转，即实现亲苏和共与政治改良三大方针，然后实现彻底的政治好转，即实现各抗日党派、各抗日阶层民主的统一战线政权。

9月27日 德国、意大利、日本签订条约结成法西斯同盟，相约在侵略战争中互相援助。

9月29日 应中华职业教育社的邀请，周恩来在重庆巴蜀小学广场群众大会上发表了题为《国际形势与中国抗战》的著名演说，到会听众达3000人。周恩来在讲话中指出，帝国主义之间的战争正在持久扩大，中国抗战面临着严重的困难和妥协投降危险。但只要我们立足于自力更生，坚持团结，抗战到底，胜利就一定属于我们。

9月 国民党政府以交通不便，召开国民大会有困难为借口，宣布国民大会召开日期另行通知。

10月4日 周恩来、沈钧儒、邹韬奋、左舜生、章伯钧、秦邦宪在重庆一心餐馆举行聚餐会，商讨时局问题。

同日 国民党江苏省主席韩德勤率国民党军队数万人向江北新四军陈毅支队大举围攻。陈毅支队以大敌当前，团结抗战为重，遂令所部退让。韩竟说“陈毅贼胆已寒，切急击勿失”而大举进攻，新四军被迫自卫应战，在黄桥打垮韩德勤部，事谓苏北事件。

10月11日 中共中央关于对苏北名绅进行统战工作向陈

毅、项英、刘少奇、彭雪枫等发出指示，指出：江浙为中国民族资产阶级的中心，韩国钧、黄炎培、张一麟、朱干臣、朱德轩、韩圣谋、董汗槎为江浙一部分著名代表。如果我们能够以正确政策耐心地争取他们与我们合作，则对于争取整个江浙民族资产阶级集团以及整个中国民族资产阶级有很大的作用，对于孤立买办大资产阶级集团也有重要作用。因此，希望你们把与韩国钧等苏北绅耆的统战工作看成是党争取民族资产阶级的一部分最重要的任务，把这个问题的认识提到党的策略原则的高度。

同日 毛泽东、朱德、王稼祥致电彭德怀、朱瑞、陈光、罗荣桓，指出目前对国民党军队的方针是缓和摩擦，加强团结。山东方面亦应如此。只要沈鸿烈、秦启荣不向我军进攻我们也不打他们。双方维持现状，各守现有防地。仅在彼方进击时，我才反击之。

10月14日 毛泽东关于争取民族资产阶级问题给周恩来、叶剑英发出指示，指出苏北工作对全国有重大政治影响，而对民族资产阶级的正确政策，成为我们建立苏北模范抗日根据地的中心问题之一。因此请你们除对生活教育社人员加以联络，鼓励他们去苏北外，同时亦对黄炎培、江问渔、张一麟、褚辅成等江浙民族资产阶级之代表加以联络，争取他们在苏北同我们合作，以便经过他们争取更多的民族资本家，并帮助我们巩固苏北根据地。

同日 毛泽东、朱德、王稼祥致电陈毅、刘少奇等，指出建设苏北抗日根据地是很重要的工作，要注意调节各阶层利益，实行政权的“三三制”，预防“左”的危险。

10 月 10 日　中华全国文艺界抗敌协会、中苏文化协会、中国文化艺术社、国际反侵略运动中国分会、国民外交协会、中国青年记者协会、中华职业教育社以及全国戏剧、电影、美术、木刻、音乐各界“抗敌协会”等 12 个团体，在重庆举行纪念鲁迅先生逝世 4 周年大会。冯玉祥、周恩来、梁寒操、叶剑英、沈钧儒、郭沫若、老舍、王昆仑、胡风、田汉等 300 余人到会。

同日　何应钦、白崇禧以国民政府军事委员会正副参谋总长的名义，向朱德、彭德怀、叶挺发出“皓电”，诬蔑八路军、新四军破坏团结抗战，强令黄河以南的八路军、新四军于 1 个月内开赴黄河以北的冀察两省及鲁北晋北地区，并要求执行所谓“中央提示案”。这是国民党发动第二次反共高潮的开始。

10 月 20 日　中共中央宣传部发布《关于向全国教育界各小派别小团体推广统一战线工作的指示》，指出为了击破敌伪奴化教育，为了抵抗国民党顽固派的教育统制政策，为了推广新民主主义教育的影响，中国共产党必须积极向全国教育界各小派别、小团体以至个人，推广统一战线工作。教育界的情况又各不相同，因此，应该以不同的策略和不同的方法，同各种集团以至个人建立统一战线。各级党的组织应尽可能动员适合的干部和党员，去从事教育界的统一战线工作，研究教育界中各种派别的教育理论和实际，对于愿意到各抗日根据地服务于教育的热心分子，应给予帮助。

10 月 24 日　周恩来对反共高潮上升情况及意见致电中共中央、毛泽东说，目前的政治军事形势，已证明国民党顽固派发动的反共高潮上升，何、白 19 日电表明了他们的决心，中间势力一部分已在畏缩,一部分已参加反苏反共。如果国际形势更有利于英美派,局部剿共会进入全面反共,形势将会日益恶化。因此提议:(一)19日电(皓电),我们不能同意,但不能置之不理;(二)军事上有两个方案:一是将新四军主力开至江北,便于我军集结应战;二是主力立即分散。电报说,重庆已陷僵局,我们正在向各方做解释工作,报纸宣传已被封锁,现力争油印散发文件抗议及口头宣传。

10月25日 毛泽东关于在目前国际形势下准备应付任何黑暗局面问题给周恩来发出指示,指出:国民党现在发动反共新高潮的目的,一方面为参加英美同盟肃清道路,好把民族资产阶级、上层小资产阶级拉过去;另一方面有向日本示意的作用,以求交换日本对他的让步。我们要准备蒋介石发动全面反共,要准备对付黑暗的局面,而任何黑暗的局面我们都是不怕的。

10月31日 周恩来、秦邦宪与沈钧儒、章伯钧、左舜生、邹韬奋、张申府等民主党派人士讨论当前形势,并听取他们对国内团结的意见。

秋 中华民族解放行动委员会负责人彭泽湘对于同国共两党关系的问题上,同其他人有不同的立场,分歧越来越大,遂脱离了该组织。中华民族解放行动委员会为了巩固和加强组织,进行了一次整党,并先后接受了王深林、郭则沉、严信民、韩兆鹗、杨子恒等人参加组织。这些人后来成为该组织的中央领导骨干。

秋 国民党当局解除了郭沫若的军委会政治部第三厅厅长职务,委以挂名的部务委员,另派何浩若任厅长。消息传开,第三厅绝大多数人进行抵制，提出辞职。为此，周恩来去见蒋介石说，请他们到延安去，蒋介石害怕壮大革命文化力量，急忙下令成立文化工作委员会，仍请郭沫若领导。在成立之日，根据周恩来的指示，特地举行盛大招待会，由张治中、周恩来、郭沫若主持，邀请文化界人士400多人参加，以显示文化界人士的团结和力量。

秋　黄炎培邀请重庆大学商学院院长马寅初到松鹤楼饭馆商请马下周到职业教育社星期论坛发表演说，马慨然相允。门口有两人将信交侍者转交马寅初，第一封信内有钢笔一支，字条上写："请马老先生笔下留情。"第二封信内有子弹两粒，字条上写："如果你不识相，还要开口攻击党国要人，就要你尝尝这种卫生球的味道！"马寅初见了毫无惧色。黄炎培劝他避避风头，马寅初表示一定按时去讲演，一分钟也不会迟到。

11月2日　中共中央统一战线部发出《关于统一战线部的组织和工作问题的指示》，要求自中央局至省委或区党委必须设立统战部，统战部内一般地可分设党派科、友军科、统战干部科等，规定统战工作的主要对象为多党多派（从国民党、第三党、青年党、国社党、救国会、职业教育社、生活教育社、乡村教育社及各地方实力派）和各友军。

同日　毛泽东关于对蒋介石反共形势的分析及我们的部署给周恩来发出指示，指出中央几次会议都觉得此次反共与上次不同，如处理不慎，则影响前途甚大，主张争取缓和，准备抵抗。此次如果蒋介石投降，必然是四分五裂，我们有50万军队，有全国人心，虽有无穷困难，是能打得开局面的。并告诉周恩来，复何、白的电报已拟好，10日左右发出。

11月3日 黄炎培在重庆发表《我们对于抗战的前途》的演说，指出日军大举撤兵系“和平攻势”，我们应求进步、团结、抗战到底。

同日 沈钧儒往访黄炎培，谈时局问题。黄起草联名电致盛世才请释放杜重远。

同日 毛泽东、朱德、王稼祥致电叶挺、项英，告以中央决定用朱德、彭德怀、叶挺、项英名义，答复何应钦、白崇禧皓电。指示，对国民党取缓和态度，以期延缓反共战争爆发时间，皖南方面决定让步北移。

同日 中共中央致电周恩来，指示即刻按南方局的意见作紧急布置。但在彼方未动兵以前，一切对外均取缓和态度。

同日 毛泽东致电李克农、项英，指出反对直接投降是目前全国的中心任务，迅速动员起各方面舆论，制止投降与内战；加紧统战工作，尤要向粤桂军队说明反共和投降是一回事，告诉他们不要上蒋介石的当；速告各方准备对付全国规模的黑暗局面，全党应该完全地有秩序地退却下来。

11月5日 中共中央致电周恩来，指示以求缓和外间空气，争取中间派，要他向何应钦、白崇禧及各方表示，为顾全大局，愿意让步，新四军皖南部队将遵令北开。并说明中共桂林办事处尚需暂时保留，准备撤退。

同日 周恩来与沈钧儒、黄炎培、张申府、章伯钧、邹韬奋等民主党派人士在重庆康宁路五号张申府寓所商谈时局问题。

11月6日 毛泽东致电周恩来，指出目前不但共产党、中国人民、苏联这三大势力应该团结，而且应与英美作外交联络，以期制止投降，打击亲日、亲德派活动。

11 月 7 日　中共中央发出《关于反对投降挽救时局的指示》，要求全党动员起来，联合一切积极分子，利用一切可能的方法向政府当局，向国民党，向军队，向各党各派各界诚恳积极的说明："剿共"就会亡国，投降必使中国四分五裂，必使抗日军队瓦解，必使全中国人民陷牛马奴隶的境地。《指示》指出共产党愿意与各党各派各军各界为挽救民族危亡团结到底，但对亲日派与内战挑拨者决不容忍。《指示》还要求必须积极加紧统一战线工作，尽可能团结一切能团结的力量。

11 月 9 日　朱德、彭德怀、叶挺、项英发出"佳电"对何应钦、白崇禧的"皓电"作了答复，驳斥了国民党的荒谬命令和造谣诬蔑，指出国内一部分人士正在策动所谓新的反共高潮，企图为投降扫清道路。同时又表示，为顾全团结抗战的大局，新四军江南部队将转至长江以北。

11 月 10 日　蒋介石密令国民党第三战区司令长官顾祝同"按照前定计划，妥为部署并准备"，如新四军不在本年 12 月 31 日前北移，"应立即将其解决"。

同日　马寅初在重庆山东戏剧学院职业青年讲座上发表战时经济问题演说，主持人是黄炎培。马寅初大骂国民党发国难财者与存款于外国银行者。

11 月 11 日　《解放》周刊发表社论《目前时局的严重危机》，指出今天存在严重的投降危险和反共内战危险，希望全国抗日的其他多党多派与无党无派的人士，共同起来反对。社论还向蒋介石郑重声明,中国共产党人是拥护蒋先生及蒋先生领导抗战到底的,恳切要求蒋先生坚决排除包围左右、挑拨内战、阴谋投降的亲日派。

11月15日 毛泽东致电周恩来、董必武、刘少奇、彭德怀等同志,提出中国共产党在击退蒋介石反共高潮中的斗争策略:对皖南取让步政策(即北移),对华中取自卫政策,而在全国则发动大规模反投降、反内战运动,用以争取中间势力,打击何应钦亲日派的阴谋挑衅,缓和蒋介石之反共进军,拖延抗日与国共合作时间,争取中国共产党在全国之有理有利地位。

同日 各小党派人士沈钧儒、章伯钧、梁漱溟、张申府、黄炎培、周士观、邹韬奋、左舜生、张君劢、陈启天在重庆一心餐馆晚餐聚会,阅朱德、彭德怀、叶挺、项英致何应钦、白崇禧之佳电及朱德、彭德怀为说明苏北冲突事实致蒋介石之马电。

11月17日 周恩来、叶剑英与民主党派的张君劢、梁漱溟、沈钧儒、邹韬奋,左舜生、章伯钧、黄炎培在张申府家集会,交谈近来国民党制造摩擦的情况,周恩来告以江南新四军正在北移中。

11月27日 各党派人士沈钧儒、张申府、张君劢、邹韬奋、李璜、左舜生等在重庆枣子岚垭83号聚会,交谈日本和平攻势、国共关系及改革政治问题。

11月28日 《新中华报》发表社论《苏北事件何以善后》。指出此事件是韩德勤的一贯反共政策所致,也是出于亲日派阴谋家之挑拨。为了求得迅速合理解决,希望国民党最高当局,应立即下令停止豫皖一带多种对苏北新四军进行围攻之军事部署。应以韩国钧老先生及各县民众代表所决定的四项临时办法及八项基本改造苏局办法为具体解决办法。

11月30日 日本政府宣布承认汪精卫南京汉奸政府，同时公布了汉奸汪精卫与日本所签订的卖国条约。

11月 阎锡山派赵承绶到孝义白壁关按照阎所指示的"亚洲同盟，共同防共，外交一致，内政自理"的四项原则，与日军驻山西军第一军参谋长楠山、汉奸苏体仁、梁上椿谈判，赵承绶提出：阎锡山要求日方先给他装备30个团，所有兵员、武器、食粮、经费均由日方负责。经过商谈，达成了初步谈判协议。

12月1日 中共中央致电周恩来、叶剑英，提出与国民党谈判的12个条件，即：（一）我皖南部队北开，但需延期；（二）我苏鲁皖部队绝对不能移动；（三）我华北部队无粮无弹，准备南下；（四）国民党应停止进攻陕甘宁边区；（五）国民党释放罗世文，我方释放孙启人；（六）停止在陇海路、咸榆路捕人扣车；（七）张国焘、叶青不应聘为参政员，否则我将退出参政会；（八）桂林八办不能取消；（九）国民政府应给八路军、新四军发饷，欠饷亦应补发；（十）停止石友三隔离黄河的行动；（十一）保障我在各地办事处之安全；（十二）拒绝与何应钦、白崇禧谈判，要求与蒋介石直接谈判。

12月8日 何应钦，白崇禧再次发出复朱德、彭德怀、叶挺、项英"佳"电的"齐"电，进一步作反共舆论动员。次日，蒋介石又发布了"着八路军、新四军放弃原有阵地，限期北移"的命令。

12月12日 中央青委发出《关于国民党区域青年统一战线工作的指示》，指出了青年统一战线的对象和工作方法。对象是:(一)主要是学校当局,包括大多数校长、教职员;(二)各界名流与学生家长;(三)青年的合法社团;(四)包括国民党、三青团的各个机关,尤其是下级干部和团员:(五)广大的中立青年。方法是:(一)赞助上述各种人的一切有益而无害的活动;(二)进行各种组织与活动,应尽量争取上述人士指导、赞助,参加与合作;(三)广交朋友;(四)强调必须重视社会关系和自己的社会地位,纠正轻弃自己职业和社会地位的错误等等。

12月14日 郭沫若复函湖南南岳祝会寺和尚暮笳。信中说,对于敌人,你们从佛教内来诛伐,我们从佛教外来诛伐,相互配合,"相得益彰"。

12月21日 周恩来致函国民党代表张冲,并转告蒋介石,指斥国民党不断制造反共摩擦事件,希望国民党和缓严重局势,以利坚持抗战。

12月23日 国民政府公布第二届国民参议会参政员名单,他们中有:冷遹、江恒源、褚辅成、王忱心、胡子昂、周士观、陈嘉庚、陶行知、李中襄、王造时、张澜、张君劢、黄炎培、史良、邹韬奋、张东荪、沈钧儒、吴贻芳、罗隆基、许德珩、余家菊、陈启天、刘王立明、左舜生、杨赓陶、晏阳初、李璜、曾琦、罗文幹、谭平山、张奚若、梁漱溟、王卓然、李世章、谢冰心。

12月24日 梁漱溟、黄炎培、左舜生等人聚会于重庆新村4号张君劢寓所,谈论时局问题,商定在统一建国同志会的基础上建立独立于国共两大党之外的政治组织,定名为"民主政团同盟"。

12月25日 中共中央通过由毛泽东起草的《论政策》的党

内指示，指出：现在的抗日民族统一战线政策，既不是一切联合否认斗争，又不是一切斗争否认联合，而是综合联合和斗争两方面的政策，指示根据统一战线的策略原则规定了“三三制”政权的政策、劳资两利的劳动政策、减租减息和交租交息的土地政策、合理负担的税收政策、锄奸政策、保障人民权利的政策、发展工农商业的经济政策、发展文化教育政策和军事政策。

同日 蒋介石宴请周恩来，他说，今天他要中共军队开到黄河以北，是为中共着想，那里地区大，待中共去发展，去实现抱负。如果共军非留在江北不可，冲突决难避免，共军必失败。他要新四军从皖北过江，说：“只要你们说出一条北上的路，我可担保至一月底，绝不进兵。”还说，他与周恩来是“患难朋友”，提为“和平与友谊”干杯。周恩来对蒋的威胁当场给予反驳，申明了中共的立场。次日，周恩来打电报给毛泽东，说“这里面有文章”。果然不过十天，蒋介石发动了第二次反共高潮。

同日 黄炎培、张君劢、左舜生、梁漱溟继续商谈筹组“民主政团同盟”事宜。

12月26日 周恩来与张君劢、梁漱溟、左舜生、沈钧儒、张申府、邹韬奋在章伯钧家交换对当前局势的看法。

一九四一年

1月3日 国民党政府军事委员会委员长蒋介石致电江南新四军军长叶挺，令新四军就地结集，沿所指定的路线渡过长江，而后北渡黄河进驻指定地区，并说“沿途已令各军掩护”。

1月6日 奉命北移的新四军部队九千余人行至泾县茂林地区时，遭到国民党7个师8万余人的包围和袭击。新四军被迫还击，激战至13日，弹尽粮绝。为挽救危局，叶挺执行组织的意见，前往国民党顽军处交涉，上官云相将叶挺扣留。至14日新四军除两千余人突围外，大部分壮烈牺牲或被俘。袁国平中弹身亡，项英被叛变的副官杀害。这就是国民党顽固派蓄谋制造的震惊中外的“皖南事变”。

1月8日 美洲洪门致公党总监司徒美堂、阮本万等致电国共两党领导人蒋介石、毛泽东电谓：获睹朱、彭、叶、项复何、白佳电，既知军事当局确曾下令新四军移防，国军20万五道封锁陕甘宁边区，深感祖国内战危机。电请两党领袖，速行负责解决两党纠纷，“放弃前嫌，重修兄弟之好，携手抗战，使河山光复，领土完整”。

1 月 12 日 中共中央给周恩来、叶剑英发出指示，指出新四军在茂林被国民党军队重重包围 6 天，望向国民党提出严重交涉，即日撤围，并向各方面说明国民党有意破裂抗日民主统一战线。

同日 宋庆龄、柳亚子、何香凝、彭泽民等为皖南事变致电蒋介石国民党中执委、中监委。指出：最近讨伐共军之声甚嚣尘上，这是违背了孙中山制定的联共政策和广大人民的意愿，违背了抗战建国纲领。今年是抗战最艰辛最重要的一年，希望蒋介石、国民党慎守孙中山遗训，撤销剿共部署，解决联共方案，发展各种抗日实力，保障各抗日党派。

同日 旅港文化界进步人士张一麟、金仲华、范长江、许地山等 400 余人为皖南事变致电林森和蒋介石，要求制止内战，反对枪口对内。

1 月 13 日 中共中央以朱德、叶挺、项英名义发表通电，抗议国民党顽固派包围皖南新四军的无耻行径。并揭露顽固派在全国正准备大逮捕，袭击八路军办事处；在西北加强对我边区的封锁；在华中则派遣 20 余师正规军对我大举进攻。要求国民党立解皖南大军之包围，撤退华中之“剿共”军队，平毁西北之封锁线，停止全国之屠杀，制止黑暗之反动，以挽全局，以令国命。

1 月 13 日 星洲《南洋商报》发表对皖南事变的时评，指出：在日本强盗压境下，“团结则生，分裂则亡”。中国人只要不当汉奸汪派都应该团结起来，为中国的独立自由幸福而斗争。如果怀着排除异己的念头，互相歧视，鼓吹分裂，陷中国于灭亡的境地，便是民族的罪人。

1月15日 毛泽东给周恩来、叶剑英发出指示，指出：中央决定对国民党顽固派发动政治上的全面反攻，军事上准备一切必要力量粉碎其进攻。并强调说，只有猛烈坚决的全面反攻，方能打退蒋介石的挑衅与进攻。“佳电”中的温和态度立即终结。

同日 何应钦召集临时会议，通过明令撤销新四军番号的决定。

同日 《解放》周刊发表标题为《论抗日根据地的多种政策》的社论，指出抗日根据地是以实现抗战建国纲领与实行三民主义政纲为自己的政治方针的，必须更加注意：第一，应当时时刻刻仔细注意到抗日民族统一战线的巩固与发展，确切照顾统一战线内各阶级各阶层的利益。第二，必须更广大地更深入地推行民主，坚决执行政权组织的“三三制”。既不赞成国民党的一党专政，也决不主张共产党的一党包办。

1月16日 美国华盛顿华侨抗日救国会致电林森、蒋介石，内称：传国共摩擦，令侨焦虑，望顾全大局，妥善处理。

1月17日 蒋介石以国民政府军事委员会的名义发出通令。诬蔑新四军“叛变”，取消其番号，将军长叶挺“革职”交“军法审判”。并命令汤恩伯、李品仙等率20余万军队进攻江北新四军。第二次反共高潮至此达到顶峰。

同日 周恩来得知国民政府军委会发布取消新四军番号的通令后，星夜驱车去找国民党谈判代表张冲，提出抗议。并打电话给军委会参谋长何应钦，怒斥他说：“你们的行动，使亲者痛，仇者快，你们做了日寇想做而做不到的事。你何应钦是中华民族的千古罪人！”连夜，周恩来还为《新华日报》写了“为江南死国难者致哀”和“千古奇冤,江南一叶,同室操戈,相煎何急?!”的题词,次日在《新华日报》上发表。

1月18日 中共中央发出《关于皖南事变的指示》,指出:这是抗战以来国共两党间,也是抗日民族统一战线内部空前严重事变,应该引起全党及全国人民的注意。并决定在各抗日根据地对国民党顽固派围攻皖南新四军的暴行提出严重抗议,无情地揭破国民党当局自抗战以来消极抗日积极反共的罪行,八路军、新四军要充分提高警惕,作好战斗准备。

同日 中共中央给周恩来、叶剑英、董必武发出指示:国民党已准备破裂,你们在重庆的环境日险,应立即设法离渝返延。渝办和《新华日报》干部尽量减少,并分批回延。党外同情分子应立即通知他们,助其旅费,分批向南洋及香港转移。

同日 董必武与黄炎培、沈钧儒、邹韬奋等共进午餐,交谈对皖南事变的态度问题。

同日 宋庆龄、何香凝等在香港为皖南事变致电蒋介石,内称:弹压共产党则中国有发生内战之危险,今后必须绝对停止以武力攻击共产党,必须停止弹压共产党行动。

1月19日 美国费城华侨联合会为皖南事变致电蒋介石,内称:望能顾全大局,团结一致,抗战到底,争取最后胜利。

1月20日 中共中央军委发布重建新四军军部的命令,任命陈毅为代理军长,刘少奇为政治委员,张云逸为副军长,赖传珠为参谋长,邓子恢为政治部主任。着其“悉心整饬该军,团结内部,协和军民,实行三民主义,遵循《总理遗嘱》,巩固并扩大抗日民族统一战线,为保卫民族国家,坚持抗战到底,防止亲日派袭击而奋斗”。

同日 马来西亚槟榔屿《星滨日报》发表社论《新四军被缴械问题》与短评《我们的期望》，痛斥所谓新四军“叛变”的谣言，指出：海外2000万侨胞是拥护团结到底，而誓死反对枪口向内，中国人杀中国人的。

1月21日 菲律宾纳卯抗敌会、中华商会、妇女慰劳会、青年会、航空建设协会、教育会等侨团为皖南事变致电蒋介石，内称：闻解散新四军，令侨关怀，总攻在即，不宜自起分裂，请保存实力，共同对外。

1月22日 毛泽东以中共中央军委发言人名义向新华社记者发表谈话，向全世界和全国人民揭露了国民党蒋介石进行反共投降活动的全部阴谋，提出共产党关于解决皖南事变的12条办法。要求国民党：第一，悬崖勒马，停止挑衅；第二，取消1月17日的反动命令，并宣布自己是完全错了；第三，惩办皖南事变的祸首何应钦、顾祝同、上官云相三人；第四，恢复叶挺自由，继续充当新四军军长；第五，交还皖南新四军全部人枪；第六，抚恤皖南新四军全部伤亡将士；第七，撤退华中的“剿共”军；第八，平毁西北的封锁线；第九，释放全国一切被捕的爱国政治犯；第十，废止一党专政，实行民主政治；第十一，实行三民主义，服从《总理遗嘱》；第十二，逮捕各亲日派首领，交付国法审判。

同日 斯诺在美国《纽约论坛报》上发表皖南事变的通讯，指出：国共分裂，对日伪有利，汪精卫傀儡军队最近能够占领中国政府军与新四军发生战事的地区，就是一个说明。

1月23日 国际反侵略运动中国分会在重庆实验剧院举行

3 周年纪念会，救国会负责人沈钧儒、邹韬奋、李公朴、张申府，职教社负责人黄炎培及国共两党的于右任、程沧波、冯玉祥、邓颖超、潘梓年等出席。

1 月 24 日 新四军代理军长陈毅、副军长张云逸、政治委员刘少奇等将领发表声讨亲日派通电，抨击国民党当局以内战代抗战、以投降代独立、以分裂代团结、以黑暗代光明的反共卖国计划，指出歼灭新四军，必有更多的叶挺和新战士继其后。表示相信无论经历何等艰难困苦，必须争取抗日战争之最后胜利。

同日 黄炎培赴蒋介石招待餐会，听取外交报告。黄将对新四军事件的意见及对参政会意见书，面交蒋介石。

1 月 25 日 中共中央代表周恩来将中央军委会提出的 12 条解决皖南事变的办法交付国民党代表张冲转蒋介石。

同日 周恩来、董必武、叶剑英致电中共中央，汇报皖南事变后各民主党派的动态。报告说：由章伯钧、左舜生等拟发起成立民主联合会，愿意与我党合作共同进行民主和反内战运动。第三党也主张与我党更密切合作，提出联俄联共为中心，并派出代表同我们谈判，我们表示赞同。

1 月 27 日 毛泽东关于对付蒋介石的方针问题致电周恩来，内称：你们关于蒋介石不实行我党所提出的 12 条，就不恢复谈判的态度是完全正确的。我党的方针是捉住皖南事变及“一·一七”命令不放，除非蒋取消“一·一七”命令，并实行我党提的 12 条，否则，我们没有和他谈判的余地。

同日 蒋介石在国民党中央纪念周上发表讲话，极力缩小皖南事变的范围。他说新四军事件“完全为整肃军纪，当然不牵涉其他问题”,又说:“凡遵守抗战建国纲领之一切个人、团体和党派,政府绝对尊重其应有之自由与独立的人格,而予以法律之保障。”可见蒋在寻找机会来下台阶。

1月30日 毛泽东关于皖南事变后时局发展情况给周恩来发出指示,指出:从破裂开始到全面破裂,尚可能有一个过渡时期,其时间快慢长短,依国内外各种条件决定。我们方针不是促它快,但要准备它快。在蒋没有宣布全面破裂以前,我们并不断绝和他们往来,但须坚持12条,不再谈其他问题(如北移、扩军、边区等)。蒋介石在27日的演讲,说明国民党已转入辩护(防御)态度。

1月 国民党政府驻苏大使邵力子得悉皖南事变后,立即致电蒋介石,告以国际舆论的谴责,晓以利害,痛说苏方关心中国统一团结。

1月至2月 皖南事变后,邹韬奋不顾国民党大员的威胁,为《全民抗战》写了一篇社论,严正谴责国民党,送审时被扣留,邹便在刊物上开天窗,以示抗议。不久,《全民抗战》被迫停刊,邹在最后一期发表题为《言行一致的政治》的社论,痛骂国民党顽固派是“说尽好话,做尽坏事”的无耻之徒。

2月2日 中共中央关于八路军停止给蒋介石一切呈报问题给彭德怀、左权、周恩来、叶剑英发出指示,指出:中央决定在蒋介石对新四军问题没有满意答复前,我八路军停止给他任何呈报(战报亦停止),亦不向他们请领经费。他的来件,办事处可以照例收下,但不要复他。

同日 毛泽东、朱德、王稼祥致电彭德怀、刘伯承、刘少奇等，指出我党对国民党的方针，政治方面，继续攻势，坚持12条，在适当条件下不拒绝妥协；军事方面，八路军原地不动，不松懈准备，新四军力争河南，不惜全力以赴；统战方面，彭德怀、左权、刘伯承、邓小平注意山西中条山国民党各军，彭雪枫注意河南各军，李先念注意湖北、河南各军，大大发展交朋友，以德报怨，共同打退日寇的进攻。

2月5日 陈嘉庚代表3100万侨胞为皖南事变通电全国，呼吁"制止内战，加强团结"。

同日 邹韬奋在重庆收到一封署名"中华铁血锄奸团"的恐吓信，进行谩骂和威胁，说如再替共党宣传，即要他的命。同时还收到一个在国民党机关工作的生活书店的同情者的密报信，内称国民党中宣部将于2月28日下午"商讨"对付生活书店的消息。

同日 著名戏剧家洪深一家三口服药自杀，他在遗书中说："一切都无办法，政治、事业、家庭、经济如此艰难，不如归去。"郭沫若闻讯后，偕医生急救脱险。周恩来派人前往慰问，并从经济上给予援助。

2月7日 毛泽东关于蒋介石的政治动向的估计致电周恩来，指出：蒋介石的"剿共"计划被打破了，他的军事反共事实上已终结。请注意蒋介石诸人如何处理国共关系，依我观察他们非求得个妥协办法不可。他的计划全部破产，参政会又快要开了，不想个妥协办法，更加对他不利。

2月10日 周恩来与沈钧儒、邹韬奋、章伯钧、张申府、黄炎培、左舜生、张君劢等在重庆商谈出席二届参政会问题。周恩来说明了中共不出席国民参政会的方针。沈钧儒等表示谅解，并且建议共产党参政员以12条作为出席的条件，还提出准备成立各党派委员会，讨论国共关系和国内政治民主化问题。会后，周恩来立即将商谈情况报告党中央。

2月14日 中共中央复电周恩来，同意以中共七参政员名义将解决皖南事变的12条办法提到参政会，要求讨论，以期恢复国共关系，重新抗日阵容，坚持对敌抗战。否则，我们不能出席参政会。同意在参政会外成立各党派委员会，讨论政治问题。

同日 毛泽东致电周恩来，指出：各次报告均悉。我们的估计是一致的，蒋介石的反共不会变，高潮可能下降，“剿共”可能停止。目前国共关系是僵局，于蒋不利，是他自己造成的。我之攻势（12条）压倒了蒋介石的攻势。我们在军事上守势，政治上攻势，是完全正确的。因为这不会破裂国共关系，只会拉拢国共合作，不会妨蒋抗日，只会逼蒋抗日，我们提出12条的目的，不在蒋承认12条或其中之一部分，他是不会承认的，而在于以此攻势打退他的攻势，用我们的政治进攻之手来缝好由于蒋介石进攻撕破的裂口。

2月15日 中共参政员毛泽东、陈绍禹、秦邦宪、林伯渠、吴玉章、董必武、邓颖超，致函国民参政会秘书处，提出关于皖南事变之善后处理办法12条，“请政府采纳”。

2月19日 周恩来将中共7位参政员致国民参政会公函送交参政会秘书长王世杰，声明在中共中央12条办法未得裁夺以前，中共参政员碍难出席参政会。王世杰得此公函后，立即找张冲谈话。周恩来还将此公函抄送各党派有正义感之参政员20余人。黄炎培、左舜生等也往访王世杰，亦说时局严重，必须设法解决。

2月20日 周恩来将与张冲19日至20日谈判情况致电中共中央，说张冲要我党收回致参政会公函，否则蒋介石会翻脸的。我均严词拒绝，告以：翻脸已经半翻脸了，现在所能做的，不过是讨伐，全国"清党"，逮捕办事人员，封闭《新华日报》等，我们已经准备着了。并说：我想目前还不是谈判的好时机。我们的条件，如果能由各党派委员会在会外从政治上讨论党派纠纷及12条，则不直接将12条提交参政会也是可以的。如此可以拉住各中间党派，争取民主，以为难国民党。或者国民党承认二届参政会延期开会，则我们的问题也可以稍缓提出。

2月27日 沈钧儒、黄炎培、张君劢、左舜生、张澜、罗隆基、梁漱溟、邹韬奋、章伯钧、周士观在沈钧儒重庆寓所，商谈参政会提案建议问题。

2月23日 中共中央复电周恩来，同意他在20日给中央电报中对国共关系的根本立场。并指出：如国民党认为可以谈判12条，参政会方面当可暂时不讨论，由两党在会外谈判，但在谈判无满意结果前，我们不能出席本届参政会。

同日 叶剑英致函国民党谈判代表张冲，重申了共产党对皖南事变和"一·一七"命令的立场，并列举事实说明国民党在皖南事变后对共产党之政治压迫与军事进攻有加无已。指出："本党中央认为12条办法如不能获得满意解决，各种政治压迫与军事进攻如不能停止，则国共关系与时局危机必将益形严重，一切空言延宕之方法，将毫无补于实际。"

同日　蒋介石宴请参政员,表示同意成立各党派委员会。并由张群、宋美龄找中间党派谈话,企图拉拢分化中间派,以孤立共产党。

2月24日　沈钧儒、张澜、褚辅成、张君劢、左舜生、邹韬奋、罗隆基、周士观、李璜、黄炎培、梁漱溟、杨赓陶进行会商后,大家在梁漱溟起草的致蒋介石的意见书上签名。

同日　国民党封闭了救国会负责人邹韬奋创办的桂林、昆明、贵阳、成都等地的生活书店。

2月25日　早晨周恩来会见国民党代表张冲,约谈3个小时。张再三要求中共收回七参政员公函,周恩来坚决予以拒绝。张冲又提出3点具体办法:(一)军事上,十八集团军的正规军开到黄河以北,游击队全部留在华中,配合友军作战。另外还给一军,补新四军缺,归还叶挺及其他干部、边区及晋察冀政权照前议。(二)参政会改请董必武、邓颖超出席,另成立分区调查委员会,讨论党派问题,以蒋介石为主席、周恩来为副主席。(三)目前军事进攻已停止,政治压迫总要解决,请蒋介石负责纠正,再不许发生新事件。请周恩来电告延安请示。周恩来答复说,不拒绝谈判,具体条件可以电告延安。张冲最后要求中共参政员考虑出席本届参政会,并望次日早上答复他。当晚,周恩来将会谈情况电报中共中央。

同日　邹韬奋于凌晨四时,化装秘密离渝赴香港,他将辞去参政员的电稿、致在野各抗日党派领袖的信、替生活书店辩白的文章,一起交给前往送行的沈钧儒。邹在致参政会的电文中,愤怒痛斥国民党违法摧毁生活书店,16年惨淡经营之50余处分店，至今全部被毁，民权毫无保障，国民参政会号称民意机关，决议等于废纸，念及民主前途，不胜痛心，决然辞去参政员职务。

同日 黄炎培、张君劢、左舜生、李璜、江恒源、罗隆基、张澜、梁漱溟、罗文幹、冷遹在重庆张君劢寓所，商议筹办民主政团同盟具体办法。

2月26日 中共中央关于不出席参政会问题给周恩来指示，指出：（一）非12条有满意解决并办理完毕，确有保证之后，决不出席参政会；（二）张冲所提条件不能接受，七参政员公函不能撤回；（三）如彼方有诚意解决问题则应：（甲）参政会延期两个月开会；（乙）在两个月内解决12条意见及一切悬案；（丙）派飞机送周恩来回延安开会，以便讨论彼方意见。周恩来当日约见张冲，并把中共中央本日答复的电报给张冲看，并与张冲就有关问题进行了商谈。

2月27日 蒋介石会见中间党派人士张澜、黄炎培、沈钧儒、张君劢、褚辅成、左舜生6位参政员。张澜等6人提出4点建议：（一）参政会开会，中共参政员必不可少；（二）军队国家化，与党派绝缘；（三）检讨抗战建国纲领及一切决议之实行；（四）成立各党派委员会，以讨论并保证以上各项之执行。蒋介石表示原则上同意。

同日 黄炎培、沈钧儒等人往见周恩来、董必武。转达与蒋介石会谈经过情形，希望中共再作一次让步，出席本届参政会。他们表示，只要中共出席，蒋介石若再失信哄骗，我们大家共进退。周恩来、董必武向他们说明了蒋的政策和共产党的立场，表示不能出席参政会，并提醒他们不要上当受骗。

2 月 28 日 中共中央指示周恩来向张冲提出临时解决办法 12 条作为中共参政员出席参政会的条件。这新的 12 条是;一、立即停止全国向共产党的军事进攻;二、立即停止全国的政治压迫,承认中共及各民主党派的合法地位,释放西安、重庆、贵阳及各地的被捕人员;三、启封各地被封书店,解除扣寄各地抗战书报的命令;四、立即停止对《新华日报》的一切压迫;五、承认陕甘宁边区的合法地位;六、承认敌后的抗日民主政权;七、华中、华北及西北的防地均维持现状;八、中共领导的军队,于十八集团军之外,再成立 1 个集团军,应共辖六个军;九、释放皖南所有被捕干部,拨款抚恤死难者的家属;十、释放皖南所有被捕兵员,发还所有枪支;十一、成立各党派联合委员会,每个党派派遣代表一人,以国民党的代表为主席,中共代表副之;十二、中共代表加入国民参政会主席团。中共中央电报说,如彼方表示同意这十二条,即可由周恩来偕张冲至延安谈判,参政会延后两星期召开。周恩来及时向张冲口头提出了这第 2 个 12 条,被国民党拒绝。

同日 中共中央关于对各党派委员会的态度给周恩来指示:我党可以加入,各党派关系(当然首先是国共目前的紧张关系)及国家大事为其任务;该委员会不属于参政会。我党参加该委员会,但在 12 条没有满意解决前,仍坚决不出席参政会。

同日 黄炎培、左舜生、梁漱溟、沈钧儒再见蒋介石,提出可否让中共参政员参加参政会主席团。蒋说:“假使中共参政员如期出席,政府和参政会一定不会歧视。”黄炎培等人再访周恩来、董必武、邓颖超,仍希望中共代表出席本届国民参政会。周恩来等明确答复说，只要国民党不接受中共提出的 12 条，就决不出席。

同日 国民党召集国民党参政员开会，提出侯选主席团 5 人：蒋介石、张伯苓、张君劢、左舜生、周恩来，如中共不出席，就改为吴贻芳。黄炎培会晤周恩来、董必武，将此情况告知，并约夜间延安有电来通知黄炎培。

2 月 29 日 张冲奉蒋介石之命敦请董必武、邓颖超参政员赴会，董、邓表示，国民党方面未能接纳中共提出的 12 条办法之前，拒绝出席。

2 月 陕甘宁边区各级政府按“三三制”的原则进行了改选，改善了各级政府的工作。

本月 黄炎培、左舜生、梁漱溟等人集议时局，主张：军队都属国家，军委会要有中共负责人参加，参政会主席团各小党派可以不参加，但必须有中共周恩来参加；参政会不报告并讨论新四军问题；各小党派公开合法存在。黄炎培表示：国民党当局对新四军的处置绝对错误，希望大事化小，小事化无。

3 月 1 日 周恩来两电毛泽东、中央书记处，汇报近日来关于与张冲谈判和参政会的情况，请示处置办法。报告说：现在全中国全世界都在关心着我们代表是否出席参政会，重庆各方面都在盼望我们出席，“昨夜、今朝有两批‘特使’来迎董（必武）、邓（颖超）”，但谈判无结果，我拒绝出席。现在有两个办法，一是直接见蒋介石将我党所提条件当面交他，请蒋立刻负责解决，其他问题约张冲到延安商谈；另一个办法便是硬到底，我们也准备了。一切中间的办法已没有用，而僵局又需打开，故“待中央立即指示”。

同日 中共中央接到周恩来的电报后，当即给周恩来、董必武、邓颖超复电，指出：在我提出的临时办法12条“无结果无明令保证，绝对不能出席”。但仍可告诉国民党及中间党派，只要同意我之临时解决办法，并有明令保证时，我党参政员当可报到出席。此项谈判不会有结果，故我们的决心必须放在不出席上，亦不宜出外活动，要坚守自己的原则立场。

同日 黄炎培、张君劢、左舜生、沈钧儒、梁漱溟、罗隆基、罗文幹在张君劢重庆寓所集会，商讨应如何对付国共两党万一分裂之后的局势的问题。

3月1日至10日 国民参政会二届一次会议在重庆举行。中共参政员没有出席。会间，通过关于军事报告和统一军令政令等反共决议案。但是，蒋介石于6日不得不在会上“保证”以后决无“剿共”的军事，并约周恩来谈话，表示皖南事变的许多具体问题可以提前解决。参政会仍选董必武为该会驻会委员。至此，此次参政会成为第二次反共高潮退兵时的一站。

3月2日 毛泽东将昨日中央书记处开会讨论关于不出席参政会问题的结果电告周恩来说，书记处同志一致认为，我们不出席，完全是理直气壮的，而蒋介石国民党亦无可奈何。因为：一、皖南事变他错了，通国皆知，我们不出席表示抗议，并未错；二、我们已提出让步条件(临时办法)，他不答应，其曲在彼；三、如他因此发动更大破裂行动，其曲更在彼，更于彼不利；四、国际形势已到于彼不利之时；五、国内形势彼方对我们绝无办法，我毫无所惧。并且指出，尽管在当前政治斗争空前尖锐的情况下，有些中间党派人士发生动摇，但这只是一时的，过一会就会起变化。

同日 国民参政会二届一次大会举行预备会议，选举蒋介石、张伯苓、张君劢、左舜生、吴贻芳为主席团成员。

同日 周恩来致函张冲，请将中共提出的临时解决办法12条，转交蒋介石，并谓“倘能蒙诸采纳，并获有明确保证，则敝党参政员届时必能报到出席”。

同日 董必武、邓颖超致函国民参政会秘书处，正式向参政会提出临时解决办法12条。

同日 周恩来、董必武、邓颖超联名写信致黄炎培、张澜、江恒源、冷遹、张君劢、罗隆基、梁漱溟、周士观、左舜生、李璜、章伯钧、沈钧儒、褚辅成、张申府各民主党派代表，告以中共为顾全大局起见，“改定临时解决办法12条，具体见于与参政会公函中”，希望能一致主张，俾此临时办法早得结果。

同日 延安《新中华报》发表了林伯渠在陕甘宁边区县长联席会上所作的《把握统一战线的政策》的报告提纲，对边区政府有关劳动、土地、财政、工业、农业、商业、文化教育等各项政策，进行了论述。

同日 国民党政府军委会政治部长张治中上书蒋介石，陈述对中共问题处理的失策，他说：“现在共党问题解决之棘手，大半由于若干同志不具远大的眼光，甚至缺乏体认此问题之常识，始终为一种错误之冲动所支配”，并建议：“为保持抗战之有利形势，应派定人员与共党会谈，以让步求得解决。”蒋介石未予采纳。

3月3日 国民参政会秘书长王世杰在参政会上报告了与共产党代表交涉出席参政会的经过及毛泽东等七名中共参政员提出的临时解决办法12条。黄炎培也在会上报告了斡旋之经过。

同日 救国会的沈钧儒等几位参政员宣布拒绝出席参政会,抗议国民党破坏团结的反共行为。有人恶意讥讽救国会是共产党的"尾巴",沈钧儒回答说:"共产党坚决抗日,为国为民,作这样的'尾巴'不是很光荣吗?"

同日 蒋介石招待黄炎培、张君劢、左舜生、冷遹,共进午餐,宋美龄、王世杰、张群作陪。黄炎培谈了他对国共斡旋无成的看法,认为今后应重订方针,加强团结,要争取民心,避免冲突等。

3月4日 邹韬奋由重庆抵达桂林。翌日上午乘飞机去香港,下午国民党当局密令"探询"邹行踪的电报到桂林,准备把邹扣押起来。

3月5日 南洋侨胞领袖陈嘉庚通电国民参政会转国民政府、全国军政长官、全国同胞,呼吁蒋介石停止反共摩擦。电文说,南归未逾1个月,危机又遍国中,值此敌寇横行,国仇未雪,如复自为鹬蚌,势必利落渔人,民族惨祸,伊于胡底。尚祈一致主张,制止内争,加强团结,抗战前途,仍利赖之。

同日 邹韬奋由桂林飞抵香港。根据救国会领导机关的决定,成立了救国会海外工作委员会,组成包括邹韬奋、杨东莼、范长江、张友渔、于毅夫、金仲华、韩幽桐7人的常务干事会,由邹、杨负总责,领导开展救国会在海外各地的工作。

3月6日 蒋介石在国民参政会上发表反共演说，声称敌后的抗日民主政权不容许存在，中国共产党所领导的人民武装力量必须依照他的“命令”与计划，集中于指定区域，大弹其“军令政令必须统一”的滥调。

3月8日 中共七参政员复电国民参政会，重申不能出席会议之理由。指出，中共参政员，为政府所聘请，而最近政府对于中共则如视仇敌，在中共提出善后办法12条后，政治压迫，军事进攻，反变本加厉。似此情景，若不改善，泽东等虽欲赴会，不独于情难堪，于理无据，抑且于势有所不能。

3月9日 国民参政会二届一次大会休会期间驻会委员名单共25人，其中有董必武、褚辅成、黄炎培、冷遹、李璜、沈钧儒、张澜、梁漱溟。

3月12日 毛泽东致电周恩来，指出：“我们攻势（双十二条及不出席），结果迫得蒋介石做正面回答，却把问题公开了（借一切国民党的报纸发表我们的十二条，同时暴露了蒋介石的真面目）。蒋原欲把问题缩小，现在却扩大了（由军事问题扩大到政治问题、党派问题），这些都是我们攻势的结果。”蒋的六日演说是“一种阿Q主义，骂我一顿，他有面子，却借此收兵。选举必武为常驻参政员及近日西安放人，似是这种收兵的表现”。指示继续我们的攻势，直到临时办法各条实际上被承认（主要是扩军、防地、《新华日报》及路上少捉人）。

同日 黄炎培、张君劢、左舜生、李璜、罗隆基、张澜、梁漱溟、江恒源、冷遹9人在张君劢重庆寓所集会，商谈中国民主政团同盟事宜，商定由黄炎培担任主席。

3月13日 在重庆一心餐馆，董必武与李璜、章伯钧、张申府、沈钧儒、张澜、梁漱溟、冷遹、罗隆基、周士观、黄炎培、左舜生、江恒源、曾琦、张君劢、杨赓陶共商国民党和共产党关系问题，还推出张君劢、左舜生、褚辅成、梁漱溟、黄炎培见蒋介石谈组织特种委员会问题。

同日 中国民主政团同盟筹备会在张君劢寓所举行第一次会议，出席会议的有黄炎培、张君劢、左舜生、李璜、罗隆基、张澜、梁漱溟、江恒源、冷遹、罗文幹10人。会议通过中国民主政团同盟纲领12条草案。

3月14日 毛泽东电复美洲洪门总干部监督司徒美堂、阮本万、吕超然3位先生敬佩其“关怀祖国，呼吁团结”。并指出：自蒋介石下令消灭皖南新四军及于1月17日发表宣布新四军叛变，取消该军番号及将该军军长叶挺交付法庭审判之命令以后，国共合作，已遇重重危机。当此民族存亡千钧一发之时，中共以民族利益为重，坚持抗日民族统一战线政策迄未稍变，“惟对于亲日派及反共派危害抗战之滔天罪行”，不得不谋制裁之道，业已提出“善后办法”及“临时办法”各12条，“尚祈公等一致主张，予以赞助”。

同日 蒋介石约周恩来会谈，宋美龄也在座。蒋表示现在情形缓和了，可以谈谈。要周恩来打电报给延安，问中共中央最近的意见。周恩来提出新四军事件和2月份各种压迫事件，要求按中共所提12条解决。蒋对新四军事件，置而不答，对压迫事件，则把责任推给下边。周恩来又提到防地、扩军问题时，蒋对防地不答，但也未再提开往河北一事，只说，只要听命令，一切都好办。军队多点,饷要多点,好说。最后蒋介石约周恩来下星期再见,宋美龄还说要请吃饭。

3月17日 周恩来、董必武、邓颖超宴请各界人士,说明中共对于国共关系及本次参政会的立场和态度,并同到会诸人士讨论了局势问题。

3月18日 毛泽东为中共中央写了党内指示《打退第二次反共高潮后的时局》,指出:这次斗争表现了国民党地位的降低和共产党地位的提高,形成了国共力量的对比发生某种变化的关键。指示认为共产党在这次斗争中采用的“有理,有利,有节”的政策,获得了完全的成功。但“国民党在其统治区域内对我党和进步派的压迫政策和反共宣传,绝不会放松,我党必须提高警惕性”。同时提出要加强党内的策略教育,纠正过“左”思想以便长期地不动摇地坚持各抗日民主根据地,在全国和各根据地上,要反对对时局认为国共已最后破裂或很快就要破裂的错误估计以及由此发生的许多不正确的意见。

同日 黄炎培、张君劢、左舜生、李璜、梁漱溟、章伯钧、张澜、杨赓陶、江恒源、罗文幹10人在张君劢寓所继续商谈中国民主政团同盟筹备问题,对梁漱溟起草的宣言进行修改定稿。

3月19日 统一建国同志会成员17人在重庆上清寺特园召开会议,决定将统一建国同志会改名为中国民主政团同盟。大会通过了《中国民主政团同盟政纲》《敬告政府与国人》和《中国民主政团同盟简章》。会上推举黄炎培、张澜、左舜生、张君劢、梁漱溟、李璜、章伯钧、罗隆基、江问渔等13人为中央执行委员,推选黄炎培为主席(是年冬由张澜继任),左舜生为总书记,章伯钧为组织部长，罗隆基为宣传部长。至此，中国民主政团同盟秘密成立。

中国民主政团同盟政纲的主要内容是：（一）贯彻抗日主张，争取国家之独立自由，恢复领土主权的完整；（二）实践民主精神，结束党治，厉行法制，迈进于宪政之途程；（三）确立国权统一，反对地方分裂；（四）军队属于国家，军人忠于国家，反对军队中之党团组织，并反对以武力从事党争；（五）反对一切暴力斗争与破坏行动；（六）加紧经济建设，为有方针有计划之进行、渐进于社会主义，消除阶级斗争；（七）尊重思想学术之自由，保障合法之言论出版集会结社；（八）反对在学校中及其他文化机关推行党务；（九）政府一切机关实行选贤与能之原则，反对一党垄断；（十）厉行文官制度及考试制度，反对任何方面利用政权吸收党员；（十一）国家财政收入应归国用，反对以国库充当党费；（十二）在法制下，反对一切政治性的特务机关。

3月19日　黄炎培、王世杰、褚辅成、张君劢、左舜生、梁漱溟聚会，商谈组织参政会特别委员会及第二天中午见蒋介石的准备事宜。

3月20日　中国民主政团同盟中央常委第一次会议，在张君劢寓所举行。

同日　蒋介石宴请参政会全体驻会委员，黄炎培、褚辅成、张君劢、左舜生、梁漱溟陈述继续接洽中共问题，请求组织特别委员会，并说明所拟规条。蒋介石表示同意，嘱与中共接洽。

3月21日　黄炎培在电话中将昨日中午会见蒋介石的经过情形告知周恩来。

3 月 22 日　从今日起至 27 日，周恩来、董必武连续数次同黄炎培、张澜、张君劢、左舜生、梁漱溟、章伯钧等民主政团同盟人士商谈国事，讨论时局。27 日，周恩来、董必武叙述延安来电，有委员会名称为各党派委员会，该委员会不隶属于政府等 7 点。

3 月 28 日　中国民主政团同盟中央常务委员梁漱溟向周恩来报告了中国民主政团同盟去香港办报的计划，得到了周恩来的热情支持。

3 月 30 日　周恩来、董必武、邓颖超联名赠送寿联“桃李增华坐帐无鹤，琴书作伴支床有龟”，祝贺被监禁在国民党狱中的国民政府立法委员、中国经济学社社长，中国银行顾问、重庆大学商学院院长马寅初 60 寿辰。（1940 年 12 月，马寅初因主张对发国难财者征收临时资本税，并没收不义之财，被特务绑架入狱。蒋介石迫于各方压力，不得不于 1942 年 8 月将马释放，但仍软禁于重庆歌乐山中，直至 1944 年始获得重新授课自由）。

3 月　中共南方局派华岗到西康，以中共代表的身份同刘文辉联络，做川西地方实力派的统战工作。

本月　蒋介石托黄琪翔向中华民族解放行动委员会转达他的意见，说第三党的朋友应列入全国一致的抗战行列，在艰苦抗战中，也应由政府分配一些实际工作、可由政府拨款划地，由第三党进行实验工作。章伯钧、庄明远、杨逸棠、丘学训等人一致认为，现在只希望政府有开明的政治表现，在团结抗战的大前提下和全国人民一道共同奋斗。拒绝了蒋介石的诱惑。

本月　阎锡山派赵承绶又到白壁关与日军驻汾阳若松旅团的宫内参谋会谈，按照去年 11 月初步协议，“阎、日双方首先消除敌对行为，互相提携，共同防共”。并口头协定：离（石）军（渡）公路以北之“防御进剿”，由日军负责；离军公路以南、汾阳孝义以西，由阎军负责。赵又要求日军从孝义县城撤出，交阎方接受，作为双方进一步合作的条件。6月，日军撤出交阎军接管。

4月9日 朱德对即将到山东工作的干部作《现在局势与将来展望》的报告，指出：国内外形势对我们有利，世界反法西斯统一战线即将形成，蒋介石要依赖英美，不能不打着抗日的招牌，因而他的反共有一定的限度，碰着我们的小部队，他就“吃”掉，但不大打。现在我们最重要的是把工作做好，和一切抗日的人们团结起来，为工农群众谋利益。

4月10日 黄炎培、沈钧儒、王造时等人应邀赴冯玉祥寓所，共进晚餐，谈论青年被诬为共产党为桂永清拷杀之惨案事。

4月13日 苏联和日本签订中立协定。

4月15日 丘哲、章伯钧、江恒源、左舜生、冷遹、杨赓陶、林可玑、蒋匀田等人在重庆于晚间集会，互通日苏4月13日在莫斯科签订中立协定之各方消息。

4月17日 周恩来、董必武同各中间党派负责人黄炎培、左舜生、章伯钧在重庆商讨苏日签订中立协定问题。周解释说，苏联签订此约与它的对华政策毫无关系，中共的态度决不因此而改变。

苏日签订中立协定后，救国会沈钧儒、沙千里、王造时也不理解而附和签名准备发表声明反对此约，萨空了得知后向他们说明这种声明将对国际统一战线团结、共同反对德意日不利后，沈钧儒领悟到是失误，遂以补充声明内容为由，从国民党中宣部收回原稿。事后，周恩来同沈谈及此事，沈表示错了，表现了一个爱国者的光明磊落。

4月19日 黄炎培出席战地党政委员会会议时，将他对日苏签订中立协定后的外交、军事的意见书，面递蒋介石。

4月21日 张澜、左舜生、章伯钧、江恒源、冷遹在黄炎培重庆寓所集会，商谈时局问题。

4月26日 毛泽东致周恩来电，指示与蒋介石谈判时应提出的问题。因近来蒋介石集团的内部矛盾加剧，国际上苏日中立条约的签订，时局变化于蒋不利，蒋又表示要同周恩来谈话。周恩来为此请示党中央、毛泽东。本日，毛泽东复电周恩来，指示同意见蒋介石，见时可表示中共愿意同国民党继续团结抗日，但国民党必须改变对内政策，合理解决新四军问题，给八路军发饷。

4月30日 周恩来、董必武与民主政团同盟负责人黄炎培、左舜生、章伯钧就当前时局及其发展趋势问题，交换意见。

4月 朱德、叶剑英接见国民党联络参谋，提出改善国共关系所应采取的办法：（一）停止逮捕共产党人员及反共军事和交通封锁；（二）继续发给第18集团军各月份经费及弹药补充。新四军余部尚有八九万人，应即整编。至移防一事，如政治上有确实保障，自可商谈，否则，于情于理碍难遵命。同时提出，如重庆政府仍不发给第18集团军经费，将发起国际国内即速募捐运动，以维持生计。

5月1日 由中共陕甘宁边区中央局提出，经中共中央政治局批准的《陕甘宁边区施政纲领》，是根据孙中山先生的三民主义总理遗嘱及中共中央的抗日民族统一战线原则制定的。纲领共21条,第一条是:团结边区内部各社会阶级、各抗日党派,发挥一切人力、物力、财力、智力,为保卫边区、保卫西北、保卫中国,驱逐日本帝国主义而战;第二条是:坚持与边区境外友党友军及全体人民的团结,反对投降分裂倒退的行为。

同日 黄炎培、左舜生、章伯钧在重庆黄炎培寓所,商谈中国民主政团同盟派人往香港开展工作的问题。

5月8日 毛泽东为中共中央写了党内指示《关于打退第二次反共高潮的总结》。针对当时党内出现的某些"左"倾情绪,指出:这次反共高潮,曾被部分同志估计为"四·一二"事件和马日事变,是不正确的。因为"中日民族间的矛盾依然是基本的,国内阶级间的矛盾依然处在从属的地位"。并强调了党对于大地主大资产阶级及中间阶级的正确政策,指出:"我党在整个抗日时期,对于国内各上层、中层还在抗日的人们,不管是大地主大资产阶级和中间阶级,都只有一个完整的包括联合和斗争两方面的(两面性的)民族统一战线的政策。"

5月10、11日 周恩来两次致电毛泽东、党中央,报告他先后同国民党张冲、刘为章和蒋介石谈判的情况,并请示党中央将在华北如何配合国民党军队作战的问题。电报说,刘为章、蒋介石诬蔑八路军在西北集结重兵,面对日军向中条山的攻击不予攻击,不配合友军行动。我当即指出:我军在华北及各地配合友军打击敌人,从未停止过,所获战绩,妇儒皆知,并为国际人士所称颂,何能叫不打击敌人?至于与日妥协、移兵西北,打通国际等等纯系谣言。反之,半年来,尤其近四个月来,反共成为高潮。

辱我党为“奸党”，我军为“匪军”，到处打人，骂人，杀人，西北事更彰明较著。蒋介石说：能配合行动就很好，只要有成绩，我决不会亏待你们，饷弹自然发给，捉的人我会命令他们放的，根本问题也可以谈好。他一再要求我请示延安，答复配合中条山作战的问题。14日，毛泽东复周恩来电，同意配合作战，并说已达前线，采取主动的有计划的配合行动，但决不为激将法冲动。

5月17日 《救国会》所办之《大众生活》杂志在香港复刊。复刊词说，现在摆在全国人民面前的紧迫问题，就是根本消灭分裂的危机，巩固团结统一，建立民主政治，而使抗战达到最后的胜利。虽不幸发生了局部的逆流，但我们坚信，靠着全国人民的巨大力量，也一定能扭转乾坤，而达到胜利与光荣的彼岸。

5月20日 中国民主政团同盟中央常务委员梁漱溟到达香港后，在中共驻港办事处及救国会的海外组织的帮助下，开始筹备出版中国民主政团同盟机关报纸。

5月21日 《大公报》应蒋介石的要求发表《为晋南战事作一种呼吁》的社论，重复蒋介石诬蔑八路军坐视敌军进攻，不配合友军作战的谣言。当晚，周恩来致函《大公报》张季鸾、王芸生批驳谣言，指出《大公报》所引各节“并非事实”，并含蓄地批评《大公报》说“敌所欲者我不为之，敌所不欲者我为之”。要张将此信在《大公报》发表，以揭穿敌人的谣言。

5月23日 《大公报》重庆版全文刊登了周恩来致张秀鸾函，但同时发表《读周恩来先生的信》的社评，用“国家中心论”抗拒周恩来的批评。

5月25日 毛泽东为中共中央写的对党内指示《揭破远东

慕尼黑的阴谋》,强调必须揭穿日美蒋之间酝酿着的东方慕尼黑新阴谋,指出日寇和国民党顽固派对中国共产党的所谓“八路军不愿和国民党中央军配合作战”“另立中央政府”等污蔑,其目的都在使抗战失败,以利投降。

5月28日 《解放日报》发表社论《谣言与烟幕》,指出所谓“第18集团军集中晋北不与友军协同作战”的流言,是同盟社与中央社的谣言唱和,一造一传,造谣者是为诱降,传谣者是为投降。要注意在这种谣言烟幕遮盖下的投降危机。

5月29日 邹韬奋、茅盾、范长江、于毅夫、沈志远、沈兹九、韩幽桐、金仲华等九人在香港联名发表《我们对国是的态度和主张》,痛斥国民党对日妥协投降倾向和对文化事业的残酷迫害。他们指出,党派摩擦事件层见迭出,新四军事件发生以后,政治上的逆流更有急转直下之势。提出主张:第一,坚持抗战国策,求其更须彻底,肃清抗战阵营中的妥协分子;第二,团结更须具诚意。必须取缔一切助长分裂的宣传与行动,谋求抗日各党派间精诚团结;第三,民主政治须即实施。

同日 中国民主革命同盟在重庆成立。参加成立大会的有王昆仑、王炳南、刘仲容、许宝驹、许宝骙、阳翰笙、闵刚侯、吴茂荪、侯外庐、屈武、阎宝航、高崇民、郭春涛、梁蔼然、赖亚力、曹孟君、谭惕吾、邓初民(邓初民和郭春涛后来退出)。会议推举王昆仑、许宝驹为主要负责人。

5月30日 《解放日报》发表题为《为远东慕尼黑质问国民党》的社论,指出,英美以牺牲中国为主要内容的远东慕尼黑阴谋,是在欧洲与远东新局势下面产生的新的帝国主义阴谋。中国广大人民的抗日战争，是绝对不允许被人出卖的。我们现在要问一问国民党当局，你们对此究抱何种态度呢？美国已在向日本提议，叫它取得近卫宣言中所称不以蒋介石为谈判对手一项声明，假如日本遵办了，你们究作如何打算呢？

5月 周恩来、董必武会见朱蕴山，告以蒋介石还在加紧反共投降活动．国内局势仍然严重，希望他为挽救国内危局、推动抗日出力。朱遂即离渝去桂林等地推动广西及西南地方势力团结抗日，防止蒋介石向日本投降，贯彻联共抗日政策。

本月 日军五万人进攻中条山地区，国民党军队25万人，没有对日作战准备，且大部采取避敌方针，虽然八路军在这个战役中积极配合国民党军打击日军，国民党军仍然全部溃逃，损失5万余人。卫立煌所部第10师无法南撤，有3个团突围北上，在八路军的掩护下，西渡汾河、黄河，到达韩城，再转渑池休整。卫立煌得知，衷心感谢。

6月4日 中共中央作出《关于青年工作的决议》，指出：党在青年运动中的总任务现在仍然是团结整个青年一代，不但应组织全体工农青年，还应极力争取地主、富农、资本家的青年，仅仅打击与孤立那些绝对、坚决不愿改悔的汉奸分子与反共分子。青年运动的组织形式要与此任务相适合，而青救会就是适合于团结各阶级青年的主要的组织形式。

6月6日 周恩来、董必武在重庆冠生园邀请中国民主政团同盟负责人黄炎培、章伯钧、左舜生、冷遹、褚辅成、林可玑及救国会负责人沈钧儒等议论时局问题。

6月13日 中共中央统一战线部、军委总政治部关于陕甘宁边区党、留守兵团与友军交朋友工作经验发出通报，指出交朋友工作的第一个前提是认真调查研究友军对象，交朋友工作不仅在和平共居时可进行，即在武装摩擦中及摩擦后也可进行。通报介绍了陕甘宁边区与友军交朋友的方式方法和经验教训，强调与友军人员之公开来往的泛泛之交变成大公无私的朋友，是长期工作过程。此种交友工作是纯粹的交友工作，不去发展党，不去勾引人员逃跑，不去挖他墙脚，使他感到有利无害，不怕我们。要教育我们人员从大处着想，不要只看眼前的利益，以失大的行动。

6月18日　为纪念高尔基逝世五周年，中苏文化协会、中华全国文艺界抗敌协会、中华全国美术界抗敌协会、中华全国漫画界抗敌协会、中华全国电影界抗敌协会、中华全国戏剧界抗敌协会、国际反侵略运动中国分会、留俄同学会等10余个单位在重庆举行晚会。到会有各党派、文化团体的代表周恩来、董必武和梁寒操、冯玉祥、郭沫若、沈钧儒、老舍、王昆仑、张西曼、曹靖华等。

6月22日　德国希特勒撕毁苏德互不侵犯条约发动了全面侵略苏联的战争。

6月23日　中共中央作出《关于反法西斯的国际统一战线》的党内指示。指出：中国共产党在中国的任务是：（一）坚持抗日民族统一战线，坚持国共合作，驱逐日本帝国主义出中国，即用此以援助苏联。（二）对于大资产阶级中的反动分子的任何反苏反共的活动，必须坚决反抗。（三）在外交上，同英美及其他国家一切反对德意日法西斯统治者的人们联合起来，反对共同的敌人。

6月27日 周恩来、董必武同中国民主政团同盟、救国会等方面人士左舜生、章伯钧、黄炎培、林可玑、周士观、沈钧儒、张申府在左舜生重庆寓所，讨论目前国际国内形势。

7月2日 罗隆基夫妇在昆明设家宴招待黄炎培。张奚若、罗文幹、潘光旦、周枚荪、任叔永、查仲勉等作陪，谈论时事问题。

7月3日 周恩来致电毛泽东，提出在海外要加强党的领导，开展对英美人士、华侨、各党派、文化界的统战工作与扩大民主运动，并请中央派人加强香港领导。

7月7日 中共中央发表为抗战4周年纪念宣言，提出内政外交之基本方针10条：（一）拥护国际反法西斯阵线，促进中、苏、英、美及其他一切反法西斯的国家和民族一致联合，反对德、意、日法西斯同盟，拥护国民政府对德、意绝交的正确行动，并准备采取新的步骤；（二）加强反对汪逆傀儡政府的斗争，肃清汪逆余党，巩固抗日阵营；（三）加强全部国军的整理训练，加强前线各军的配合作战，接济敌后各抗日部队的军饷弹药，积极反对敌人；（四）加强各抗日根据地的政治、经济、文化建设，由政府予以援助，俾能长期坚持于敌后；（五）加强各抗日党派的合作，调整国共关系，解决新四军问题，承认各抗日党派的合法活动，停止逮捕共产党员及一切爱国分子，消弭内部摩擦，培养抗战实力；（六）给一切爱国人民以言论、出版、集会、结社自由，发动民智、民力、反抗敌寇；（七）改革政治机构罢免贪官污吏，引用开明人员，从政府机关中淘汰暗藏的亲日分子，肃清敌人的第五纵队；（八）禁止贪官污吏、奸商劣绅囤积居奇，操纵国民经济；（九）改革兵役动员制度；（十）调整中央与地方的关系，任用本地人才，团结少数民族，以固后方。并再一次声明："本党坚持抗日民族统一战线政策始终不变，愿与中国国民党及一切爱国党派、一切爱国人民团结到底，为抗战建国的共同目标而奋斗。"

7月11日 郭沫若、茅盾、老舍、阳翰笙、夏衍等264人致书苏联科学院，热烈响应他们向全世界文化界发出的"反对文化与科学最凶恶的敌人——法西斯强盗"的号召，坚决表示中国文化工作者将"更其奋发，更坚决地加强我们的斗争，更紧密地同苏联人民携起手来，扑灭我们共同的敌人"。

7月15日 延安《解放日报》发表社论《一切为着希特勒主义之死亡——论当前战争性质与行动口号》，指出：今天的斗争目的是一切为着希特勒主义——这个人类历史上最凶残的暴政和逞性侵略的制度——的死亡。今天的方针是组织国际和各国内部的反法西斯国际统一战线和反法西斯民族统一战线。对于我们主要的任务仍然是坚持抗日民族统一战线，坚持国共合作，驱逐法西斯日本强盗出中国。

7月19日 黄炎培在昆明举行茶话会，招待各大学教授，张奚若、罗文干、罗隆基等应邀出席，谈论国际国内时局问题。

7月27日 周恩来与中国民主政团同盟和职业教育社负责人黄炎培共谈国际大势。

7月28日 黄炎培、冷遹往军委会进见蒋介石，谈募债、中共及国际问题。

8月1日 中共中央青委发出关于纪念国际青年节的通知。规定今年国际青年节在9月7日举行。今年纪念国际青年节的任务，首先是加强青年的国际教育和国际反法西斯的统一战线。

同日 《新华日报》发表董必武撰写的代社论《联合起来扑灭法西斯蒂》。文章指出:当前苏联是反法西斯德国的主力军,美国是反法西斯的军需部,英国为反法西斯的游动哨,我国为反日本法西斯的前卫,我们只要协同动作,就一定能扑灭法西斯蒂这个恶魔。

8月11日 阎锡山电令赵承绶赴汾阳代表阎与日军签字。阎方人员还有温怀光、刘迪吉、白太冲、赵瑞、续志仁;日方是华北派遣军参谋长田边盛武、山西派遣军参谋长楠山秀吉、中校特务茂川秀和汉奸苏体仁、梁上椿。协议主要内容:(一)阎、日取消敌对行为,共同防共;(二)日方先给阎装备50个团,拨发步枪五万支、机枪五千挺、重机枪五百挺;(三)阎第一步进驻阻县或孝义,将小船窝渡口(吉县属)让给日方,阎通电脱离蒋政府。日方将晋中府10个县政权交给阎方接管;(四)第二步阎进驻太原,日方将山西政权全部交阎,再给阎装备50个团;(五)第三步阎进驻北京,日方将华北政权交阎,组织华北国。

8月13日 中华民族解放行动委员会(第三党)南方部在香港发表对时局主张,提出对当前时局意见14项。要求"立即召集各党派、各人民职业团体、国内外各代表举行紧急会议、集中全国意见,共商国是"。

8月25日 香港文化界人士举行谈话会,陈伯流、阳翰笙、陈乐素、陈彬和、俞颂华、俞寰澄、谢和赓、林焕平、沈志远、全增嘏、千家驹、冯裕芳、周鲸文、梁漱溟、吴涵真、黄炎培参加,谈论国际国内大事。

9月1日 毛泽东与国民党联络参谋陈宏谟、周励武等谈话，提出恢复和改善两党关系的具体方案：（一）国民党释放叶挺，共产党派董必武出席参政会，否则仍不出席。（二）共产党决不推翻国民政府，决不超过疆界；国民党承认我方在敌后有发展权利，承认现有防地，承认边区；在敌后的国共两军，双方下令，停止攻击。（三）恢复新四军，发给欠饷，停止逮捕。（四）何应钦停止反共，我停止反何，并重新来往，但何若再反共，我必再反何。

9月15日 黄炎培致函国民党中央宣传部王世杰、潘公展，为职教社刊物《国讯》在香港登记事，请函卡尔大使。

9月18日 中华民族解放行动委员会发表《对时局宣言》，提出：有少数的民族渣滓正以种种方式进行破坏抗战或扼杀抗战的阴谋，而置全民族自由解放于不顾。宣言提出对时局14条意见，主要为：立刻召集各党派、各团体及地方代表举行紧急会议，确立民主的领导抗战方针，释放一切政治犯，承认各党派的合法存在，并解决党派间的摩擦，扫除一切阴谋妥协分子，对于全国抗战部队应一律平等待遇及爱惜，加强中苏、中美、中英关系等。

同日 中国民主政团同盟机关报《光明报》在香港正式出版，梁漱溟为社长，萨空了为经理，俞颂华为总编辑。该报规定了出版公约5项，主要为：在抗战建国及抗战建国纲领的大前提下，义不当有政敌而不可无诤友，本此信念，于任何方面不取敌对态度，而窃愿附事诤友之义，贡其诤言。眼前最切之要求为加强国内团结，本报言论是以此为目的，其持论措辞，有不利于团结者，均所不取。吾人以政治上实现民主为基本，而先以言论之民主精神自勉。

9月21日 延安《解放日报》发表资料《抗战中的各党派》，介绍了中国国民党、中国共产党、救国会派、中华民族解放行动委员会、中国青年党、中国国社党、中华职业教育社、社会民主党、乡村建设派共9个党派的主要负责人及机关报名称。

10月1日 阎锡山又派赵承绶由孝义经汾阳到太原，与日军研究履行汾阳协定的细则，其内容主要有：（一）为避免阎日双方冲突，在太原、汾阳、临汾成立办事处；（二）交换情报，交换八路军活动情报；（三）交换物资；（四）由省长苏体仁负责征集兵员；（五）由日方分期筹划武器；（六）由苏体仁负责拨给食粮；（七）经费2000万元，由日方拨发；（八）新装备的军队，营以上各部均置日军教练官。

10月10日 朱德在《解放日报》上发表《辛亥回忆》一文，概述云南起义和自己参加起义的情况，指出：要革命胜利，就要珍重革命的统一战线。现在在抗日民族自卫战争中，全国同胞各党派的人士，无党无派的人士，都要接受过去的经验，深深地爱护国共合作，爱护全国团结。

同日 中国民主政团同盟机关报《光明报》正式公布民盟成立，发表了《中国民主政团同盟成立宣言》和《中国民主政团同盟对时局主张纲领》，指出："中国民主政团同盟今次成立，为国内在政治上一向抱民主思想各党派一初步结合。"提出了贯彻抗日，加强团结，争取国家独立，结束党治，实行宪政，实践民主，保障自由，实现军队国家化，政治民主化等政治主张。

此时，黄炎培已辞去主席职务，推选张澜担任主席。

救国会未参加民盟，邹韬奋、金仲华、张友渔三位在港救国会代表署名发表宣言，响应同盟的主张，保证完全同它合作。

同日 中华职业教育社机关刊物《国讯》在香港出版。

上旬 周恩来在重庆会晤郭沫若，提出要庆祝郭50寿辰。周说，为你作寿是一场意义重大的政治斗争，为你举行创作25周年纪念又是一场重大文化斗争，以发动一切民主进步力量冲破敌人政治上、文化上的法西斯统治。周恩来并委托阳翰笙负责筹办。

10月16日 《光明报》发表《中国民主政团同盟的成立宣言》的社论，着重说明四点：(一)中国民主政团同盟是一联合体，不是单一组织，不是一个政党，而是许多党派的联合；(二)因为它本身不是一个政党，所以不要看作国内两大党之外，政治上又增多一竞争的单位。它只是为了当前时势需要，而作此联合行动；(三)这一联合，由来已久，早在民国28年11月已经组织了的"统一同志建国会"是为前身；(四)大家都没有武力作其政治要求之后盾，是联合内的构成员(各党派和个人)之共同点。

10月28日 中共中央机关报《解放日报》对中国民主政团同盟的成立作了报道，并发表了以《中国民主运动的生力军》为标题的社论，称赞它"是抗战期间我国民主运动中一个新的推动。民主运动得此推行，将有更大的发展，开辟更好的前途"。还强调指出："目前推行民主政治，关键在于结束一党治国"，希望民主政团同盟纲领，对此亦特别加以注意。

10月29日 周恩来同中国民主政团同盟、中华职教社负责人黄炎培共谈国内形势问题。

11月9日 国民党谈判联络人张冲追悼大会在重庆举行，

周恩来、董必武、邓颖超等参加追悼会。周恩来在会上致辞，备述张冲以国家民族利益为重，努力团结之真诚，表示深切的悼念。《新华日报》出版纪念专页，刊登了周恩来撰写的《悼张淮南先生》一文和毛泽东、朱德、董必武、叶剑英、邓颖超等的挽词。

11月12日 周恩来、董必武同中国民主政团同盟负责人张澜、张君劢、左舜生、章伯钧、黄炎培、李璜、林可玑、罗隆基、余家菊及救国会负责人沈钧儒，在张君劢重庆寓所共商国事。

11月14日 《新华日报》为冯玉祥60寿辰出版《庆祝焕章先生60大寿》特刊。发表了毛泽东、林伯渠、吴玉章、陈绍禹、秦邦宪等的祝贺电；朱德、彭德怀、董必武、叶剑英、李克农、邓颖超的祝贺诗；周恩来的文章《寿冯涣章先生六十大庆》文章写道：焕章先生坚持御侮，反对投降，呼吁团结，致力联苏，更为人所不敢为，说人所不敢说，这正是先生的伟大处，亦正是先生成功处。先生对朋友对同事，尤其对领袖肯作诤言，这更是人所难能的。国家今日尚需先生宏济艰难，为民请命，为国效劳，以不负天下之望。

11月15日 张群宴请褚辅成、张君劢、左舜生、冷遹、罗隆基、李璜、黄炎培、吴铁城、王世杰等，商谈如何使国民参政会获圆满结果。

11月16日 为庆祝郭沫若50寿辰，在中苏文化协会举行盛大茶会，会场悬挂着“以清妖孽”四个大字。冯玉祥致辞，要大家学习郭的“革命精神”，“忠心为国”，“永远和青年在一起”。周恩来出席了庆祝茶会，称赞郭是“革命诗人”，是“革命战士”。

《新华日报》发表周恩来写的祝贺郭沫若寿辰的社论《我要

说的话》,指出:郭沫若是新文化运动的主将,是带着大家一道前进的向导。抗战需要他的热情、研究和战斗。

同日 中国民主政团同盟首次以组织名义在重庆临江路俄国餐馆举行茶会,招待国共两党代表和国民参政会的民主人士,有30余人参加,会上宣布中国民主政团同盟已经正式成立,并就有关民主政治问题交换意见。

11月17日至26日 国民参政会二届二次会议在重庆召开。董必武、邓颖超出席。蒋介石派杜月笙由重庆赴香港,敦促中国民主政团同盟中央常委梁漱溟,返渝出席参政会,梁表示拒绝。

11月21日 陕甘宁边区参议会开幕,毛泽东在会上发表演说,指出召开参政会的目的是要打倒日本帝国主义,建设新民主主义的中国。中国共产党要和除汉奸以外的一切抗日的党派、阶级、民族团结合作,共同奋斗,中国共产党提出的各项政策,都是为着团结一切抗日的人民,顾及一切抗日的阶级。共产党员应当同党外人士实行民主合作,必须倾听党外人士的意见,只有对党外人士实行民主合作的义务,而无排斥别人、垄断一切的权利。共产党的这个同党外人士实行民主合作的原则,是固定不移的,是永远不变的。

11月23日 张澜、左舜生、黄炎培、张君劢在重庆张君劢寓所集会,商谈向参政会提案问题。

11月25日 中国民主政团同盟参政员张澜、黄炎培、张君劢、左舜生并联合其他参政员向国民参政会二届二次会议提出《实现民主以加强抗战力量树立建国基础案》,要求国民党:(一)

结束训政；（二）成立战时正式民意机关；（三）不以国库供党费；（四）勿强迫入党；（五）勿在文化机关推行党务；（六）保障人民基本自由；（七）停止特务机关活动；（八）取消县镇乡代表考试制；（九）禁止官吏垄断投机；（十）军队中停止党团组织。经会议主席团决定，本提案予以保留。

同日 国民参政会二届二次大会休会期间驻会委员被选者中有褚辅成、董必武、黄炎培、沈钧儒、许德珩、张澜、李璜、冷遹。

11 月 中华民族解放行动委员会的负责人彭泽民、丘哲、张云川等在香港举行邓演达殉难 10 周年纪念活动，组织各方民主人士召开座谈会，出版纪念专刊，借以扩大影响。

12 月 8 日 日本海空军偷袭珍珠港、马尼拉、新加坡、九龙启德机场等地，太平洋战争爆发。

同日 中共中央致电周恩来、廖承志、潘汉年等，指示与英美建立广泛的真诚的反法西斯统一战线，并撤退在香港的文化界人士和党的工作人员。中共南方局接此电后，即急电驻港负责人及南委、东江纵队负责人，要他们坚决执行中央指示。廖承志派乔冠华、叶以群到九龙，把能找到的文化界等方面的著名人士护送到香港，大部分人住在皇后大道八路军办事处开办的商行里。对在香港的人，则要他们立即搬家隐蔽，等候撤离的通知。

12 月 9 日 中国共产党发表为太平洋战争的宣言。指出：自太平洋战争爆发以后，全世界一切民主国家将无处不受法西斯国家的侵略，同时全世界的一切民主国家也将无处不起而抵抗。为了打倒日本法西斯，提出了必须实行的 8 项重要任务，其中有：中国与英美及其他抗日诸友邦缔结军事同盟，建立太平洋一切抗日民族的统一战线；巩固抗日民族统一战线，巩固国民党、共产党及其他党派的合作，解决国共两党之间的争论；实行民主政治，使全中国各党各派及无党无派人士的代表都能在政治组织上担负抗战建国的责任。

同日 中共中央发表《关于太平洋反日统一战线的指示》。指出：我全国人民，全体海外侨胞及南洋各民族当前的中心任务是建立与开展太平洋各民族反日反法西斯的广泛统一战线。指示要求："必须大大地开展南洋与英美各地的华侨工作。"这个统一战线，应当是上层的，同时又是下层的，是政府的，同时又是民众的联盟。应当实现中、英、美及其太平洋各国的反日军事同盟。而华侨的工作方针应当是："团结全体华侨，团结其各阶层、各党派，共同进行反日斗争，宣传并拥护祖国的团结抗战，赞助并参加当地政府一切抗日的设施与活动。"

同日 蒋介石的国民政府正式向日本帝国主义宣战。

12 月 12 日 周恩来在重庆曾家岩 50 号会见了宗教界爱国人士吴耀宗，向他阐述了建立统一战线的重要意义。

12 月 17 日 张澜、张一麐、张君劢、左舜生、冷遹、黄炎培、沈钧儒、董必武等国民参政员，联名致书国民党九中全会。

同日 周恩来、董必武、张澜、张君劢、左舜生、黄炎培、李璜、王造时等出席王世杰、张群在国民参政会秘书处举行的午宴，面交意见书，并商谈参政会决议案四条实施办法。

12 月 18 日 周恩来、董必武与张申府、沈钧儒、黄炎培、冷遹、章伯钧、黄艮庸、杨耿光、杨赓陶、鹿钟麟、张仲仁、李重毅、张怀久、陈启天、夏涛声、王造时、林可玑、左舜生、鲜英、杨卫玉在重庆张君劢寓所集会,商谈时局问题。

12月19日 张澜、褚辅成、左舜生、冷遹、王造时、黄炎培、周恩来、董必武应邀出席张群、王世杰举行的午宴。黄炎培慷慨陈述政治机构之混乱,前途之危急。

12月21日 周恩来与中国民主政团同盟负责人张澜、黄炎培、张君劢、左舜生、章伯钧及沈钧儒在重庆特园,商谈国民政府设置国事协议机关的意见。

12月26日 中国民主政团同盟负责人张澜、左舜生、冷遹、林可玑、章伯钧、鲜英、黄炎培在重庆特园,会商盟务问题。周恩来、董必武、沈钧儒、王造时旋即参加,共商大局问题。

12月29日 重庆各界人士在中苏文化协会举行时事座谈会。董必武、黄炎培、左舜生、吴耀宗、邓初民在会上发表了对时局的意见。

12月 中华民族解放行动委员会负责人彭泽民在香港被日寇逮捕入狱,惨遭毒打,他始终大义凛然,毫不动摇爱国之志。

12月至次年1月 中共中央南方局在重庆召开会议,总结两年来的工作。周恩来在会上提出"建立坚强的战斗的西南党组织"的任务,要求党的领导机关,善于估计情况,运用策略,创造各种各样的工作方法,使上层工作和下层工作,公开工作和秘密工作,党内联系和党外联系互相配合,沉机观察,对付各种复杂的斗争局面。会后在以周恩来为首的南方局的领导下,西南党组织对各民主党派、文化教育界人士、民族工商业者以及国民党内的民主派和地方实力派,进行了大量卓有成效的统一战线工作。

冬 国民党特务要逮捕中国工业合作协会晋豫区办事处负责人孟用潜,孟逃至卫立煌的第一战区长官部,等到天黑,卫用自己的汽车把孟送至洛阳以西的一个小站金谷园,然后乘火车逃走。

冬 旅美侨领司徒美堂被国民党聘为国民参政会参政员,11月下旬到香港,适逢太平洋战争爆发,日寇侵占香港后,企图利用他组织香港帮会,巩固其占领秩序。司徒美堂拒绝了日寇的引诱,在爱国洪门人士的帮助下,化装逃出,进入中共领导的东江游击区,在中共组织的帮助和保护下,经曲江、桂林到重庆。周恩来、董必武、邓颖超在红岩办事处热情地接待了他。蒋介石想利用司徒美堂的影响,用"国府委员"作诱饵,拉他入国民党,为其所拒绝。

一九四二年

1月1日 中国、苏联、美国、英国、荷兰等26个国家在华盛顿签署宣言，共同对德、日、意轴心国作战，决不单独与敌国媾和。至此，国际反法西斯统一战线正式形成。

同日 廖承志、连贯冒险由香港偷渡到九龙，在上海街一幢楼内和东江游击队政委林平具体研究了营救在港九人士的工作部署。共抢救出七八百人，其中有何香凝、柳亚子、邹韬奋、茅盾、梁漱溟、邓文钊、沈志远、张友渔、胡绳、羊枣、千家驹、胡风、戈宝权、蔡楚生、沙蒙、金山、丁玲、风子、兰马、叶浅予等人。

1月9日 周恩来、董必武与中国民主政团同盟负责人张澜、张君劢、左舜生、黄炎培、林可玑、章伯钧及沈钧儒、张申府、鲜英等人，举行会谈。

1月28日 中共中央政治局通过了《关于抗日根据地土地政策的决定》。重申了党的减租减息政策，规定了12条基本原则，其中指出：（一）承认农民是抗日与生产的基本力量；（二）承认地主大多数是有抗日要求的，一部分开明绅士是赞成民主改革的。（三）承认资本主义生产方式是中国现时比较进步的生产方式，富农是农村中的资产阶级，是抗日与生产不可缺少的力量。上述三条基本原则，是共产党抗日民族统一战线及其土地政策的出发点。在农村统一战线中，地主与农民间的矛盾的处理，双方都应服从整个民族抗日的利益，采取调节双方利益的方针。

2月17日 中华职业教育社举行《国讯》会议，出席的有潘念之、陈乃昌、沈肃文、张雪澄、孙起孟、杨卫玉、黄炎培等人。杨卫玉为会议主席，讨论了改组问题，推黄炎培为社长、杨卫玉为副社长、江恒源为编委会主席。

2月9日 延安《解放日报》发表社论《发扬民主作风》。社论指出：为了使抗日民族统一战线的方针和贯彻这一方针的具体方案——"三三制"能深入实施，必须纠正不良的作风——自高自大、包办垄断的宗派主义和怕与别人接触、闭关自守。社论强调我们越是发扬民主主义作风，尊重别人的意见，才能和非党人士保持联系，更好地实现党的领导。

2月 周恩来在重庆会见西康省主席刘文辉。周恩来向刘文辉扼要地分析了国内政治形势，指出必须坚持抗战，坚持民主，反对独裁的道理。并表示，在反对蒋介石法西斯统治的斗争中，共产党愿意同国民党民主派合作，尤其希望西南地方的民主力量能同共产党密切联系，具体配合。在现阶段，就是要促进西南地方民主力量的团结，联合起来坚决抵制和反对蒋介石政府的一切反动政策。共产党愿意在政治上给地方民主力量以支持。经周恩来及各方面同志的工作，刘文辉加强了同共产党的联系。在刘文辉的要求下，南方局于这年的六月派王少春夫妇到雅安同刘文辉建立经常联系，并在刘的总部设立秘密电台，同延安直接通报，一直坚持工作到一九四九年刘文辉起义。

3月8日 邓颖超为《新华日报》撰写纪念“三八”妇女节代论《动员太平洋上各国妇女积极参加各民族的抗日统一战线》。文章说：今年国际妇女节的政治任务，是全世界妇女积极动员起来，团结起来，为着建立与参加国际反法西斯侵略的统一战线，为着消灭世界法西斯主义而斗争。

3月12日 周恩来、董必武与中国民主政团同盟负责人黄炎培、章伯钧、左舜生、罗隆基、林可玑、张云川就德苏战局、太平洋战局的发展趋势、国民党当局的心理及大家对政治态度等问题，交换意见。

3月25日 国民党查禁史沫特莱著《国共合作后怎样发展统一战线》一书。

4月3日 郭沫若创作的历史名剧《屈原》，由中国剧艺社在重庆国泰戏院公演，轰动了整个山城。从此剧的创作到宣传演出成功的意义，都得到了中共南方局、周恩来的支持。

4月17日 中共中央指示各地党部及八路军、新四军的负责同志，指出：有各种材料表明，蒋介石国民党“正准备于日苏战争爆发前后，举行第三次反共高潮”，要求作好应付准备。

4月18日 周恩来致电毛泽东并中央，对国内当前形势进行了全面的分析，指出国民党的反共活动又加紧，并举出109件条事实说明时局的危机，蒋介石国民党有发动第三次反共高潮的可能。

4月24日 中共中央对晋东南抗日根据地职工运动作出指示。关于农村劳资关系问题，指示说，我们必须从劳资双方均能获益为原则，去适当改善工人生活，照顾各阶层利益的观点出发，坚决克服狭隘的行会利益的思想。

5月6日　阎锡山应日军要求赴吉县安平村，举行“安平会议”，阎方参加的还有赵承绶、王靖国、吴绍之、梁延武、刘迪吉5人。日方出席的有山西派遣军司令官岩松义雄中将、华北方面军参谋长安达中将、山西派遣军参谋长花谷正、中校参谋茂川、上尉参谋松井5人。会议内容，在阎方为：（一）申述亚洲同盟与中日两国的利益；（二）在彼此互相需要的合理条件内进行合作；（三）请日方表明此项合作，是否是日本的国策，抑或地方的意见及对付中国的方针等；在日方为：（一）强调共荣圈的胜利，促阎早日投降；（二）向阎提出“觉书”，促其通电脱离蒋政权，如当时发表通电，立即交付联币300万元、步枪1000支；（三）关于汾阳协定应允之武器、物资、款项等，因数目太大，需分期交付。阎锡山以准备工作尚未完成为借口，表示通电脱离蒋政府和向日投降，须再加考虑，因之会谈没有达成协议，日方也将款物带回。

5月14日　八路军全体青年致函日军全体青年，呼吁共同携手，反对日本法西斯的侵略战争。

5月25日　延安《解放日报》发表社论《三三制的运用》。指出：在调整充实边区各县县议会、县政府后，在成分上实现了“三三制”，今后进一步应做到真正发挥“三三制”精神，运用它以达到更好地团结各阶级，合力抗日，合力建国。

5月26日　率远征军赴缅甸的国民党军第五军二〇〇师少将师长戴安澜在茅邦之战中牺牲。他曾紧守东瓜，攻克棠古，立有战功。同年秋，李济深在广西主持召开隆重的追悼会，周恩来、朱德、彭德怀均送挽联悼念，毛泽东写五言挽诗一首："外侮需人御，将军赋采薇。师称机械化，勇夺虎罴威。浴血东瓜守，驱倭棠古归。沙场竟殒命，壮志也不违。"

5月28日 周恩来通知郭沫若，国民党政府近拟清查共产党员及左翼文化人士，请关照同志们注意防范。郭沫若当即邀集在渝的侯外庐、邓初民、张申府、王亚平、方殷、葛一虹、云应卫、郑伯奇、陈望道等人商议了应付办法。

7月6日 毛泽东关于出席参政会问题给董必武指示，指出：为争取国共关系的好转我们准备出席参政会，不争参政员名额，但以维持原额为宜。

7月7日 中共中央发表《为纪念抗战5周年宣言》，指出："按合理原则改善国共两党及一切抗日党派间的关系"，"商讨解决过去国共两党间争论问题"，和"争取抗战最后胜利及建设战后新中国的一切有关问题"。

同日 为纪念抗战5周年，延安各界万余人集会。陕甘宁边区政府主席林伯渠、八路军总司令朱德发表演说，日本在华共产主义同盟及反战同盟代表大山，国民党军事委员会驻第18集团军联络参谋周励武相继讲话，晋西北士绅参观团在会上向毛泽东、朱德献旗、献词。

7月8日 民主人士、陕甘宁边区政府副主席李鼎铭，拜会晋西北士绅，谈他提出"精兵简政"建议的经过和从政半年来对于共产党的认识。

7月27日 国民政府公布第三届参政员名单。中共毛泽东、董必武、林伯渠、秦邦宪、陈绍禹、邓颖超继续被选为参政员。

各民主党派及民主人士张澜、黄炎培、谭平山、江恒源、褚辅成、冷遹、周士观、顾颉刚、许德珩、张奚若、晏阳初、谢冰心、左舜生、赵君劢、张难先、韩兆鹗、司徒美堂、李璜、曾琦、张君劢、吴贻芳、余家菊、陈启天、达浦生等人也被遴选为参政员。二届参政员本届未被选者有中共的吴玉章及民主党派、无党派民主人士沈钧儒、陶行知、邹韬奋、王造时、史良、梁漱溟、罗隆基、杨庚陶、陈嘉庚、王卓然等43人。

同日 国民参政会二届二次驻会委员举行最后一次会议，通过了沈钧儒建议的《请政府保护小工厂案》。

8月13日 延安《新中华报》发表社论《纠正统一战线中的“左”右倾错误》。社论列举了“左”右倾的具体表现，批判了“左”比右好的错误观点。号召一切共产党员应该做坚持统一战线的模范，做坚持团结的模范，纠正在执行统一战线政策发生的个别的“左”右倾向。要求全党正确执行党中央的政策，以达到克服困难，克服投降危险，争取时局好转的目的。

8月14日 蒋介石约见周恩来提出他希望在西安同毛泽东谈谈问题。周恩来随即电告毛泽东，认为在目前情况下与蒋介石见面不会有好结果，建议以林彪代毛泽东同蒋介石会见。9月14日，林彪偕伍云甫离开延安，赴重庆。

同日 华北日军代表大会与华北日本反战团体大会在延安开幕。到会中、日、朝代表一千余人。朱德、吴玉章到会并讲了话。日本士兵代表茂田江致答词。大会通过了致斯大林、八路军、新四军电。集体宣誓参加陕甘宁边区自卫军。

8月15日 东方民族反法西斯联盟及华侨救国联合会俱乐

部在延安举行成立大会，到会各界代表500余人，朱德出席大会并赋诗。

9月14日 周恩来关于国共合作中斗争方针问题向毛泽东作请示报告。称：统一战线以国共两党为主，地方实力与中间党派为辅，是我党历来统战工作的方针。重庆时期，在你提出的斗争三原则和革命两面政策指导下，统战工作有新的发展。我们在对国共关系充分注意的情况下，同时也应努力开展对各中间派地方实力派、文化界和外交方面的统战工作，具体做法是：（一）对国民党争取谈判机会，但有步骤；（二）如国民党压迫我们，就与之说理，请求解除，压迫太过，也要从正面批评，不能默然而息；（三）对其他方面统战的中心在要求其与国民党比进步，非比落后。

9月17日 盛世才派军警包围了中共在迪化（今乌鲁木齐）集中驻地八户梁，以"督办请谈话"为由，硬把陈潭秋、毛泽民、林基路、李宗林等20余人"请"去，同时还把中共驻新疆人员及家属160余人全部软禁起来，制造了骇人听闻的"新疆事件"。

10月22日至31日 第三届国民参政会第一次会议在重庆召开。到会参政员200余人，中共参政员董必武、邓颖超出席。董必武、褚辅成、冷遹、黄炎培、陈启天、许德珩被推选为驻会委员。

10月 邹韬奋在中共党组织派人护送下由敌占区上海乘船秘密经南通到达苏北抗日根据地。

11月7日 十月革命纪念日。中共南方局文化组组织在渝进步文化人士郭沫若、茅盾、老舍、胡风、夏衍、田汉、阳翰笙、史东山、曹靖华、戈宝权等百余人，联名发给苏联文化界贺电。电文指出，十月革命的胜利，“对于全人类的反法西斯蒂的战争给予着无上的欢欣、鼓舞、力量”，表示“我们是深切相信人类的前途正是走向光明，纵使目前尚有莫大的障碍，但我们要不屈不挠，排除万难前进”。

12月24日 周恩来、林彪会见国民党代表张治中谈4个问题：（一）共产党合法化，国民党可以到中共区域办党办报，共同实行三民主义；（二）八路军扩编为4个军12个师；（三）陕甘宁边区依现有区域为行政区，直属中央政府；改组华北地方政权，实行中央法令；（四）中共军队战后原则上接受开往黄河以北之规定，目前只能做准备工作，如情况许可时（如反攻），可磋商移动。并声明，如此四项可以谈，林即留此继续谈，倘相距太远，就请蒋介石提示具体方针，交林带回延安商量。张治中答应将四点报蒋，其本人认为第4条最困难。30日，张治中在电话上告诉周恩来说，他们已开过会，认为条件相距甚远，未作决定。

12月30日 延安举行印度援华医疗队员柯棣华大夫追悼会。毛泽东亲笔写了挽词，朱德致了悼词和宣读了祭文。

本年 国民党晋陕绥边区副总司令兼伊克昭盟守备军总司令陈长捷指挥马志超师等部，准备进攻陕甘宁边区，并令第22军协同进犯。中共派南汉宸到榆林，同邓宝珊、高双成、胡景通进行商谈，南指出亲日派为配合日军急于解决中日战争，妄图签订和平条约而破坏国共合作的抗日民族统一战线，发动反共内战。邓、高表示：榆林同边区唇齿相依，休戚与共，否则早被胡宗南吃掉了，陈长捷进攻边区，对我们也不利。于是商定榆林方面按兵不动。邓、高以粮草运输困难为借口，拖延时日，终未行动。

一九四三年

1月1日 周恩来、董必武、林彪、邓颖超在重庆红岩嘴办事处招待沈钧儒、张申府、刘清扬等,并为沈钧儒祝寿。

同日 进步刊物《现代妇女》在重庆创刊,曹孟君任主编,编委会委员都是中共地下党员和进步人士。

1月9日 周恩来、林彪与张治中谈判。张治中说,国民党干部会议意见认为,中共所提四项与国民党中央及何、白"皓电"相距甚远,解决问题须根据"皓电"提示精神,正式谈判须由何、白主持。承认中共合法和边区政府无问题,第18集团军人太多不行,并且必须遵照"皓电"限期开动。周恩来、林彪说,以"皓电"作谈判基础及何、白主持谈判问题须请示延安。

1月10日 周恩来、林彪致电毛泽东、中央书记处说,国民党方面因内部矛盾意见分歧,改为以"皓电"为基础,由何、白主持谈判。现在的问题关键在军队与驻地。而驻地之移动则又为关键中之关键。我们意见:可以"皓电"为基础,同意何、白主持,给点面子,具体问题可让步到李先念部与山东于学忠部队对调。如不行,由林彪回延安报告。

1月11日　《新华日报》创刊5周年纪念，宋庆龄、冯玉祥等人题词祝贺，宋庆龄的题词是："发扬抗战国策，争取最后胜利。"

1月14日　张治中约见周恩来，提出希望中共放弃军队，为周恩来拒绝。

1月16日　毛泽东关于国共谈判问题致电周恩来、林彪说，现在彼方提出以"皓电"为基础，何、白为主持人，是否有拖延之目的？你们向张提改组华北地方政府，实行中央法令，是何内容？我军驻地问题，似宜暂不移动。解决问题的时机是否成熟，可否再等一下更有利？周恩来立刻回电说，估计此次谈判仍在两可间，或拖或相机解决，目前趋向是政治解决，但局部压迫决不会放弃。我们答应以"皓电"为基础，在于使我们站在更有理地位，逼彼拿出具体条件，林彪带回延安，并非认为目前即可解决。何、白主持谈判是事实，就是张出面，何仍是幕后人，蒋总是让别人做坏人，他做好人。李先念与于学忠对调事，上次谈判时，林彪原则上说可以对调，张治中则讲以后再谈。华北政府问题，只讲了一般原则，未谈具体内容。两方条件相距太远，目前不会接近。周恩来在电报中提出结束此次谈判的两种办法：(一)说明我们所提4条与何、白"皓电"精神基本相同，只是数日时间之差。如国方不同意，要他们提出对策，由林彪带回报告；(二)向他们直接要方案，或由林向蒋介石要求提示后返延。

1月29日　中共中央西北局邀请政府及参议会中之党外人士举行座谈会。首先由谢觉哉致辞，他说，我们要将高干会经过及内容向大家报告，以便听取各位对高干会的批评意见，俾使政府及参议会中党与非党同志能同心合力，共赴目前之艰巨任务。

接着由贾拓夫报告高干会所讨论之各项问题。李鼎铭等一致表示满意，大家提出很多宝贵意见。

2月4日 延安各界2万余人集会庆祝中英、中美新约签订，通电全国，并举行盛大游行。《解放日报》发表社论《中国共产党与废除不平等条约》，指出，中国共产党是中华民族解放的急先锋，是争取民族独立解放实现的主要方法——民族统一战线的倡议者。目前废约之成功将来抗战之胜利，均唯民族统一战线与国共合作是赖！在欢欣庆祝之中，我们更应"坚定军民抗战的信心，号召军民驱逐日寇，为完成中国独立解放而斗争到底！"

2月16日 周恩来、董必武、林彪在重庆的黄炎培寓所与黄炎培、冷遹交谈国事。

同日 左舜生、章伯钧假重庆特园鲜英宅举行晚宴，参加者有鲜英、罗隆基、杨耿光、韩兆鹗、史良、刘清扬、张申府、陶行知、陈启天、沈钧儒、邓初民、冷遹、黄炎培、周恩来、董必武、邓颖超，谈论世界战局问题。

3月3日 由陶希圣写的以蒋介石名义发表的《中国之命运》一书出版。全书宣扬法西斯主义和封建主义，反对共产主义，诬蔑解放区和八路军、新四军为"新式割据""新式军阀"，暗示两年内一定要解决共产党，为发动第三次反共高潮作舆论上的准备。

3月5日 汉奸周佛海在上海会见吴开先，准其返回重庆，要他向蒋介石"相机传达和平意见"。

3月29日 黄炎培、冷遹到曾家岩50号访周恩来、董必武、林彪,共同讨论了有关世界局势的若干问题。

春 鹿钟麟60寿辰时,郭沫若、老舍、侯外庐、章伯钧、邓初民、翦伯赞、周恩来、董必武、于右任等到设在特园鲜英家中的寿堂祝贺,周、董送了一套《马克思全集》。

5月2日 程克祥自重庆返上海,带回电台及译电、报务人员,并向周佛海报告会见蒋介石、戴笠等人的情况。

5月6日 中华职教社举行社庆26周年展览,周恩来前往参观,并与黄炎培交谈甘肃、贵州民变及敌人动向问题。

同日 中华职教社举行第九届理监事第一次会议,推选钱新之为常务理事,黄炎培、江恒源、杨卫玉、张群、潘公展、冷遹、张一麟、沈鸿烈等21人为理事,王云五、卢作孚等7人为监事,孔祥熙为名誉理事长,吴稚辉、孙科、孔祥熙、叶楚伧、宋美龄、陈立夫、朱家骅、何应钦、张治中、冯玉祥、王世杰、邓锡侯、吴贻芳、杜月笙33人为名誉理事。

5月10日 共产国际执行委员会主席团发布《关于提议解散共产国际的决定》。5月26日,中共中央作出关于共产国际执委会主席提议解散共产国际的决定,同意解散共产国际并表示中国共产党人将继续英勇地站在抗日战争的最前线,和国民党及一切抗日党派、无党派人士合作,战胜日寇及德意法西斯。6月10日,共产国际正式宣告解散。

5月25日 周恩来、董必武会见宗教界人士吴耀宗,同吴热情交谈国内外形势。指出,蒋介石已和日寇及汪伪汉奸政权达成默契,调兵遣将,包围解放区,积极准备打内战,妄图消灭共产党。希望一切爱国党派和爱国人士团结起来,废除法西斯统治,为建设一个独立、自由、民主的新中国而奋斗。并再一次认真细致地向吴讲明了共产党的宗教政策。

5 月 5 日　中国民主政团同盟昆明支部正式成立。罗隆基、潘光旦、周新民、潘大逵等为委员。罗隆基为宣传委员、周新民为组织委员、潘大逵为青年委员、潘光旦为财务委员。

6 月 5 日　延安两千人召开大会欢迎日共中央代表冈野进，毛泽东、朱德等中央领导人均出席。任弼时代表中共中央致欢迎词。冈野进讲话称：日本共产党当前的三大任务是打倒日本法西斯军部，立即结束战争，建立民主政府。

6 月 12 日　国民党利用共产国际解散的时机，指使西安劳动营训导处长、复兴社特务头子张涤非，假借西安“民众团体”名义召开座谈会，向延安打电报要求“解散共产党”，“交出边区”。国民党中央通讯社发出了这一条消息，制造反动舆论，蓄谋发动第三次反共高潮。

6 月 17 日　邓宝珊奉电召去重庆路经延安，受到热情欢迎。毛泽东、朱德、贺龙分别设宴招待。邓宝珊和毛泽东数次会谈，针对蒋介石正在发动的第三次反共高潮，毛泽东阐述了中共政策，决心争取民主团结，把抗战进行到底，并希望邓宝珊给予合作。邓还会见了林伯渠、谢觉哉、徐特立、吴玉章等中共中央领导人。

7 月　邓宝珊行抵西安适逢周恩来，邓认真倾听了周的谈话，坚定了邓团结抗日并争取民主建国的信心。

7 月 18 日　新四军领导人罗炳辉、谭震林致函到新四军解放区访问数月的第三党中委、民主政团同盟盟员张云川说，贵盟贵党诸君子，关怀敝党之一切政策措施、敝军之艰难作战，高谊隆情，使人感佩。尚乞传语贵盟贵党诸君子，为民主政治之实施贯彻到底。

张云川返回重庆后，向董必武谈了解放区之行情形。随后又到昆明、桂林等地宣传解放区情况。

同日 胡宗南为执行国民党阴谋发动第三次反共高潮，在洛川召开军事会议，决定调动抵御日军的部分河防军队，连同原有包围陕甘宁边区的部队约50万人，准备进攻陕甘宁边区。邓宝珊不愿意打内战，采取“虚与应付”的态度。

7月25日 黄炎培往曾家岩50号会晤周恩来、林彪、董必武，进行了长时间的交谈。

7月2日 中共中央发表为抗战六周年纪念宣言。指出在国际范围内各反法西斯侵略的国家的不利情况，已经根本改变了。呼吁国民党加强抗战，加强团结，改良政治。并表示中共准备与中国国民党及其他党派继续进行协商，解决已经存在的问题，改善各党派间的关系。

7月4日 毛泽东致电董必武说，蒋介石正增兵包围我陕甘宁边区，内战可能爆发，请发动国统区广大群众及各界人士起来呼吁制止内战。同时，对张治中、刘为章及各国驻重庆使馆说明，我们正在研讨解决国共关系的办法，以赢得同情和制止的时间。

7月7日 在国民党中央宣传部长举行的记者招待会上，许多外国记者纷纷质问内战危机。

7月9日 延安群众3万人举行大会，要求全边区人民行动起来，保卫边区，大会通过《呼吁团结反对内战》通电，要求：（一）国民党立即撤退包围边区的军队，开赴抗日前线；（二）惩办挑拨内战的特务机关；（三）讨伐33个投敌将领；（四）审判日本奸细吴开先等。并提出了“坚持抗战，反对内战”“坚持团结，反对分裂”“坚持抗日民族统一战线”等14个口号。

同日 中共中央指示董必武，速将“七七”宣言，朱德总司令致蒋介石、胡宗南电，延安新华社揭穿西安特务假造民意的新闻及延安民众大会通电，秘密印发各报馆、各外国使馆、各中间派、文化人士，并设法寄往成都、桂林、昆明各界及地方实力派。

7月10日 由于共产党的政治揭露和军事的充分准备，以及国内外舆论的谴责，蒋介石命令胡宗南停止进攻。11日，蒋介石、胡宗南复电朱德，表示无意进攻边区，说是误会。12日，胡宗南下令撤退部队。国民党的第三次反共高潮被制止了。

7月12日 国民党元老、晋西北行署主任续范亭通电全国，反对进攻边区，以免亡国惨祸，呼吁制止内战，挽救危亡。

同日 董必武会晤黄炎培，谈本月7日夜国民党军队炮击陕甘宁边区的情况。

同日 中华职教社创立国讯书店，黄炎培、杨卫玉等7人为董事，贺友梅等三人为监察，聘祝公健为经理，黄炎培兼出版委员会主席。

同日 《解放日报》发表毛泽东写的社论《质问国民党》，指出国民党同日寇一样，要“解散”共产党，解散八路军和新四军，取消边区，是因为有反共反人民的思想。撤退河防大军准备进攻边区，发动内战，这是极端错误的行为。要求蒋介石将胡宗南军队调回河防，并呼吁爱国的国民党人制止这个内战危机，共同挽救民族于危亡。

7月13日　蒋介石设宴招待黄炎培等14位参政员，黄炎培对政治及外交问题发表了意见。

7月15日　晋绥边区晋西北行政公署主任续范亭、副主任武新宇致电林森、蒋介石，要求立即制止内战，撤退包围陕甘宁边区部队枪口一致对外。

7月10日　周恩来、邓颖超、林彪一行百余人由重庆回到延安。

8月2日　中共中央举行干部晚会，欢迎周恩来、邓颖超、林彪等人，毛泽东和在延安的中央委员，高级干部2000余人参加了晚会。

8月1日　国民党政府主席林森逝世。

8月2日　周恩来在延安欢迎会上发表演说，痛斥国民党趁共产国际解散之机，叫嚷取消中国共产党的谰言，并正告反共分子，中共不仅不会因为你们的造谣中伤而分裂，反而会因你们的阴谋破坏而更加警觉、更加团结、巩固起来。他表示中共仍然准备与国民党继续进行协商，共同消灭内战的危机，解决存在的问题。

8月15日　延安各界举行公祭国民政府主席林森大会，到会各界代表千余人。林伯渠、高岗、续范亭、吴玉章等发表讲话，要求蒋介石实践诺言，承认边区，取缔封锁，解散特务机关。

9月6日至13日　国民党在重庆召开了五届十一中全会。全会一方面污蔑共产党“破坏抗战，危害国家”，另一方面又说，共产党问题“为一个政治问题,应用政治方法解决”。因此全会对共产党制定了“暂时拖,将来打”的方针。全会修改了《国民政府组织法》,规定国府主席为陆海空军大元帅,掌握全国一切军政大权,可以兼任包括行政院长的任何职务。全会选举蒋介石任国民政府主席,使其独裁专制合法化。

9月9日 延安《解放日报》发表陕甘宁边区副主席李鼎铭先生的文章《驳斥关于我被“撤职”的谣言》。该文揭露国民党窃取边区200万人民之名义,印发所谓《告边区父老书》和《陕北边区人民致中共领袖毛泽东同志的一封公开信》等反共文件中,造谣污蔑说“副主席李鼎铭也被撤职”,并以事实严正驳斥了上述谣言。

9月12日 左舜生、李璜、章伯钧、张君劢假特园鲜英宅举行晚宴,董必武、沈钧儒、鲜英、刘玉立明、史良、余家菊、刘泗英、杨耿光、陶行知、邓初民、张申府、刘清扬、郑振文、谢澄平、杨卫玉、冷遹、黄炎培与会,纵谈时事问题。

9月13日 《解放日报》发表社论《法西斯主义就是祸国亡国主义》,抨击中国的法西斯主义者又唱起对日寇侵略“国际解决”和“安内攘外”的老调,专心致志于反共。指出中国的法西斯主义,决不能决定中国之命运,但中国国民党之命运,中国国民党当局诸公之命运,吉凶祸福,却将由国民党政策是否有认真转变来决定。呼吁国民党取消军统局等各种特务机关,取消一党专政,还政于民,以免祸国亡党。

9月16日 中共中央书记致电董必武,指示他出席国民参政会。指示说,对国民党反共决议,中央决定发表一文件回答之。本次参政会中“如有反共报告提案及决议，视情况或当场抗议，或退席后再提书面抗议，由你依具体情况行之”。

9月18日 参政员张澜著文《中国需要真正民主政治》，抨击国民党一党专政，要求实行真正民主政治。

9月18日至27日 国民参政会三届二次大会在重庆召开。会前，中共参政员董必武获悉大会将通过反共决议，拟不出席，国民党派参政会秘书长王世杰前往敦劝，声明决无利用会议反共之意，董必武遂报到出席。21日，军政部长何应钦在军事报告中，攻击污蔑十八集团军及中国共产党。何报告完毕，董必武提出质问，并据实驳斥何对中共和十八集团军之造谣污蔑。国民党cc分子王普涵、王开明等即叫嚣捣乱。董必武当即向会议主席声明退席并表示不再出席本次大会，以示抗议。董必武离会后，国民党参政员互相指责，会场一片混乱。26日，黄炎培、冷遹、江问渔访董必武，希望董必武继续参加会议，董必武表示不再出席本次会议，如组织协议机关，或可出席。

9月25日 董必武致电毛泽东、周恩来，报告蒋介石今日在国民参政会上的讲演内容及其实质。电报说，蒋今日在参政会讲演中，表示愿实行民主政治，组织宪政促进会与党派协进会。还竭力拉拢张君劢、左舜生、李璜，允派杨杰赴美研究军事等等。董必武说，蒋的目的是对中间党派采取组织拉拢，分化我党与中间党派的关系。

9月27日 盛世才发出了秘密处决陈潭秋、林基路、毛泽民等被监禁的共产党员的命令。当夜，陈潭秋等人即遭杀害。

同日 国民参政会三届二次会议在国民党操纵下，以圈定的多数强行通过《关于十八集团军之决议》，污蔑共产党破坏政令军令之统一。

同日 国民党政府命令，准王世杰辞去国民参政会秘书长职务，特派邵力子、雷震为正、副秘书长。

同日 国民参政会三届二次大会选出休会期间驻会委员，他们中有董必武、褚辅成、冷遹、许德珩、黄炎培、陈启天。

9月29日 毛泽东、周恩来复电董必武说，蒋介石在参政会的讲话是欺骗，告诉各中间党派不要上当。电报说，要告诉各中间党派"不要过于乐观，要静观国民党事实表现。蒋及国民党每遇一次危机，即来一次宪政欺骗，毫无诚意，不要上当"。并指示董必武不要出席本届参政会驻会委员会第一次会议，以示对该会通过之反共决议的抗议。

9月 云南省主席龙云提出请周恩来到昆明面晤，中共云南省工委派欧根到重庆向南方局汇报。南方局即派华岗为代表到云南，与龙云建立直接联系，对龙云进行帮助，促使他支持人民反对内战，要求民主自由的斗争。随后，并在龙云主持的滇黔绥靖公署内设立了与南方局、党中央直接联络的电台。这部电台一直使用到1945年10月初。

本月 史迪威正式向蒋介石建议，将国民党封锁陕甘宁边区的几十万军队和共产党的军队都调出来打日本，他还要求蒋介石将租借法案的一些物资拨给共产党领导的抗日部队和某些地方部队，遭蒋介石激烈反对。

本月 中国国民党民主派政治组织筹备小组十人：谭平山、陈铭枢、杨杰、朱蕴山、王昆仑、郭春涛、许宝驹、于振瀛、何公敢、甘祠森，在重庆召开第一次小组会议，决定组织的名称叫“中国国民党民主同志联合会”。后来几经商讨定名为“三民主义同志联合会”。政治主张以孙中山“联俄、联共、扶助农工”三大政策和国民党第一次全国代表大会宣言为旗帜，团结坚持抗战，团结进步的爱国主义分子，同国民党反动派进行斗争。

秋 沈钧儒游重庆南温泉，夜宿冠生园旅社，对林享元说：“现在人民的痛苦，真是如水益深，如火益热，唯中共才能拯民于水火之中，故我们必须跟着中共走，这是唯一正确的道路。我知道蒋介石恨我极深，但是他们对我任何迫害威胁，我都不怕。”

10月2日 王世杰设晚宴招待黄炎培、张君劢、左舜生、李璜、褚辅成、邵力子、周枚荪、雷震，商谈关于宪政实施筹备的问题。多数人主张该会隶属于国民政府，人数不超过35人，常务会员不超过15人，五院院长为当然委员或名誉会员，中共人员必须参加，蒋介石为会长，设召集人3人，会员均由蒋介石指定。

10月5日 毛泽东致电董必武说，延安对国民党已取缓和态度，并表示愿意恢复两党谈判，以后谈判由你担任，见蒋介石时除申述欢迎政治解决外，应指明整个西北国民党军队备战甚急。延安不相信国民党对政治解决具有诚意，但延安欢迎政治解决，不愿破裂。如继续合作，则延安保证继续实践四条诺言，并要求国民党撤退包围边区的军队；见王世杰或邵子力时，除申述上述意旨外，还应指明：内战必投降，这是死路，愿彼方善处。我党准备对付任何险恶局面，但首先愿意继续合作。着重指出国民党胡宗南令军长董钊率部开赴榆林对我威胁甚大，刺激最深，延安不能不准备自卫。

同日 邵力子约见董必武说:“国共关系应当用政治方法解决,而且是可以解决。”希望董必武能出席在10月15日举行的国民参政会驻会委员会。董必武表示:“我党的基本态度,是希望坚持抗战、团结、进步、民主,两党关系是可以好转的。”

同日 延安《解放日报》发表毛泽东所写的社论《评国民党十一中全会和三届二次国民参政会》。社论中深刻地批判了国民党当局的法西斯独裁和内战政策所造成的严重危机,同时表示:“在蒋先生和国民党愿意的条件下,我们愿意随时恢复两党的谈判。”

10月6日 董必武致电毛泽东,请示是否出席参政会驻会委员会15日的会议问题。董必武说:“我不出席第一次会,在政治上的作用不大,因我党已宣布欢迎政治解决,对王、邵的私人关系,恐引起不融洽之感,特别是对邵会影响以后谈话的桥梁。”10日,毛泽东电复董必武,“可以出席常驻会及参加宪政会。”

10月10日 蒋介石就任国民党政府主席。

同日 黄炎培访晤邵力子,国民党内定宪政实施筹备会名单中无章伯钧,左舜生和张澜对此表示不满。

10月11日 董必武会见邵力子、王世杰,申述了中国共产党的意见。指出,中央军在西北增兵对边区威胁最大。邵、王对此解释说:“中央绝无对边区用兵之意”,希望两党问题通过商谈作政治解决外,还提出派人“到边区看一下”。

10月20日 国民党政府国防最高委员会决定设置宪政实施协进会,该会由54名会员组成,周恩来、冷遹等被指定为会员,董必武等为常务委员,孙科、王世杰、黄炎培3人为召集人。

10 月 29 日 沈钧儒、黄炎培、章伯钧在重庆左舜生寓所举行午餐聚会，商谈宪政实施筹备会问题。

10 月 30 日 董必武与黄炎培晤谈宪政实施协进会事宜。

10 月 邹韬奋在上海病情恶化，中共上海党组织派人到苏北向华中局汇报病情，毛泽东和周恩来对邹很关怀，党中央打电报要华中局立即派人去探望，表示慰问并赠医药费。对此，邹很感动，给陈毅写信道谢。次年春，邹的病情更恶化，华中局又派人到上海携款慰问，并组织一个委员会负责邹的医疗问题。

11 月 1 日 国民参政会正、副秘书长邵力子、雷震以宪政实施协进会名义宴请各党派宪政实施协进会会员董必武、孔祥熙、孙科、吴铁城、张厉生、熊式辉、梁寒操、褚辅成、张君劢、王云五、左舜生、莫德惠、傅斯年、王世杰，讨论宪草研究、国民大会、言论开放问题。

11 月 5 日 董必武与黄炎培、沈钧儒、左舜生、章伯钧、冷遹共商宪政实施协进会问题。

11 月 12 日 宪政实施协进会召开成立会，36 人出席，商讨了褚辅成的，孙科、黄炎培、王世杰的，李璜、左舜生、陈启天、张志让的，钱端升的，王云五的及王造时的提案。

11 月 16 日 董必武与邵力子、褚辅成、黄炎培、冷遹、张志让、杨卫玉、张君劢、王造时等商谈宪政实施协进会事。是晚，宪政实施协进会举行第一次常务会议，出席的有董必武、孙科、王世杰、王云五、左舜生、褚辅成、张君劢、傅斯年、黄炎培、莫德惠。会议讨论了办事细则，并决定各提案的处理方法，还决定分设三组：第一组关于宪法草案研究事项；第二组关于民意机关事项；

第三组关于宪政有关法令实施状况事项。

11月23日 黄炎培、冷遹、张志让商谈发起《宪政》月刊。

11月29日 黄炎培、钱新之、张志让邀请康心如、杜月笙、刘攻芸、王志莘、卢作孚、潘仰山、吴羹梅、章剑惠等人发起创办宪政出版股份有限公司。

12月1日 中共中央总学习委员会发出关于学习《反对统一战线中的机会主义》文件的通知。通知指出：选录在这里的季米特洛夫、曼努意斯基等同志的几段文章，其总的精神就是反对统一战线中的机会主义，这些文章虽然多数还是1935年写的，较近的也是1939年，除了少数几段外，也不是专为中国而写，但其反机会主义的基本精神则至今仍完全适用于中国。这个小册子的出版，一面可以帮助同志们研究毛泽东关于新民主主义与抗日民族统一战线的思想；一面也可以帮助同志们认识那些机会主义的错误，怎样绝对背离了马列主义和共产国际的策略方针，从而加以彻底的克服。因此在整风学习中有吸收国际经验的必要，故选录此种文件，以供研究。

12月2日 黄炎培、张志让、杨卫玉、祝公健召开第一次《宪政月刊》联席会议。

12月21日 重庆文化界、妇女界、律师、上海法学院、育才学校师生及各党派人士400余人举行茶会，庆祝沈钧儒70寿辰。董必武、郭沫若、陶行知、左舜生、史良、邵力子、于右任、陶百川等出席讲话。董必武热情赞扬沈钧儒认真学习，研究新事物并勇于实践的精神，并强调说，沈先生所主张的抗战、团结、民主，目前犹尚待努力。参加祝寿茶话会的还有雷震、陈霆锐、韩兆鹗、刘百闵、章乃器、沙千里、鲜英、洪深、阳翰笙、张申府、曹孟君、刘清扬、罗叔章、邓初民、张志让、茅盾、胡风、潘梓年、夏衍、王造时、史东山、宋之的、阎宝航、许宝驹等。

12月28日 宪政实施协进会举行第三次常务委员会议，出席的有孙科、董必武、吴铁城、傅斯年、左舜生、莫德惠。会议通过了关于提高参政会权限之3条建议及关于图书杂志审查问题的意见。

12月29日 黄炎培写诗祝贺董必武60寿辰："平生谢绝人称寿，亦少人前祝寿来。吾子长年须厚爱，中华元气待深培。平和露出刚方性，渊默能兼激辩才。世象日新人不老，大同梦境况恢恢。"

本年 中国民主政团同盟主席张澜写信给蒋介石，指出国内政治情形，忧危未已，人才未能集中，民意未能伸展，党争未能消弭，其症结皆在政治未能实行民主。抨击国民党政府用人以一党为其范围，主张选贤与能，不问党籍。反对由国民党指定民意代表的办法，而无真正民主，要求废除言论思想出版的统治与检查，对政治可以自由批评讨论。不同意以国家政权垄断于一党，希望国共合作，共同抗战，共同建国。

一九四四年

1月1日 黄炎培发起出版的《宪政》月刊在重庆创刊，主编张志让，编委戴修瓒、褚辅成、杨卫玉、王芸生、傅斯年。

同日 八路军驻重庆办事处和新华日报社工作人员祝贺董必武60寿辰。沈钧儒、郭沫若、黄炎培、陶行知、邓初民、张申府等到会祝贺。并借机就时局进行了交谈，磋商了联合起来同国民党反动政策作斗争的策略。

1月3日 黄炎培、张君劢、左舜生等人发起宪政座谈会，假迁川工厂举行，到会72人。

1月5日 张云川在重庆访晤黄炎培，介绍所见中共领导的苏北抗日根据地情况及中共政策。

1月15日至16日 朱绍良在西安召开军事会议，阴谋反共。14日下令取消中共在西安、重庆的电台。由于英德秘密议和阴谋被苏联揭露，英、美几家报纸登了宋庆龄抨击国民党军队封锁中共领导的抗日游击区，游击队得不到医药等任何接济的写给美国《新群众报》的信，以及中共及各方面人士呼吁国共团结抗日等原因，蒋介石知道他所策划的反共军事计划行不通了，于是才提议中共派朱德、周恩来、林彪赴重庆谈判政治解决。

1月16日 毛泽东约见国民党军事当局驻延安之联络参谋郭仲容，告以中共拟于周恩来、朱德、林伯渠3人中，择1人或3人同行到渝见蒋介石，并同国民党举行谈判。

同日 董必武、徐冰在重庆设宴招待各党派人士左舜生、邓初民、翦伯赞、张申府、张志让等人，交换对时局的看法。

1月27日 中共中央西北局办公厅欢宴在延安的党外人士。参加者有：李鼎铭、李丹生、贺连城、霍维德、毕光斗、杜立亭、白宝山等。林伯渠、谢觉哉等应邀作陪。贾拓夫主持，高岗、林伯渠讲话。党外人士对于去年工作发表许多宝贵意见。

2月2日 国民党政府军令部致电驻陕甘宁边区国民党联络参谋郭仲容，称："周、朱、林各位来渝，甚表欢迎，来时请先电告。"

2月4日 宪政实施协进会召开第四次常委会，通过了黄炎培所提的切实举行训政时期约法案，讨论了张君劢所提的人民基本权利三项保障案。会上，孙科放出空气说，蒋介石表示宪法成立，国民党还政于民，退为普通政党，中国一定采取多党制。

2月7日 国民党中央执委会召开会议，决定对林伯渠到重庆后的应付政策是：(一)借招待之名，指定住所，派宪兵任警卫；(二)发动与林有关之党国元老，劝林脱离延安；(三)控制其与外人谈话，事先须予以劝导；(四)利用国民党可掌握的人士劝告中共放弃军政权，以谋国家之统一等等。

2月18日 国民党联络参谋郭仲容由延安致电国民党政府军令部，称："中共决定先派林伯渠赴渝。"

2月21日 国民参政员、成都市民主宪政促进会副主席张澜在成都发表谈话，称："从保障人民基本权利着手才能使民主宪政成功。"

3月5日 各党派人士发起之宪政座谈会，在重庆举行第二次会议。参加者有沈钧儒、董必武、左舜生、张君劢、张申府、刘清扬、史良等30余人。大家认为应把"五五宪草"中规定的"中华民国为三民主义共和国"改为"中华民国为民主共和国"。

3月3日 桂林各界妇女集会纪念"三八"国际妇女节，何香凝在会上作了题为《纪念今年"三八"不要忘记大家的苦难》的讲话，她说如今惨看饿肚子的民众，真无以对殉国诸烈士，除少数发国难财的奸商、污吏以外，大家都在挨饥受寒。她呼吁军民上下一心，共赴国难，驱逐日寇，收复失地。

3月12日 周恩来在延安各界纪念孙中山逝世19周年大会上发表《关于宪政与团结问题》的演说。周恩来说，国民党及其政府如欲实施宪政，就必须真正拿革命三民主义作基础，必须首先实行保障人民自由、开放党禁和地方自治3个最重要的先决条件。如真愿用政治方式合理解决国共关系，就应该承认中共在全国的合法地位，承认边区及各抗日根据地为其地方政府；承认八路军、新四军及一切敌后抗日武装并给予接济，恢复新四军番号；撤销对陕甘宁边区及各抗日根据地的封锁和包围。

3月16日 毛泽东、朱德、彭德怀致电罗荣桓、黎玉等，指出争取国内和平，团结抗战，坚持敌后斗争是我党一贯方针。对国民党顽固派的斗争，应坚持自卫原则，决不衅自我开，保持我党经常的政治主动地位。7月5日再电罗、黎等，强调争取国内平静，拉蒋抗日是目前政策中心。除非顽部进攻，我可在自卫立场上打之。具体作战，须得中央同意。

3月21日 宪政促进会小组会议在重庆举行会议，讨论政治结社自由问题，许多人主张包括国民党在内应与军队脱离。吴铁城、张君劢、左舜生、董必武、莫德惠、黄炎培、孙科、李中襄、洪兰友、邵力子、雷震等出席。

4月3日 黄炎培、左舜生、张君劢、沈钧儒、章伯钧、张申府在重庆左舜生寓所商议改组中国民主政团同盟，删去“政团”二字，以容纳无党派人士，发展组织。

4月4日 宪政促进会在重庆孙科寓所举行，讨论知识分子对国民党政府不满、主张言论自由问题。到会有孙科、吴铁城、邵力子、王世杰、董必武、张君劢、王云五、左舜生、黄炎培、莫德惠。

4月5日 中共中央指示各地党委，目前应争取国内平静，拉蒋抗日，因中原大战，国共有重新协调的希望。并告为与国民党举行谈判，中共中央代表林伯渠拟于艳日(29日)起程。

4月16日 左舜生、沈钧儒、刘王立明、董必武等50余人，在重庆迁川大厦举行宪草座谈会。

4月28日 重庆各民主党派负责人沈钧儒、章伯钧、张申府，联合举行文化界招待会，宣布要求言论自由、思想自由、学术自由，要求民主改革。

5月2日 黄炎培、王云五、莫德惠设宴招待孙科、吴铁城、邵力子、张君劢、左舜生、傅斯年、张厉生、褚辅成、董必武等，黄炎培说国民党政府摧残工商业，以至从沦陷区载巨金来渝者多愿回去。孙科说中华民国不能听他亡于一人之手。于右任不满意于蒋孔所为留词而去。

5月4日 昆明西南联大3000余师生集会纪念“五四”。朱自清、孙玉棠、沈从文、闻一多、闻家驷、卞之琳、杨振声诸教授都讲了话，表示要继承“五四”时代民主与科学的精神，为当前的民主而奋斗。

同日 孔祥熙在重庆设宴招待董必武、王云五、左舜生、王正延、杭立武、董显光、端木恺、蒋经国、邵力子、张君劢、黄炎培、莫德惠、翁文灏、朱家骅等，谈论商民怨苦、物价狂涨、前途莫大危机等问题。

5月4日至11日 林伯渠与国民党代表张治中、王世杰在西安先后举行了五次会议。林伯渠在双方谈妥的记录上签了字，但国民党代表却拒绝签字。

5月11日 毛泽东致电林伯渠，指示同国民党进行谈判的条件。指示说，在同国民党谈判时，可以周恩来今年3月12日在延安纪念孙中山会上的讲演中提出的五条，加上此次你从延安带去的6条作为基本条件，并要求恢复西安、重庆办事处的电台和重庆、西安、延安间的自由往来。

5月14日 沈钧儒、黄炎培等在重庆召开宪政座谈会，董必武、史良、孙科、章伯钧、张君劢、李璜、左舜生、张志让、张申府等300余人参加。国民党政府立法院院长孙科说：“要使人民力量动员起来，必须给人民以政治自由。”

5月17日 林伯渠、王若飞和张治中、王世杰同机由西安飞抵重庆，继续进行国共谈判。19日，林伯渠会见蒋介石。

5月20日 中共中央将拟定的谈判方案电告林伯渠，提出关于政治民主化，承认一切抗日军队，承认中共及各党派之合法地位，释放政治犯，承认边区政府及各抗日根据地政权，实行地方自治等20条要求。22日，林伯渠将20条要求交付张治中、王世杰，张、王阅后认为所提太多，并说“条文如此写法，无异暴露国民党之罪状”，不肯接受，希望修改。

同日 工业界人士吴羹梅在重庆《宪政》月刊社举办的宪政座谈会上说：“政治民主是工业生产的绝对必要条件，没有它，一切都无从谈起。”

5月23日 左舜生、章伯钧、张君劢、沈钧儒在重庆章伯钧家宴请林伯渠、董必武、王若飞及翦伯赞，大家就目前战局及国共两党的谈判问题等进行了交谈。

5月24日 章乃器、吴蕴初、吴羹梅等89位工业代表，在重庆集会，一致呼吁，要求政治民主，生产自由，取消统制政策。

5月29日 职教社领导人黄炎培在重庆复旦大学发表讲演，批评国民党将民国招牌挂了33年，没有颁布宪法，没有实施宪政。他呼吁要造成民主运动，以求民主政治早日实现。

5月31日 中国民主政团同盟发表对时局看法，认为国共两党谈判短期内不可能结束。如果不在政治、经济、军事、文化等方面予以改善，将给国家带来巨大损害。要求国民党政府实行民主，加强团结。起码放弃十余年来的特殊地位，结束训政，给人民以各项基本自由，联合苏、美、英，整饬财政。

5月 中国民主政团同盟发表了《对目前时局的看法与主张》，强调要使中国“成为一个十足道地的民主国家”，并提出实现民主的起码条件是国民党“放弃10余年来的特殊地位”,“无保留无犹豫给予人民以各项基本自由”。并呼吁国共两党团结抗日。

同日 中国西南实业会、迁川工厂联合会、中国全国工业协会、国货商联合会、中国生产促进会等5个工业团体,联合起草《解决当前政治经济问题方案之建议书》,递交国民党十二中全会,要求国民党改变政策。

6月2日 邹韬奋于昏厥苏醒后,口述遗嘱,说目睹中共领导的抗日根据地人民的伟大斗争,使他看到新中国光明的未来。呼吁全国坚持团结抗战,早日实行真正的民主政治,建设独立自由幸福的新中国。要求死后骨灰尽可能带往延安,请中共中央审查他一生奋斗历史,如其合格,请追认入党。

6月3日 中共中央致电林伯渠、董必武、王若飞,同意他们对时局的估计与谈判方针,同时将修改后的提案12条和口头要求8条一并电告,指示据此同张治中、王世杰谈判,并望全部告诉即将来华的美国副总统华莱士和各民主党派人士。

6月5日 林伯渠、董必武、王若飞致电毛泽东,报告了10天来的活动及各方面的动态。电报说,同国民党的谈判,我们全遵照党中央指示进行。蒋介石目前虽极困难,但绝无解决问题诚意,今天只是作出谈判姿态给中外看。此点苏、美、英人士、中间党派、地方实力派及孙科、许宝驹、王昆仑都同我们看法一致。我们也不急于催张治中、王世杰,也不拒绝谈判和冷落他们,我们态度是:“不闭谈判之门,也不存急切解决之想”,而把精力主要用在宣传我实行民主抗战的成绩及力量上,用在推动国民党内外一切不满现状的人积极起来争取民主运动，并使这一运动互相配合上。此外还汇报了和美武官详谈情况，中间党派、左翼文化界及妇女界、国民党内部等情况。

同日 林伯渠会见张治中、王世杰，递交了写给张、王的信。信中说，为了利于谈判以示我方希望解决问题之诚意，我党中央复电指示，将原提20条改为12条，而把一些小问题改为备忘录。12条的要点为：要求实行民主政治，保障言论、集会、结社及人身自由；开放党禁，承认中共及各党派之合法地位；编中共军队为16个军47个师，目前至少给5个军16师的番号，驻防地维持现状；承认陕甘宁边区及一切敌后抗日根据地；撤销对边区的军事、经济封锁，停止对华中新四军和广东游击队的进攻；释放各地被捕人员；两党均可以在对方地区内出版发行党报等。

同日 国民党代表张治中、王世杰，将国民党关于《中共问题政治解决提示案》面交林伯渠。该"提示案"强调所谓"军令政令之统一"，要削减人民军队，坚持只给中共4个军10个师的编制。对中共的合法地位仍不予承认，限期将抗日根据地民主政府"一律由各省政府派员接管处理"。至于各党派之地位，人民之集会、结社、人身自由以及释放政治犯等更是只字不提。

6月6日 林伯渠致函张治中、王世杰，指出：国民党的"提示案"与中共《关于解决目前若干急切问题的意见》12条，相距甚远。尽管如此，仍愿将"提示案"报告中共中央也要求国民党代表将中共12条转报其国民党中央，并且再次声明，西安谈话记录，是"为最后共同作战的初步意见"。

6月8日 张治中、王世杰复函林伯渠说，6月5日所提的

12 条，因与前面所提“出入太大，不能转呈”。“西安谈话记录，既经过你修改、签字，应作为你的意见，且已将此件上报，政府‘提示案’已尽量容纳了你的意见”。

6 月 9 日 由驻重庆的外国记者发起组织的“中外记者西北参观团”一行 21 人抵达延安。参观团在延安受到中共中央、十八集团军总部、边区政府的热烈欢迎。毛泽东、周恩来、朱德、叶剑英等接见了参观团全体记者，向他们详细地介绍了解放区各方面的情况，重申了我党在国际事务上的态度及国内问题中的立场和政策。参观团在解放区进行了广泛的访问之后，于 7 月 26 日从延安返回重庆。

6 月 11 日 林伯渠再次致函张治中、王世杰，指出张、王拒绝中共正式提案，又不转报国民党中央，只片面要求中共接受国民党的提示案，阻碍了谈判的进行。

6 月 12 日 林伯渠、董必武、王若飞、张晓梅、张申府、刘清扬等在曾家岩 50 号讨论国际形势及国内政治、军事、经济情况等问题。

6 月 15 日 张治中、王世杰复函林伯渠，称已将中共 12 条意见转呈国民党中央，解决办法仍照国民党提示案，不能变动。谈判遂成僵局。

6 月 17 日 毛泽东致电林伯渠，指出张治中、王世杰，既不愿考虑中共中央所提意见，而又片面地提出所谓“提示案”，中共坚决不能接受。指示立刻将国民党的所谓“提示案”退还张治中、王世杰。

6 月 20 日 由张澜等人组成的成都民主宪政促进会，召开大会,对国是提出10项主张。强调“非立即实行民主、不足以团结各方、争取胜利”。要求国民党切实实行民主,给人民以各项自由,刷新政治,给予各级民意机关以必要的权利,实行全民动员和武装。

6月24日 宪政实施协进会举行第七次常务委员会议,讨论了王造时所提迅速健全临时民意机关人选并提高其职权案、张君劢所提扩大国民参政会职权案、张志让所提保障言论自由案。

6月29日 毛泽东主持中共中央六届七中全会主席团会议,讨论美军观察组来延安事宜。决定在接待中应以实事求是为原则,要阐明中共当前的任务是合作抗日,抗战胜利后是和平建国,实行民主。

6月30日 林伯渠、董必武致电毛泽东、周恩来说,国民党代表张治中、王世杰已收下中共12条提案,请示是否还要退还国民党的提案,是否还要求张、王到延安谈判。并说,已将双方提案的要点密告美国使馆和史迪威司令部。

同日 毛泽东复电林伯渠、董必武说,国民党提示案“如未退回,即不必再退回,而另用伯渠、恩来名义分别在渝、延两地发表公开谈话”。中共12条及国府“提示案”可经美国友人密交华莱士(华是本月20日抵重庆访问的),并在中间人士传观,暂不公布。仍可请张治中、王世杰两人或其中1人偕林伯渠去延商谈“提示案”,如张、王均拒绝,则林单独回延讨论,以便作具体回答。

6月 由国民党内的民主派李济深、柳亚子等倡议,在广西成立“抗战动员宣传工作委员会”和“桂林文化界抗战工作协会”。主张立即动员民众，坚决抗战。于是在成都、重庆、昆明的各界民主人士纷纷响应。

6月21日 自今日起，美国副总统华莱士与蒋介石在重庆连续四天进行会谈。华莱士要求蒋介石进行民主改革，以加强对日作战，减少美军对日作战困难，并巩固蒋介石政权。蒋对此表示拒绝，仅表示同意美军观察组访问共产党地区。

7月初 中国民主政团同盟负责人沈钧儒、邓初民、史良、陶行知等发表联合通电，主张立即动员民众，坚决抗战，铲除失败主义，并希望采取民主办法，组织人力物力，坚持到底。

7月1日 周恩来在延安对新华社记者发表谈话说：两党谈判由西安谈到重庆，已历时两月，尽管政府提案与中共提出的书面意见内容相距甚远，商谈仍在继续。中共中央现在研讨政府提案，期谋合理解决。只要在有利于团结抗战及促进民主的条件下，中共无不乐于商讨。

7月4日 林伯渠、董必武致电毛泽东。电报说，在目前时局下，谈判绝无解决希望，启封电台及放人等小问题也不可能解决。蒋介石要谈判，不敢公开和中共破裂，是在故作姿态，欺骗舆论，即令谈判破裂，好把责任尽量推在中共。真正具体解决问题的时机，还有待于时局更大的发展。我们对谈判仍是不抱任何幻想而把主要精力用在向各方宣传和推进大后方争取民主运动及研究上。我们已将双方条件的主要内容及蒋无诚意谈判的事实告诉了关心这一问题的中外人士。我们也认为根据今天的情况，不能采取退回“提示案”、拒绝商谈的形式。

7月6日 林伯渠与王世杰会谈。林询问对中共中央提案的答复，再请张治中、王世杰到延，并就国民党中宣部长梁寒操上月28日在《大美晚报》的造谣提出质问。王世杰表示：中共提出的民主自由问题，他们是在想办法解决，关于中共军队扩编4个军10个师，请重新考虑。关于启封电台和放人等小问题，待大问题解决后都可解决。他们二人去延事，要待重庆谈出一点结果来后，才能去。

同日 林伯渠、董必武两次致电毛泽东，汇报了本日国共双方代表会谈情况，并说："目前谈判绝无望具体解决问题，但他们总要故意做出谈判姿态，不完全拒绝去延安，也不让我离渝。"现在我们的原则是，一方面要求张治中、王世杰对我提案逐条提出具体意见；另一方面访问国民党的一些中央常委，如孙科、邵力子、吴铁城、邹鲁、居正等。

同日 毛泽东复电林伯渠、董必武，指示他们约张治中、王世杰见面，声明已将他们提案转告中共中央，中共中央认为双方意见相距尚远，为求进一步商谈，仍请张、王偕林来延一行。如为张、王拒绝，则提林单独回延报告，并讨论对国方提案之复案。若又不让林离开，继续商谈无法进行，谈判拖延之责任就全在彼方。

同日 中共中央发布抗战七周年纪念24条口号，要求国民党政府保护大后方目前正在兴起的人民民主运动，立即改革内政，实行民主，给人民言论、出版、结社、集会自由，取消党禁，允许各抗日党派合法存在，迅速调整国共关系，加强国共两党的团结。

7月22日 以包瑞德上校为组长的美军观察组首批9名人员由重庆飞抵延安。周恩来、张闻天、秦邦宪、贺龙并代表毛泽东到机场欢迎。当晚,毛泽东出席了八路军总部为欢迎美军观察组举行的宴会。8月7日,美军观察组第2批人员9人亦飞抵延安。美军观察组的全称是“美军中缅印战区驻延安观察组”。为使美军了解有关情况,特安排叶剑英、彭德怀、罗瑞卿、聂荣臻、林彪、贺龙、陈毅、陕甘宁边去和晋冀鲁豫边区负责人等,分别介绍了中共的各项政策和抗日根据地的政治、经济、军事、文化等方面的情况。毛泽东、朱德、周恩来分别与包瑞德及组员谢伟思(美国驻中国大使馆二等秘书)做过多次重要谈话。这些谈话和观察组在延安及在晋察冀边区的见闻,给美国的对华政策产生了一定影响。

7月23日 林伯渠同张治中、王世杰举行会谈。林问国方对中共所提12条之具体意见,张、王答复说,“提示案”即是具体的答复意见。

7月27日 邹韬奋在上海病逝。9月28日,中共中央接受邹韬奋生前的请求,追认为中国共产党党员。

8月9日 国民党中宣部举行外国记者招待会,记者询问:国共两党谈判之进展情况时,梁寒操答称:谈判尚在继续进行之中,详细情形尚不能奉告。国民党中央始终以最大诚心、宽容与忍耐,谋谈判之成功。

同日 黄炎培、梁仲华、章元善、杨开道在国际救济会举行乡村建设学会理事会,黄炎培主持。会议决定:(一)会所由蓉迁回渝;(二)改推章元善为干事长;(三)改推黄炎培、梁仲华、杨开道为常务理事。

8月10日 王世杰、张治中致函林伯渠说，中共今所提之12条，未表示将服从国民党中央政府统一之政令军令。中共及一切党派之合法平等地位，将在抗战结束后行宪时给予，允许中共军队扩编至4个军10个师。至于解除对中共陕边的封锁及释放政治犯等，得在本次商谈获果后，才能考虑。要求林伯渠转告中共中央接受“提示案”并迅速答复。

同日 黄炎培致函陈布雷、邵力子，为萨空了被羁兴隆场战时青年训导团，请蒋介石特准恢复其自由。

8月12日 周恩来在延安答新华社记者问指出，国共谈判迄今还无结果，“根本障碍在国民党固执一党统治与拖延实行三民主义”。只有国民党“立即放弃一党独裁政治，立即放弃削弱与消灭异己的方针，立即实行民主政治，并从民主途径中，公平合理的解决国共关系，才能得到效果”。周恩来的谈话揭穿了梁寒操对记者们说的国共谈判已使若干问题获得解决，国共关系有改进的谎言，说明了阻碍谈判进行的责任不在中共而在国民党。

8月13日 中共代表和各民主党派代表在重庆举行各党派临时会议，就各党派国民参政员应取得密切联系，采取一致行动，增强民主同盟力量诸问题进行讨论，一致要求国民党政府必须切实实行民主。

8月15日 延安《解放日报》发表社论，标题是《欢迎美军观察组的战友们》。“战友们”三字是毛泽东审稿时所加。社论指出：“美军观察组战友们来到延安，对于争取抗日战争的胜利，实有重大的意义。”

8月18日 中共中央发出《关于外交工作的指示》，把接待美军观察组及外国记者等，看作是我们在国际间统一战线工作的展开，是我们外交工作的开始。

8月20日 毛泽东致电八路军山东军区、新四军军部，从速搜集日本海军在青岛、烟台、连云港进出港口及停泊的舰船数字等情报，以供美军打算将来在山东半岛登陆对日作战时参考。

8月26日 黄炎培访晤董必武、林伯渠，就国内外形势及国共关系问题进行了长时间的谈话。

8月30日 林伯渠致函张治中、王世杰转蒋介石及国民党中央。指出张、王10日来信中，对中共之指责完全不合事实，是错误的，并对国民党在“提示案”和10日来信中的不合理要求，及无端的批评，逐一进行了驳斥。希望国民党放弃一党统治的方针，认真推进谈判，公平合理地解决国共关系问题，以争取全民族抗战之最后胜利。再次邀请王、张赴延安继续谈判，以便看看中共是怎样忠实实行4项诺言与彻底实行三民主义的。

9月1日 黄炎培、章乃器等30人在《国讯》和《宪政月刊》上同时发表《民主与胜利献言》，要求国民党政府在此外患深急之时，“与民更始”“一新政策”，提出9项主张，要求国民党及早实施民主制度。

9月3日 中共参政员林伯渠、董必武抵达重庆，参加国民参政会三届三次大会。

9月4日 中共中央关于改组国民党政府问题给林伯渠、董必武、王若飞发出指示。指出中共向国民党及国内外提出改组政府主张的时机已成熟，其方案是要求国民党政府立即召集各党、各派、各军、各地方政府、各民众团体代表召开国民大会，实施宪政，贯彻抗战国策，实行反攻。改组国民政府，成立联合政府的主张，应成为今后中国人民的政治斗争目标。关于扩大参政员名额问题，可提出重新增加救国会的沈钧儒、陶行知、张申府、史良等，文化人中可提郭沫若、茅盾等。

同日 重庆教育、文化、法律、工商、金融各界代表人士黄炎培、褚辅成、冷遹、张志让、杨卫玉、江恒源、王云五、吴蕴初、章乃器、薛明剑、卢作孚、胡西园、吴羹梅、孙起孟等人发表对时局的主张，提出九项建议，迫切主张真正实行民主，与民更始。

9月5日 国民参政会三届三次会议在国民政府军事委员会礼堂开幕，出席会议的有173人。

9月7日 中共中央致电林伯渠、董必武、王若飞，指出同意用中共中央的名义致函参政会，并利用林在参政会作报告机会，提出中共关于改组政府之主张和步骤的办法，并联系说明这是中共原来提案中3条政治主张的具体解决方案。

同日 国民参政会三届三次大会继续举行，河南省参政员郭仲隗将中原会战中河南战场国民党军队狼狈溃退情形作了生动揭露，说到悲愤处语不出声，听众极为愤懑。参政员王普涵、徐炳昶等要求最高军事当局严惩作战不力的河南战场军事长官汤恩伯。

9月14日 林伯渠、董必武致电毛泽东、周恩来。电报说，我们曾与各民主党派商量我党将提出改组政府的问题，他们不赞成我们用党的名义正式向参政会提出，因为这样会引起大争论，他们不便表态。他们赞成我们在大会报告中顺便提出。

9月15日 毛泽东电复林伯渠、董必武、王若飞，指出各民主党派既不赞成我党单独向参政会提改组政府事，即请作罢。至于林在报告谈判经过时是否应顺便提到此点，则请你们斟酌情形决定。

同日 林伯渠在国民参政会三届三次大会上报告了国共谈判的经过和迄今还无结果的原因。林伯渠在报告的最后部分声明，共产党很盼望问题解决，中共所提的意见都是正确合理的，希望国民党政府从抗战民主团结出发，接受中共的合理要求。并且指出，挽救目前抗战危机准备反攻的急救办法，是对政府的机构人事政策迅速来一个改弦更张。因此希望国民党结束一党统治的局面，立即召集有各党各派、各抗日部队、各地方政府、各人民团体的代表参加的国是会议，组织各抗日党派联合政府。

同日 国民参政会三届三次大会决议，以参政员冷遹、王云五、胡霖、傅斯年、陶孟和组成延安观察团，其任务为"赴延安观察，并于返重庆后，向政府提出关于加强全国统一团结之建议"。

9月16日 蒋介石在国民参政会上作报告。他在谈到中共问题时，仍旧强调中共必须服从他的军令、政令、法纪，说是只有在"军令统一"、"政令统一"、"法纪统一"之下，中共问题才获得解决。但又说林伯渠15日的发言"态度很好"，表示继续以政治方法解决中共问题，可以考虑第18集团军扩编为12个师，俟依法核编完成，就照国民党军一样发给饷械及医药用品。

9月18日 国民参政会三届三次大会休会期间驻会委员被推选的有褚辅成、冷遹、张君劢、左舜生、许德珩、陈启天、黄炎培。

9月19日 中国民主政团同盟在重庆召开全国代表会议，取消了团体会员制，盟员以个人名义加入，并改名为中国民主同盟（简称民盟）。提出了《中国民主同盟纲领草案》，此草案分政治、经济、军事、外交、教育、社会六部分，共46条。这是民盟提倡的民主制度的具体化。选举张澜、沈钧儒、黄炎培、章伯钧、左舜生、李璜、罗隆基、梁漱溟、张申府、曾琦、张君劢、张东荪、潘光旦为中央常务委员，并推选张澜为主席，左舜生为秘书长，章伯钧为组织委员会主任，罗隆基为宣传委员会主任，梁漱溟为国内关系委员会主任，张君劢为国际关系委员会主任。

9月21日 中共参政员林伯渠、董必武对记者发表谈话，代表中共欢迎冷遹、王云五、胡霖、傅斯年、陶孟和五位参政员组成的陕北考察团赴延安考察。

同日 延安观察家评国内战局，指出湘桂战场上国民党军的溃败，是“服从军令”之代价。而蒋介石在国民参政会上的两次演说，没有一个字道及如何挽救当前的危机，或如何改变造成此危机之统帅部的方针与成分，徒然强调其阻碍抗战胜利的所谓“军令统一”。如必以今日失败主义的军令来统一全国，则必引向全国失败。

9月24日 重庆各党、各派、各界代表冯玉祥、覃振、邵力子、孙科、张澜、沈钧儒、黄炎培、邓初民、章伯钧、李璜、左舜生、董必武、王昆仑、屈武、胡子婴等五百余人集会，要求改组国民党政府，召开国是会议成立联合政府。民盟主席张澜抨击国民党一党专政造成的恶果，强调实行民主的重要性。会议通过了沈钧儒发起组织民主宪政促进会的提议，并推王昆仑、屈武、钟天心、司徒德等为筹备人。

9月26日 职教社和职校发起的邹韬奋追悼会假重庆迁川大厦举行，黄炎培致悼词，杨卫玉报告邹的事略。

下旬 参政员张澜、李璜、邵从恩、常乃德在成都对记者发表谈话。一致认为，无论从国内还是国际的需要看，成立联合政府，实行民主政治，“实为今日解决国事，挽救危亡所必需”。

9月 国民参政会主席团向大会印发了国共谈判双方来往的七个重要文件：（一）1943年林彪在重庆所提四项；（二）1944年5月11日林伯渠在西安签字的国共两党谈判记录；（三）中共中央向国民政府提出之意见书（此件于1944年6月5日由林伯渠面交王世杰、张治中）；（四）国民政府对中共问题政治解决之提示案（此件也于1944年6月5日由王世杰、张治中面交林伯渠）；（五）国民政府代表王世杰、张治中致中共中央代表林伯渠的信（1944年8月10日）；（六）中共中央代表林伯渠致国民政府代表王世杰、张治中的信（1944年8月30日）；（七）9月10日张治中、王世杰给林伯渠的信。

本月 国民参政会三届三次大会于听取国民党代表张治中、中共代表林伯渠关于和谈经过报告后，组织特别委员会进行审查，指定仇鳌、冷遹、王造时等参政员任召集人。胡秋原在起草审查报告中竟攻击中共和新四军，胡说皖南事变的发生是由于“共产党新四军不听政令、军令之统一”。付印前，邵力子接受龚光朗的建议，决定由龚改写。经邵过目后嘱即送几位召集人审阅。翌日，分发大会，见是易稿，大为哗然。仇鳌发言指出改写的稿子符合事实及和谈精神，周炳林说该稿已经所有召集人签名是理所当然的合法文件。大会主席左舜生指定专人宣读后，终以压倒多数通过。

本月 美国总统罗斯福私人代表赫尔利来华活动，其使命为“防止国民党政府崩溃”，支持蒋介石“作中华民国的主席和军队委员长”，使蒋介石“和美国司令的关系和谐”，“增进中国境内战争物资生产并防止经济崩溃”，“统一中国境内一切军事力量”。

10月1日 重庆各界举行追悼邹韬奋逝世大会，宋庆龄、董必武及各界人士800余人出席。沈钧儒、黄炎培、郭沫若主祭。郭沫若、林伯渠等先后在会上致辞，强烈呼吁为消灭法西斯，实现民主政治而奋斗。

10月3日 林伯渠致函张治中、王世杰说，目前国内不论在军事上、经济上、文化上、政治上，到处都存在着严重的危机。因此，克服时局危机，挽救国家民族的唯一办法，就是立即结束一党专政、成立民主联合政府，实行新政策。要求国民党政府按中共所提方案，承认打日寇有功之第18集团军和新四军及一切抗日的军队，承认他们收复的国土。指出，目前国内还有一部分人在继续准备打内战，而且随着抗战形势的发展愈益加紧，按照他们的计划是要把对日反攻与反共合并举行，以达其所谓一举两得的目的。对蒋介石在参政会上表示将继续用政治方式解决中共问题表示欣慰，对参政会所组织的延安观察团表示欢迎，仍请张、王到延安一行，

10月4日 成都四川大学、金陵大学、燕京大学等五个大学的七个学校团体在华西坝体育馆共同举行国是座谈会，到会者

达2000余人。这是1940年以来在成都举行的第一次公开的大型集会。在蓉参政员张澜、邵从恩、吴贻芳、常燕生、李璜、黄健中等出席会议。张澜在会上呼吁"结束一党专政,成立联合政府"。

10月10日 延安各界集会庆祝双十节。周恩来在会上发表了题为《如何解决》的重要讲话。周恩来说,由于国民党长期坚持错误的失败主义和反动的法西斯主义政策,致使国民党战场在敌人的进攻面前节节败退,国民党统治区域呈现出"抗战以来空前未有的军事、政治、经济、文化各方面的严重危机"。"改组政府,改组统帅部,成立各党各派联合政府、联合统帅部,废除失败主义的'军令'和法西斯主义的'政令',是挽救目前危机切合时要的唯一正确方案"。他要求国民党承认敌后全部抗日部队和各级民选政府,并且指出中共所提出的12条与委托林伯渠口头提出的8条,"仍应成为今后国共谈判的根据"。希望张治中、王世杰能到延安"观察和谈判"。

同日 中国民主同盟发表《对抗战最后阶段的政治主张》,呼吁立即结束国民党一党专政,建立各党各派联合政权,实行民主政治等。

同日 昆明5000余人举行纪念双十节的群众大会。会上,李公朴、闻一多、罗隆基等呼吁全国一致要求国民党必须立即建立联合政府,保障人民民主权利和人民身体、言论、集会、结社等自由。

10月11日 毛泽东为新华社写了《评蒋介石在双十节的演说》一文,指出蒋的演说在积极方面空洞无物,他没有替中国人民所热望的改善抗日阵线找出任何答案。在消极方面，这篇演说却充满了危险性。他坚决地反对人民改革政治的要求，强烈地仇恨中国共产党，暗示了他所准备的反共内战的借口。如果他不改变的话，他将搬起石头打他自己的脚。

10月12日 董必武电告中共中央，报告当前美蒋关系。报告说：从6日蒋介石约孙科等谈话透露，中美商谈濒于破裂。蒋说，史迪威袒共，要求美国撤换史迪威，还说美国压迫已超过限度。

10月15日 董必武致电中共中央说：已会过5位参政员，促他们早去延安，并向他们揭穿国民党企图将拖延去延安的责任推给他们，说他们不愿去。5位参政员同意早去。

10月17日 中共代表林伯渠、董必武与美国罗斯福总统的私人代表赫尔利就解决国共两党关系，立即结束一党专政，成立民主联合政府等问题举行首次会谈。

10月18日 成都各大专学校中进步学生，在中共地下党的帮助联系下联合起来，成立了“民主青年协会”（简称“民协”）。它是党领导下的秘密外围组织，是党在成都学生工作中的得力助手，是成都学生运动的核心组织。

10月25日 宋庆龄、于右任、张澜、章伯钧、马寅初、郭沫若、林伯渠等72人发起重庆各党派、各阶层数千人追悼邹韬奋大会。与会者对国民党的独裁统治表示了极大的愤慨。

10月30日 毛泽东在陕甘宁边区文教工作会议上发表讲演《文化工作中的统一战线》。指出，我们的工作首先是战争，其次是生产，其次是文化，没有文化的军队是愚蠢的军队，而愚蠢的军队是不能战胜敌人的。我们必须告诉群众，自己起来同自己的文盲、迷信和不卫生的习惯作斗争。为了进行这个斗争，不能不有广泛的统一战线。

10月 中国民主同盟广东省代表大会在梅县东城召开，成立中国民主同盟东南干部会议，推选李章达为代理主任，丘哲、张文、李任仁、何公敢为副主任，胡一声为宣传部长，杨逸棠为联络部长，并出版机关刊物《曙光》。

本月 郭则沉以中国民主同盟西北盟务特派员名义奉派到西安，与杜斌丞、杨明轩、王菊人等开展筹备民盟西北总支部的工作。

11月4日 董必武致电中共中央建议：（一）在西南加强同地方实力派的联系，促使他们向蒋介石要求民主，但不公开反蒋；（二）组织联合政府问题，也要在川、康、滇酝酿起来；（三）请党中央速与昆明龙云通电，并要龙转告刘文辉。电报说：我在渝向各党派进行工作。龙云要华岗去成都与龙云、刘文辉、李济深代表及民盟等开五方会议。

11月7日 赫尔利以罗斯福私人代表、国共两党调解人的身份飞到延安，与中国共产党进行谈判。他表示赞同中国共产党关于废止国民党一党专政，成立民主联合政府的主张。

11月9日 董必武与黄炎培、左舜生、张申府在重庆信义街39号举行座谈会，讨论国是问题。董必武提出，各党派应进一步密切联系。

11月10日 毛泽东和赫尔利在延安签署了“中国国民政府、中国国民党与中国共产党之协定”，即五点草案。其主要内容为:(一)中国国民政府、中国国民党与中国共产党应通力合作,为击败日本而统一国内所有的武力,并共同致力于中国的复兴工作;(二)国民政府应立即改组为一联合政府,由一切抗日政党及无党派之政治团体所派代表构成之,并颁布及实行用以改革军事政治经济文化的新民主政策,同时,军事委员会应改组为由所有抗日军队代表所组成的联合军事委员会;(三)联合政府应拥护孙中山所建立民有民享民治之政府的原则;(四)一切抗日武装力量遵守并应实施联合政府及联合军事委员会之命令;(五)中国的联合政府承认中国国民党、中国共产党及一切抗日政党的合法地位。同日,周恩来偕赫尔利等由延飞渝,继续同国民党谈判。

11 月 11 日　成都四川大学、华西大学、金陵大学、燕京大学等学校学生 7000 余人结队示威游行,抗议国民党成都警察机关镇压学生运动的暴行,迫使张群出面,答应了保障人身自由、惩办凶手等要求后才散去。成都这次学生游行示威为"一二·九"学生运动以来第一次大运动。

同日　周恩来在重庆天宫街四号郭沫若寓所向陈嘉庚、沈钧儒、柳亚子、胡风等人讲了目前国内时局及此次来渝目的。郭沫若说,"希望你给重庆带来太阳"。

11 月 15 日　周恩来设晚宴,招待中国民主同盟负责人沈钧儒、黄炎培、张君劢、左舜生、章伯钧、张申府等人。

11 月 17 日　赫尔利回到重庆后即把同毛泽东一起签署的五点协议草案转交蒋介石。国民党表示此项方案不能接受,赫尔利亦改变了原来的态度。国民党提出三条反建议案:(一)国民政府欲有效完成所有国内武力之统一与集中，愿将中共改编后，收为国军之一部分。承认中共的合法地位；（二）中共在竭诚拥护政府，并把军队交由政府统一指挥后，政府在中共之高级军官中“遴员参加军委会”；（三）政府愿遵守孙中山倡导的三民主义，依抗战建国纲领之规定，给各项民主自由以保障。但各项自由权利，应受抗战期间军事安全需要之限制。22 日，美国驻华大使赫尔利将此三点反建议案交给周恩来。

11 月 21 日 毛泽东致函柳亚子，赞许他们反对蒋介石独裁、主张民主的精神，信中说：“18 年中，你的灾难也受得够了，但是没有把你压倒，还是屹然独立的，为你并为中国人民庆贺！”

同日 毛泽东致函茅盾，对他的健康状况，表示极为关怀。

11 月 26 日 毛泽东致电周恩来、董必武、王若飞，指示将 11 月 10 日在延安签署的协定草案及蒋介石拒绝本协定的情况，透露给各民主党派和外国记者。

11 月 中国民主同盟昆明支部召开全体盟员大会，决定将民盟昆明支部改为云南省支部，推罗隆基、潘光旦、周新民、潘大逵、李公朴、闻一多、楚图南、吴晗组成执行委员会，罗隆基为主委，周新民为组织委员，潘大逵为宣传委员，吴晗为青年委员。12 月 19 日，民盟云南省支部机关刊物《民主周刊》创刊。

本月 中国民主同盟四川省支部在成都正式成立。李相符、杨伯恺、张志和、马哲民、沈志远、田一平等为委员，李璜为主任委员。并成立了邛崃、南充、江津、大邑、内江等 10 余个县分部。全省约有盟员 2000 人，成都约占一半。

本月 刘文辉因受蒋介石逼迫，遂派代表杨家桢到重庆会见王若飞商谈对策，王鼓励刘文辉不要松劲，应采取以眼还眼、以牙还牙的办法同蒋斗争。

本月 美国总统罗斯福接受赫尔利以“总统支持史迪威则将失去蒋，甚至还可能失去中国”为由撤换史迪威的建议，招史迪威回国，改以魏德迈为中国战区司令兼蒋介石的参谋长。赫尔利也接任驻华大使。

12月2日 中国青年党发表对时局宣言，要求国民党政府：(一)以争取胜利为前提，改正军事上的种种错误，(二)立即宣布结束党治，以民主的政制代替现存的官僚政制；(三)以提高生产力为前提；(四)敦睦盟邦。

12月4日 周恩来同赫尔利、魏德迈、麦克卢尔、包瑞德进行会谈，赫尔利等几位美国人尽力想说服周恩来接受蒋介石政府的3项建议，均被周拒绝。

12月7日 周恩来、董必武等自重庆回到延安。周恩来返延后，即写信致赫尔利，指出，国民党方面“对我们最低限度五项建议之拒绝，即明白表示不同意我们成立一个联合政府和联合统帅部的建议，同时又提出他的三点反建议案，这样就阻止了我回到重庆从事进一步谈判的可能。我们发觉在这些新建议里面不可能找到基本的共同基础。我们认为，为了告诉民众，并使政府改变其态度，现有公布我们五点建议案的必要”。赫尔利复电周恩来说，他将双方的建议都看成谈判的步骤，他不相信谈判已经终结。希望不要公布五点建议，并望周恩来再次来渝谈判。

12月12日 毛泽东、周恩来关于中国共产党同国民党谈判的原则立场致电王若飞，指出：(一)我们毫无与美方决裂之意，五条协议草案赫尔利不愿发表,我们即可不发表。我们想发表的仅是我们向蒋建议的五条;(二)牺牲联合政府,牺牲民主原则,去几个人到重庆做官,这种廉价出卖人民利益的勾当,我们决不能干;(三)解放区联合委员会,等“七大”开会后再说。要王若飞将此意见转告包瑞德和戴维斯。

12 月 15 日 王若飞在重庆会见孙科。孙科认为中共关于改组政府和统帅部的要求是合理的,但实行须有步骤。并提议国防最高会议如有委员 30 人,可考虑国民党 15 人,军队 10 人,各党派 5 人。他说蒋曾表示可以考虑此种方案。孙认为蒋无良策解决中国问题,可能愿意接受此种方案。

12 月 22 日 毛泽东致函国民党军第 21 军团军团长兼新一军军长、晋陕绥边区总司令邓宝珊,称赞他的合作抗日精神,信中说“去年时局转换,先生尽了大力”,“八年抗战,先生支撑北线,保护边区,为德之大,更不敢忘”。

同日 马寅初在重庆星期五聚餐会上发表题为《中国工业化与民主是不可分割的》演说,讲了六个问题,特别指出中共今日在西北所做的工作,就是国民党应做的事,也就是最接近于社会经济的和政治的民主制度。今日唯有从速组织联合政府,召开国是会议,开放言论,确立各党派合法地位,中国的工业化才有可能。

12 月 24 日 毛泽东致电赫尔利说,周恩来正从事重要会议的筹备工作,难以离开延安,并且国民党政府并未表示充分诚意,以保证在五点建议的基础上继续谈判。他提议在延安举行一次会议。

12月26日 中国全国工业协会、中国生产促进会、重庆市商会、中国西南实业协会、迁川工厂联合会、国货厂商联合会等六工业团体联合发表对时局主张，希望政府实施宪政，厉行民治，呼吁全国团结一致，争取胜利。

12月28日 周恩来致函赫尔利，说明中国共产党不愿在关于“联合政府”问题上继续进行抽象的讨论。因此提出四点要求：（一）释放一切政治犯；（二）撤退包围边区及袭击新四军之国民党军队和华南反共部队；（三）废止一切限制人民自由之压迫性法令；（四）停止一切特务活动。请赫转告国民党当局，“看他们是否决心实行民主和团结”。

12月31日 刘清扬捐款2万元，援助八路军将士。

月底 黄炎培、褚辅成及重庆各界人士60余人联合发表对时局的献言，要求国民党与各党各派及无党派的在野学者与领袖互相推诚，切实合作，并要求切实保障人身、言论、出版、新闻自由，准许人民对政治发表意见，以开言论。

冬 南方局派张友渔到成都工作，并向四川地方实力派宣传中共的方针、政策，同邓锡侯、刘文辉、潘文华研究在日本继续进攻下如何保卫大西南问题。

一九四五年

1月1日 黄炎培、褚辅成、王云五、冷遹等60余人，联名发表《为转捩当时局势献言》，对军事、政治、经济、社会等诸方面均提出具体实施意见，要求国民党政府与各党派各界切实合作，挽救时局。

同日 蒋介石发表广播演讲，避而不谈过去一年国民党军队在日寇进攻面前的狼狈溃逃，却大肆污蔑广大人民和各抗日党派拥护的取消国民党一党专政及成立民主联合政府和联合统帅部的主张，而坚持其一党专政。

同日 中华民族解放行动委员会（第三党）负责人章伯钧在《新华日报》上发表元旦献词，提出召开紧急时局会议，"树立以实行三民主义为最高国策之各党派的民主统一政府"。

同日 救国会负责人沈钧儒在《新华日报》上发表题为《新年希望》一文，要求改变国民党政府，使"举国一致的政府能早日实现"。

同日 中国民主同盟张申府在《一个呼吁》文中，提出应即由各党派及其他社会有力人士，开诚协商订立共同纲领，成立举国一致的统一政府,并由此政府保障人民的自由权利。

1月6日 蒋介石与赫尔利商谈同中共继续谈判的方针。决定由赫尔利偕宋子文、张治中、王世杰到延安进行两党商谈,以表“诚意”。

同日 章伯钧、黄炎培、左舜生、张申府、冷遹、杨卫玉在重庆左舜生寓所集会,商谈中国民主同盟工作问题。

1月7日 赫尔利致电毛泽东、周恩来说,12月28日(1944年)信中提出的附加四点,与他们原来设想的谈判程度有距离。但他相信国民党可能作一种解决问题的让步。表示他将同宋子文、王世杰、张治中一同到延安会谈。

1月11日 毛泽东函复赫尔利,提出召开“国是会议”之预备会议。信中指出,我党所提五条要求为国民政府拒绝,而政府提出的3项意见我们也万难同意,今提出来延安开两党会议,盛意可感,只恐仍得不到何种结果,徒劳往返。8年来,一切秘密会议,均证明国民党方面毫无诚意。为此,建议在重庆召开“国是会议”的筹备会,国共两党、民盟代表三方参加,各党派代表有平等地位和行动的自由。此议如获国方接受,周恩来将前往重庆磋商。

同日 《新华日报》举行创刊七周年纪念会,中国民主同盟负责人沈钧儒、陶行知、柳亚子及马寅初和文教界数十人出席。柳亚子在讲话中说:“中国的光明在延安”。

1月12日 郭沫若、王若飞、徐冰在重庆天官府4号郭沫若寓所为沈钧儒71寿辰祝贺并座谈时事,参加者有柳亚子、马寅初、杨耿光、许宝驹、屈武、王昆仑、邓初民、谭平山、冷遹、左舜生、章伯钧、张申府、黄炎培。黄炎培在祝寿诗中有“吾欲举杯呼万岁，先呼民主一千回”之句。

1月14日 王若飞、徐冰、王炳南在重庆枣子岚垭83号同中国民主同盟负责人左舜生、张申府、沈钧儒、章伯钧、黄炎培及杨耿光，交谈最近国共接触情况。

1月15日 中国民主同盟发表对时局宣言，提出立即结束一党专政，建立联合政府；召开党派会议，产生举国一致政府；保障人民言论、集会、结社、职业、身体等自由；承认各党派合法地位；立即释放一切政治犯等十项主张。严正指出，国民党如仅将以前“选出”的代表，指定若干省的代表，并以国民党中央委员为当然代表，以此而居然“还政于民”成就全国团结统一，将必然适得其反。

1月20日 赫尔利在得到蒋介石的同意后致函毛泽东，说明了在国民党政府计划中的某些变更，并估计这些都不可能得到中共的同意，但希望中共不要马上予以拒绝，建议派周恩来或其他代表到重庆“作一短期访问”。

1月21日 中共中央关于召开党派会议与推动孙科参加民主运动问题给王若飞发出指示，指出党派会议只能是国是会议之预备会议，会上应讨论国是会议和民主联合政府之组织及其实际步骤，应通过共同纲领，保证放人、撤兵、自由、废特四条之实现。望与民盟及国民党内的民主派交换意见，征求他们的主张，各党派会议我们是采纳孙科的意见精神提出的。从孙科所提建议的立场看尚不太坏，但必须告诉他：民主运动应不怕与蒋介石对立。争取抗战的彻底胜利，实行孙中山的三民主义，建立独立自由民主统一繁荣的中国，是各党派联合的基本原则。

1月24日 周恩来飞抵重庆，与国民党谈判。离延时，在机场向新华社记者发表谈话说，此次去渝，要向国民党、民盟提议召开党派会议作为国是会议的预备会议，以便正式商讨国是会议和联合政府的组织及其实现的步骤。

1月25日 周恩来邀集各方面民主人士代表黄炎培、冷遹、左舜生、沈钧儒、张申府、邓初民、郭沫若、范朴斋等在曾家岩50号商谈召集党派会议等问题。

1月26日 周恩来访孙科，双方就当前国家重大问题进行了长时间的商谈。接着出席赫尔利、王世杰的午宴。午后又出席郭沫若举行的茶会，同文化界人士进行交谈。

同日 《新华日报》发表中国民主同盟宣言被扣。

1月28日 孙科宴请周恩来、王若飞、李璜、左舜生、沈钧儒、章伯钧、黄炎培、吴铁城、邵力子、王世杰、王昆仑等，商讨国内团结问题。周恩来说，中共主张召开党派会议，成立联合政府，由此再进一步建立宪法基础上的政府。黄炎培说，一次谈不妥，可继续商谈，希望由我们手中解决此大问题。

同日 毛泽东致电周恩来，指出在国土未完全恢复前，我们不赞成召集任何国民大会。因为旧代表是贿选的、过时的，重新选举则在大半个中国内还不可能。对国民党、赫尔利的错误主张和无理要求应进一步驳斥，并应将其意见转告民主党派，以共同抵制蒋的“国大”把戏。赫尔利的两个补充办法，是企图“将我们的军队隶属于外国，变为殖民地军队的恶毒政策”，我们绝对不能同意，你拒绝了“是很对的”。

1 月 国民党军第 22 军军长高双成在榆林病逝。中国共产党派代表曹力如、刘文蔚赴榆林吊唁,送的挽联是:“练兵辛勤驱逐倭寇著功勋,救国友谊传来讣告悼善邻”。

2 月 1 日 邵力子宴请周恩来、王若飞、孙科、王昆仑、左舜生、李璜、沈钧儒、章伯钧、张申府、雷震等商讨国内团结问题。

同日 中华民族解放行动委员会主办的刊物《中华论坛》创刊。章伯钧写了创刊词。创刊词说,有关抗战各方面,如军事、政治、经济诸端,均有切实改造之必要。全国朝野人士,已一再有所呼吁,主张及时改善现状。

2 月 2 日 周恩来与王世杰谈判。周恩来提出关于召集党派会议的协定草案:(一)党派会议应包含国民党、共产党及民主同盟三方面代表,会议由国民党政府负责召集,出席代表由各方自己推出;(二)党派会议有权讨论和解决如何结束党治、如何改组政府,使之成为民主联合政府,并起草共同施政纲领;(三)党派会议的决定和起草的施政纲领草案,应在将来的国是会议上通过后,方能成为国家的法案;(四)党政会议应公开进行,并保证各代表有平等地位及来往自由。此案未被国民党接受。遂由周恩来、王世杰共同主持草拟了一建议案。建议案提出由国民政府召集一次有各党派及无党派人士代表参加的政治协商会议,其任务是商定:“(一)从事结束训政时期,以建立宪政之步骤;(二)将来共同遵行之政治决策及军队之一元化;(三)国民党外各党各派参加政府之方式。”并要求在政治协商会议进行期间,各党派必须停止一切责难。当时及次日,周恩来、王世杰分别将此建议案报告两党中央,并通过赫尔利。

2月3日 毛泽东致电周恩来，指出我党参加政府的先决条件是：废除一党专政，承认一切党派合法，取缔一切特务机构及特务活动，真正开放自由，释放政治犯，撤销对边区的封锁，承认解放区，组织真正的民主联合政府。可将此条件直告赫尔利、宋子文、王世杰、张治中及其他党派人士。当前罗斯福、邱吉尔、斯大林正在克里米亚开会，美蒋都急于与我党妥协，故应加强与民主党派的联合，一定要坚持我党参加政府的先决条件。国方如不同意实行此先决条件就是骗局，我党就不参加政府。并望周恩来返回延安，但须“做到仁至义尽而回”。

2月4日 罗斯福、邱吉尔、斯大林在雅尔塔举行会议，通过了关于占领德国和管制德国的政治任务的决议；决定于1945年4月25日在旧金山召开联合国家会议，以制定联合国宪章；通过了《苏美英三国关于日本的协定》（即雅尔塔协定）；苏联提出了对日作战的条件：（一）维持蒙古人民共和国的现状；（二）恢复俄国昔日权利，即（甲）库页岛南部及该岛附近之一切岛屿应交还苏联，（乙）大连须国际化，苏联之租借旅顺港为海军基地应予恢复，（丙）苏联与中国共同经营中东铁路和南满铁路；（三）千岛群岛应交与苏联。会议于11日结束。

2月6日 杨耿光、谭平山、郭春涛、邓初民、祝世康在李绍涵家，宴请周恩来、王若飞、王炳南及陈真如、杨虎、郭沫若、柳亚子、沈钧儒、左舜生、李璜、章伯钧、张申府、马寅初等人，商讨时局问题。

2月8日 周恩来、王若飞与孙科、王世杰、左舜生、李璜、沈钧儒、黄炎培、张申府、章伯钧、王昆仑在参政会商讨国内团结问题。

同日 马寅初在交通大学发表演说，强调“为今之计，唯有从速组织联合政府”。

2月9日 美州旧金山《中国世界》，纽约《中华新闻》《中国每日新闻》，檀香山《新中国日报》、温哥华《中国时报》等十大华侨独立华文报纸，致电蒋介石、毛泽东、宋庆龄、中国民主同盟各领导者，要求国民党立即结束一党专政，召集各党各派领袖，组织最高的行政机关，建立全国的联合政府。

2月11日 重庆妇女界举行春节联谊会，欢迎去黔桂前线慰问士兵的李德全，并招待从湘桂流亡来渝的文化界人士。刘清扬、史良、曹孟君、罗叔章、胡子婴、张晓梅等百余人出席会议。李德全在会上讲话说，就是要民主政治，逃难也不是办法，应该就地同敌人打游击。

2月12日 毛泽东致电周恩来说：“你断然拒绝赫尔利企图控制我军的打算完全正确。我们必须坚持先决条件，否则将长独裁之志气，灭民主之威风。重庆载有民盟纲领的《新华月报》，卖到200元1份，可见民意所在。今日美国新闻广播说美洲10家华侨报纸要求废止一党专政，成立联合政府，可见我党主张已得海外拥护。我们必须攻掉美国政府的扶蒋主张，不要怕他们生气和大骂。

2月13日 重庆妇女界史良、李德全、于伶、白扬、胡子婴、曹孟君、刘王立明等联名发表《对时局进言》，要求召开国是会议，成立联合政府，给人民以言论、出版、集会、结社等自由。

同日 周恩来、赫尔利会见蒋介石，周将中共关于召开党派会议的意见及参加政府的先决条件告蒋。蒋答:“各党派会议等于分赃会议,组织联合政府,无异推翻政府”。拒绝接受中共所提先决条件,使谈判无法继续进行。

2月14日 国民政府代表王世杰在外国记者招待会发表口头声明,说政府方面做出了让步:(一)承认了共产党的合法地位;(二)在军事委员会中容纳共产党高级人员;(三)在行政院中附设一机构,吸收中共和其他党派代表参加;(四)组织一个有美国、国民党、共产党3方派人组成而由美国人当主席的3人委员会,负责改编中共军队。但这些都被中共拒绝了。

2月15日 中共中央代表周恩来就国共谈判问题发表声明,指出王世杰14日的说法“是不坦白和不公平的”。他只讲了国民党在谈判中作的“让步”,而并没有说明在什么条件或前提下,才有这些所谓的让步。国民党愿作这点儿让步的先决条件是:(一)共产党首先把全部军队交给国民党政府军事委员会;(二)国民党在政府中之一党统治地位不能动摇。周恩来指出在此前提下的“一切让步,不是落空,便是没有任何意义,甚至不是让步而是束缚或破坏抗日力量”。另外,国民党拒绝接受中共关于召集党派会议、建立民主联合政府、联合统帅部以及改革政治、经济、军事、文化各方面的政策的建议。次日,周恩来飞返延安。

2月21日 王若飞、郭沫若在郭沫若家邀集沈钧儒、何公敢、潘怀素、张申府、陈铭枢、陶行知、郭春涛、屈经文、高崇民、章伯钧、邓初民、王昆仑、许宝驹、谭平山、李璜、左舜生、杨耿光、黄炎培等讨论克里米亚会议及国共两党团结问题。黄炎培提出以公意请周恩来尽早返渝。

2月22日 重庆文化界300余人联名发表由郭沫若起草的《对时局进言》，要求召开临时紧急会议，商讨战时政治纲领，组织战时全国一致政府，并提出废除一切限制人民自由活动的法令，停止特务活动，释放一切政治犯等六项意见。

2月24日 周恩来宴请于右任、孙科、左舜生、沈钧儒、李璜、章伯钧、屈武、陶行知、杨耿光、陈真如、郭沫若、邓初民、谭平山、鲜英、黄炎培，报告最近国共谈判经过及前一天同蒋介石会谈的情况。

2月25日 中共中央指示王若飞，要大力发展国民党统治区的民主运动。目前国内各方面均拥护共产党的主张，由国、共、民（盟）三方组成代表出席旧金山会议，望以中共之主张发动各方面，说明国民党不能代表国民公意。并准备在大后方成立民主运动统一委员会，以进一步推行大后方的民主运动。

2月 中国民主同盟西北总支部筹备委员会在西安正式成立，杜斌丞、王菊人、杨明轩、成柏仁、李敷仁等为委员。杜斌丞为主任委员，杨子廉为秘书长，杨明轩为组织部长，成柏仁为宣传部长，李敷仁为青年部长。中国民主同盟西北总支部筹委会领导陕西、甘肃、宁夏、青海四省的民盟工作。

本月 赫尔利在给美国政府报告中，宣称美国政府支持国民党政府和蒋介石是对的，表白他没有同意过将削弱国民党政府和蒋介石领袖地位的任何原则或任何办法。

本月 赫尔利致函中共代表周恩来，反对中共提出的出席旧金山联合国会议的中国代表团应由各党派组成的合理主张。

初春　著名画家徐悲鸿在重庆患病不愈，心情郁闷。周恩来特委托郭沫若去嘉陵江畔徐的寓所看望他。抗战时期，徐悲鸿在国民党统治区报纸上，撰文赞扬解放区富有朝气的木刻。他大义凛然，拒绝为蒋介石画像，也不加入国民党。

3月1日　蒋介石在宪政实施促进会上发表演说，声称："政府只能还政于全国民众代表的国民大会，不能还政于各党各派的党派会议或联合政府。"并准备组织一个由美国代表参加的3人委员会管理和整理共产党军队为国军的一切事宜，公然要美国干涉中国的内政。

3月2日　新华社记者发表对蒋介石在宪政实施协进会上演讲的评论，揭破其演说在于坚持党治、污蔑中共、玩弄还政于民戏法，以保持其法西斯独裁。指出蒋氏此种立场与企图，与全国人民及海外华侨的意见，是完全背道而驰的。希望蒋介石不要再要什么花枪，逞武力以图异己等等，是没有希望的。

同日　中共中央致电王若飞，指出蒋介石3月1日演说中，拟在11月召开的"国大"只是他的御用国会，要告诉孙科和民盟，要一致起来坚决反对蒋记国大，坚持主张先召集党派会议，建立联合政府。

3月3日　王若飞在重庆访晤黄炎培，讲述延安来电内容。

3月5日　周恩来、董必武给在云南作统战工作的华岗发出指示，指出说：你去年下半年在成都与各方面民主力量协商，使他们了解我党政策的做法甚好。我们支持成立一个民主委员会，希望能在云南与龙云、民盟及各方密商酝酿。

3月8日　中共中央致电王若飞，要坚决坚持召开党派会议，结束党治，成立联合政府，公开揭露与批判蒋介石的阴谋，说服民盟在渝、蓉、昆与中共配合。

3月9日 周恩来写信给赫尔利和王世杰，声明：（一）因蒋介石3月1日公开谈话，反对召开党派会议，建立联合政府，坚持召开一党控制的分裂的国民大会，我党已无需再起草关于召开政协会议之建议；（二）国民党独占参加旧金山会议代表是不公正的、不合理的，我党已派出周恩来、董必武、秦邦宪3人参加中国代表团，若此建议国民党不接受，我党将反对国民党这种分裂行为，并保留表示一切意见之权利。几天后，赫尔利从美国复电周恩来要求切勿作最后决定，待他来后商谈。

3月11日 昆明文化界李公朴、闻一多、沈从文、周新民等300余人发表《关于挽救当前危局的主张》，坚持要求国民党政府"邀集各党派产生民主联合政府，保障各种自由并彻底改组统帅部"。

3月12日 中国民主同盟发言人对最近国内民主与团结问题发表谈话说，所谓武力统一，在过去20余年间，国人已深受痛楚之教训，故内战为国人心理所不容。吾人自来主张军队国家化。目前中国不仅迫切须切实做到"还政于民"，更须做到"还军于国"。提出由国民党政府召集各党派及无党派领袖会议，就军事与政治问题求得切实解决办法。并重申反对以八九年前国民党一党"选举"出的代表当"国大代表"。

3月13日 中国民主同盟举行扩大谈话会，传阅周恩来致王世杰、赫尔利的信，内容为不能继续谈判并派周恩来、董必武、秦邦宪为中共出席旧金山联合国会议的代表。他们谈论了与此有关的问题。

3月15日 中国民主同盟的黄炎培、左舜生特约国民党王世杰、雷震、邵力子在参政会晤谈中共表示不能继续同国民党谈判的问题。

3月17日 王若飞与中国民主同盟负责人黄炎培、冷遹讨论国共最近关系问题。

3月18日 中国民主同盟代理主席左舜生,在外国记者招待会上发表声明,表示民盟将不参加不民主的"国民大会"。

3月23日 王若飞在重庆良庄向中国民主同盟的一些负责人报告赫尔利对周恩来"两点声明"的答复:要求中共切勿作最后决定,待他来后商谈。

3月27日 国民政府行政院发表中国出席旧金山联合国会议代表团人选名单。代理行政院院长宋子文为首席代表。成员有王宠惠、李璜、吴贻芳、魏道明、胡适、顾维钧、张君劢、董必武、胡霖,顾问施肇基。

3月30日 国民党政府军事委员会政治部下令解散文化工作委员会。

春 中国民主同盟华北总支部在北平秘密成立,张东荪、周鲸文、叶笃义、张云川、曾琦、林可玑等为委员。张东荪为主任委员,林可玑为组织委员,叶笃义为宣传委员。

4月1日 郭沫若在重庆天官府街举行文化工作委员会最后一次聚餐会,徐冰、沈钧儒、翦伯赞等100余人参加。郭沫若说,今天我们是被解散了,我们恢复了本来面目,我们更自由了。大家一致赞扬郭沫若的伟大人格及战斗精神。

4月2日 褚辅成、黄炎培、王云五、冷遹偕参政会为将出席联合国会议的李璜、吴贻芳、胡霖饯行，并当场商议如何促国共两党继续商谈的办法。应邀参加的还有王若飞、孙科、邵力子、左舜生、沈钧儒、章伯钧、张申府、吴达铨及雷震。大家强调国共有继续谈下去的必要，并请王若飞转告延安，敬请周恩来偕董必武飞渝。

同日 赫尔利以美国驻华大使身份发表声明，胡说蒋介石"并无法西斯心理"，却攻击中共是"有武装的政党"，是"统一"中国的障碍，要中共将军队交给蒋介石，并声称"美国只同蒋介石合作，不同中共合作"。

4月6日 出席旧金山会议的中国代表团中共代表董必武偕伍修权、陈家康等由延抵渝。当日，民盟举行欢送董必武赴旧金山的茶会，沈钧儒、冷遹、黄炎培、左舜生、章伯钧、张申府、陶行知、史良、刘王立明、鄧伯赞等出席作陪。董必武发表了为团结建国、建立联合政府而共同努力奋斗的讲话。12日，董必武离开重庆经印度赴美国旧金山。

4月7日 张治中、王世杰、邵力子、雷震在国民参政会为即将出席联合国会议的董必武饯行，黄炎培、褚辅成等应邀作陪并提出国共继续进行协商的问题。

4月11日 中国民主政团同盟四川省负责人李相符、杨伯恺、田一平及成都文化界120余人发表《成都文化界对时局献言》，提出立即结束国民党的党治、尽速召开真正能代表民意的普选国民大会，释放一切爱国政治犯等10项主张。

4月13日 在重庆出版的各期刊的代表：《民宪》左舜生、

郑真文,《中华论坛》章伯钧,《民主世界》钟天心,《国论》周谦冲,《国讯》及《宪政》黄炎培、张志让、俞颂华、杨卫玉假青年会举行午餐会,议决:(一)组织民主期刊协会,由黄炎培起草组织大纲;(二)联合发行临时刊。

4月23日 国民政府公布国民参政会第四届参政员名单。中共除上届参政员毛泽东、林伯渠、董必武、秦邦宪、邓颖超、陈绍禹外,新增加周恩来、吴玉章共8人。其他党派和知名人士有陈铭德、左舜生、褚辅成、张难先、王忱心、冷遹、江恒源、顾颉刚、韩兆鹗、司徒美堂、张澜、黄炎培、李璜、曾琦、晏阳初、张君劢、吴贻芳、谭平山、许德珩、谢冰心、梁漱溟、章伯钧等。

4月23日至6月11日 中国共产党第七次全国代表大会在延安举行。毛泽东、朱德、刘少奇分别向大会作了《论联合政府》的政治报告、《论解放区战场》的军事报告和《关于修改党的章程》的报告,周恩来作了《论统一战线》的重要发言。大会制定了党的路线,这就是"放手发动群众,壮大人民力量,在我党的领导下,打败日本侵略者,解放全国人民,建立一个新民主主义的中国"。

5月4日 昆明市两万多大、中学生举行游行示威,要求国民党立即结束一党专政,建立联合政府,取消特务机关。

同日 国民参政会驻会委员举行会议,听取国民党政府内政部长张厉生报告。黄炎培提出复旦大学教授费巩被特务绑架、《新蜀报》被国民党武装占领、中华职专女教员离婚案问题,要求进行彻查。

5月5日 中国国民党第六次全国代表大会在重庆召开,于

21日闭幕。蒋介石致开幕词,说要加强战斗力量,争取抗战最后胜利;还建议大会通过于本年11月12日召开国民大会,结束训政;大会通过对中共问题之工作方针及对于中共问题之决议,大肆污蔑"中共一贯坚持其武装割据,借以破坏抗战,提出联合政府口号,企图颠覆政府,危害国家"。会议拒绝了中共提出建立联合政府的建议,顽固坚持国民大会开会时,仍以国民党一手炮制的五五宪法草案为讨论基础。国民党民主派屈武等人提出《加强民主设施促成国家统一案》,反对以武力消灭中共,主张承认各党派合法地位。国民党民主同志会也向大会提出建议书,要求放弃党治,改革政治,明令各党派合法存在,共同协商解决国事。王昆仑在大会质询时提出为什么大会对怎样打败日本没有讨论、到底有没有抗战的决心时,竟遭到蒋介石的破口大骂,

5月10日 宪政座谈会由黄炎培、褚辅成主持研讨对参加联合国会议诸代表之建议等问题,与会者300余人。张西曼、沈本强、章乃器、董时进、冷遹、张申府相继发言。混于群众中的国民党特务分子进行破坏,绑架了揭露国民党军事政治黑暗的青年焦志诚,抢走了签名簿。

5月11日 朱德、林伯渠等欢宴苏、美、英等国盟友,庆祝同盟军胜利结束在欧洲战场的战争。朱德在席间致辞说,欧洲战场的胜利不仅是苏、英、美三盟国的胜利,也是整个世界同盟国反法西斯战争的胜利,是全世界人民民主的胜利。德国无条件投降以后,在东方只剩下一个法西斯日本,我们有足够的信心和力量,配合美、英同盟国,最后击败日军。

5月21日 王若飞会晤中国民主同盟负责人黄炎培、冷遹,

并将毛泽东在中国共产党第七次全国代表大会上的政治报告《论联合政府》送给他们看。

5月23日 褚辅成在参政会招待王若飞、左舜生、章伯钧、王云五、冷遹、傅斯年、王世杰、邵力子、雷震，商讨了恢复国共商谈的办法，将以此询问蒋介石的意见。

5月28日 中国民主同盟负责人开会研究对待出席参政会态度问题。左舜生、黄炎培表示将完全与中共采取一致的行动，沈钧儒、章伯钧亦持同样态度。左舜生还向王若飞建议，请中共中央先有一个正式表示，他们才有所依据去说话。他们希望以此问题逼迫蒋介石重开谈判，达成召开党派会议的协议。民盟还决定由左舜生起草致国共两党的信，内容为反对内战，促速实现民主团结，重开谈判。

5月29日 新华社发表对国民党第六次全国代表大会的评论，指出这次大会是坚持独裁、准备内战的路线，大会所通过的若干漂亮决议，只是内战阴谋的装饰品。中国人民将丝毫不为国民党统治集团的恐吓、欺骗和摧残所动摇，并将为废止国民党一党专政，成立联合政府，为争取独立、自由、民主、统一与富强的新中国而战斗到底。

5月30日 王若飞邀黄炎培、冷遹至驻地就国共关系问题作商谈。

6月1日 蒋介石邀褚辅成、黄炎培、冷遹、傅斯年、王云五谈话，王世杰、邵力子、雷震在座。褚等谈及发起、促成国共之继续商谈，已商定由他们致电延安。蒋表示“无成见”。

6月16日 褚辅成、黄炎培、冷遹、王云五、傅斯年、左舜生、章伯钧7位参政员致电毛泽东、周恩来，希望国共两党“从速恢复商谈”，促成团结，不惟抗战得早获胜利，建国新猷，亦基于此。此电稿系由傅斯年、黄炎培所拟。

6月9日 中国民主同盟负责人沈钧儒、黄炎培、左舜生、章伯钧、张申府、冷遹、陈铭枢、邓初民在重庆良庄，商谈时局问题。

同日 黄炎培在宪政实施协进会第三组会议上，提出废止国民党的杂志出版事前审查制度。

6月11日 昆明11位教授闻一多、伍启元、吴晗、李广田、周新民、尚钺、周作仁、杨西孟、闻家驷、潘大逵、楚图南在西南联合大学、云南大学、中法大学等校学生自治会主编的“五四”特刊上，发表对“五四”和时局的意见，一致要求政治民主和经济民主。

6月16日 中共中央负责人就国民党定于7月7日召开第四届国民参政会问题，发表《关于不参加本届国民参政会的声明》，指出，国民党政府决定于今年7月7日召集的所谓国民参政会，中共方面没有什么人去出席。这是因为：（一）关于成立民主的临时的联合政府的主张，为国民党政府拒绝；（二）此次所谓新的国民参政会的召集完全由国民党一手包办；（三）尤其重要的是国民党“六大”一意孤行，决定于今年11月12日召集国民大会，而在行将开会的国民参政会上，就要强迫通过许多具体办法，以便实行国民党的反动决议。根据以上各项决议，中共方面已决定不参加此次国民参政会会议，以示抗议。

6月18日 毛泽东、周恩来致电褚辅成、黄炎培、冷遹、王云五、傅斯年、左舜生、章伯钧7位参政员。电谓：诸先生团结为怀，甚为钦佩。由于国民党拒绝党派会议，坚持召开包办分裂之国大，已进一步造成内战危机。诸公的热心呼吁，倘能使当局觉悟，放弃一党专政，召开党派会议，商组联合政府，并立即实行最迫切之民主改革，我党无不乐于商谈。并表示热烈欢迎七参政员赴延。黄炎培遂将此电内容转告雷震。

6月24日 重庆文化界及各界人士七八百人集会祝贺茅盾50寿辰。王若飞、柳亚子、沈钧儒、邓初民、马寅初、邵力子、常任侠、刘清扬、冯雪峰等出席并发表讲话。《新华日报》发表了王若飞为祝贺茅盾50寿辰撰写的代论《中国文化界的光荣，中国知识分子的光荣》。

6月25日 中国民主同盟负责人沈钧儒、章伯钧、黄炎培、张申府在重庆黄炎培寓所，交谈国共关系问题。

同日 左舜生、褚辅成、王云五、邵力子、王世杰、雷震在参政会共进午餐，商讨国共关系问题。

6月26日 褚辅成、冷遹、王云五、左舜生、章伯钧、傅斯年、黄炎培7人在中央研究院会商对团结问题，议定意见3条：(一)由政府迅速召集政治会议：(二)国民大会交政治会议解决；(三)会议前，政府先自动实现若干改善政治之措施。27日下午，7位参政员会见蒋介石。蒋表示无成见，可以商谈。褚辅成等决定立即去延。

6月29日 国民党政府通知黄炎培、褚辅成、冷遹、王云五、傅斯年、左舜生、章伯钧，准于7月1日飞赴延安。

7月1日 国民参政会褚辅成、黄炎培、冷遹、傅斯年、左舜生、章伯钧6位参政员由王若飞陪同从重庆飞抵延安，受到毛泽东、朱德、周恩来、林伯渠等党政军领导人的热烈欢迎。

7月2日 中共中央设宴欢迎褚辅成等六先生，毛泽东、朱德、周恩来、李富春等领导人出席。由周恩来致欢迎词，代表中共中央欢迎6位在大后方为抗战、民主、团结奋斗多年的老朋友。黄炎培讲话说，在延安看不到荒废的土地和游手好闲的人，得出一个结论：共产党是进步的、踏实的。左舜生也讲了话。

7月4日 褚辅成等6位参政员在延期间同毛泽东、周恩来等进行了3次正式商谈。当日商谈结果：一、双方一致同意停止国民大会进行，从速召开政治会议；二、中共建议：(一)政治会议应由国、共、民(盟)三方各自推出同等数目的代表加上无党派代表组成；(二)政治会议的性质，应该是公开的、平等的、自由的、一致的，有决定权的；(三)政治会议应讨论民主改革的紧急措施；结束一党专政，建立举国一致的民主联合政府；制定民主施政纲领及将来国民大会之召集等；(四)政治会议前释放政治犯；(五)政治会议前，应由国、共、民(盟)三方面先作预备性质的协商，以便商定中共提出的上述4点及具体内容。

同日 中国民主同盟主席张澜在重庆发表谈话指出，目前中国的唯一任务是：废除党治，释放全国政治犯，取消特务，实行民主，加强国内团结，配合盟军登陆，进行反攻。

7月5日 褚辅成等六参政员离延安返重庆，毛泽东、朱德、周恩来、林伯渠均赴机场欢送。6位参政员返重庆后对记者说："本届参政会中共方面的参政员仍不拟出席。中共代表王若飞临时因家务牵制，未及偕行来重庆。回来数度商讨之结果，前途颇为乐观，一切尚有进一步解决之希望。"

黄炎培访问延安时，向毛泽东谈感想说，我生60多年，亲眼所见，真所谓“其兴也勃焉”“其亡也忽焉”，一部历史“政怠宦成”的也有，“人亡政息”的也有，“求荣取辱”的也有，一个人，一个团体，乃至一个国家，不少没能够跳出这个周期支配率。他希望中共诸君找出一条新路，跳出这个周期率的支配。毛泽东回答说，我们找到了能跳出这个周期率的新路，这就是民主，只有让人民来监督政府，政府才不能松懈，只有人民起来负责，才不会人亡政息。

7月6日 中国民主同盟重庆支部集会欢迎该同盟主席张澜及由延安返重庆之黄炎培、左舜生、章伯钧、冷遹。黄、左两人延安之行的结论是“印象很好，美不胜收”。

7月7日 蒋介石于抗战8周年纪念日向全国军民发表广播演说，强调“外求独立，内求统一”是所谓现行的国策。

同日 中共中央发表纪念抗战8周年口号，要立即废除国民党一党专政，实行民主政治，加强人民的团结，克服内战危机，动员一切力量，消灭日本侵略者。坚决反对国民党一党包办的、制造分裂的、准备内战的伪“国民大会”，立即召开各党派和无党派代表人物的国事会议，建立民主联合政府。要求国民党政府立即停止对解放区军队的进攻，立即释放张学良、杨虎城、叶挺等抗日将军及在狱的共产党员。

同日 黄炎培会见蒋介石，谈在延安与中共商谈的结果，蒋介石将黄炎培带来的会谈记录交给王世杰研究。

同日 国民参政会四届一次会议在重庆军委会礼堂开幕，为期14天，中共参政员及张澜等均未出席。周炳琳代表参政员致答词中，有对国民党批评的话，竟遭国民党忌恨，临时将其主席团候选人改为王云五。

同日 昆明文化界文艺沙龙举行“检讨会”，中国民主同盟昆明负责人闻一多、李公朴、潘光旦及田汉、安娥等300多人参加，一致认为：“政治不民主，一切文化都没有前途。当前的文化正在被绞杀，我们要把文化从严酷的灾难中救出来，我们要把绞杀文化的黑手击退，文化才有发展的前途。”

同日 中国民主同盟云南省支部为纪念抗战8周年发表敬告国人书，指出抗战胜利还只是在望，内战的险象已经发生了。对时局提出3项主张：（一）反对内战；（二）反对在7月7日召开的国民参政会；（三）反对在11月12日召开的国民大会。要求国民党召集国民党、共产党、民主同盟的圆桌会议，产生举国一致的联合政府，由联合政府组织起草宪法，重新选举国大代表等。

7月8日 邵力子请民主同盟主席张澜出席四届一次国民参政会，张表示他已好几年没出席参政会了，这次来渝系加强盟务。只要国民党有诚意实行民主团结，我当竭力促成。他希望国民党顾到国内外局面，不要在11月召开国民大会，要在党派会议上解决一切问题。

7月10日 毛泽东为新华社写评论《赫尔利和蒋介石的双簧已经破产》。指出，蒋介石演说里，要中共必须先将军队交给他，然后他才赏赐中共以“合法地位”，与赫尔利在华盛顿发表声明，不和中共合作的滥调，是一唱一和。揭破蒋介石坚持不愿意实行民主改革，却大叫愿意“还政于民”，完全是欺骗。

7月11日 褚辅成、黄炎培、冷遹、傅斯年、左舜生、章伯钧将访问延安情况报告，送交参政会主席团。

7 月 13 日 中国解放区人民代表会议筹备委员会发表通电，宣告筹备会正式成立，并选出周恩来等 25 人为常务委员，热诚欢迎中国的各党派，东北、华北、华中、华南沦陷区的人民团体，国民党统治区的人民团体，中国各少数民族的人民团体，南洋及其他海外各地的华侨团体，都能选出自己的代表来参加会议。会议的使命是加强各解放区抗日工作，援助国民党统治区人民的抗日民主运动，援助沦陷区人民的地下军运动，促进全国人民的团结与全国联合政府的成立。

7 月 14 日 国民参政会四届一次大会讨论国民大会问题，黄炎培、冷遹、江恒源发表声明不参加讨论。声明说，召开国民大会在于国民党结束训政，还政于民，若各方主张，尚未通融，而仓猝召集、制宪，则其后患不堪设想。左舜生等 7 位参政员发表他们“先实行民主措施，从缓召开国民大会提案”的说明，认为“如果政府一定要如期召开，结果将使国家统一发生不可补救的裂痕，使国家的和平发生不易恢复的事实”。要求国民党在召开国民大会以前须先有若干民主措施，承认各党派的合法地位，尊重人民的自由，召开各党派会议解决一切问题。

7 月 15 日 中国妇女联谊会在重庆成立。妇联会的理事会员有李德全、史良、刘清扬、张晓梅、曹孟君、罗叔章、韩幽桐、胡子婴、倪斐君、陆惠年、郑英等 26 人。该会从抗战末期到新中国成立，对团结发动妇女，配合推动国统区的爱国民主运动起了积极作用。

7 月 23 日 中共中央致电徐冰、张明，告以在国民参政会期间蒋介石调集9个师的军队进攻边区。指示他们向大后方人民、民主人士及各国使节、新闻界说明蒋介石挑起内战,呼吁共同起来制止。并令王炳南、龚澎在记者会议上进行揭露,《新华日报》加强宣传和戒备。

7月25日 徐冰在重庆上清寺特园向民主党派人士报告国民党军队在参政会期间大举进攻边区,发生"淳化事件"的经过。

同日 徐冰至参政会访晤邵力子,告以国民党军队进攻陕甘宁边区,发生冲突,提出双方军队各回原地。邵力子答称,此次事件系中共军队突出边区所致,只要中共军队退走,决可无事。

同日 中国民主同盟在鲜英寓所举行中执会,出席者15人,决议于10月初召开中国民主同盟临时全国代表大会:

7月26日 中,美、英三国发表波茨坦公告,促令日本无条件投降。

7月27日 新华日报发表了徐冰与邵力子于25日在参政会会晤时的谈话,并加编者按说明"淳化事件"的经过,驳斥了邵力子对事件的歪曲,并呼吁全中国、全世界人民共同起来制止这个祸国殃民的内战。

7月28日 中国民主同盟发表《对时局宣言》,提出四项要求:(一)确实保障人民自由;(二)释放一切爱国政治犯;(三)彻底取消一切特务活动及特务机构;(四)承认各党派公开活动权。

8月3日 中国民主同盟主席张澜在招待外国记者会上发表谈话,介绍了民盟成立经过和基本政治主张,表示:(一)反对国共两党发生内战;(二)坚决反对11月12日召集的国民大会。提出对当前时局的五项主张:第一,允许人民有一切自由权利;

第二，允许各党派合法存在，释放一切政治犯；第三，召开各党派政治会议，制定临时施政纲领，筹集真正的国民大会；第四，改组政府为临时民主联合政府，筹备真正的国民大会；第五，积极对敌反攻，迫使敌人无条件投降。

8月4日 孙科于重庆接见记者，说“淳化事件”是胡宗南保安队哗变所致，解决问题的唯一方法是建立联合政府。

8月6日 美国在日本广岛投下第一颗原子弹。9日，美国在日本长崎又投下一颗原子弹。

8月7日 以宋子文为首包括蒋经国（蒋介石私人代表）在内的国民党政府代表团抵达莫斯科，与苏联签订了《中苏友好同盟条约》，规定：占领东北的苏军从日本投降后第六周起开始逐步撤退，由中国接收地方主权。还规定中苏双方首先是在现地进行外交交涉，即国民党政府派出代表与在东北的苏联驻军当局谈判苏军撤军时间和程序。蒋介石为此委任蒋经国为东北外交特派员，在长春设立公署。

8月8日 苏联政府宣布对日作战，苏联红军进入中国东北，向日本关东军大举进攻。

同日 黄炎培、吴羹梅借重庆冠生园招待企业界人士共进晚餐，黄炎培、冷遹报告访问延安时的见闻。

8月9日 毛泽东发表声明《对日寇的最后一战》。命令八路军、新四军及其他人民军队，应在一切可能条件下，对于一切不愿投降的侵略者及其走狗实行广泛的进攻。还提出，全国人民必须注意制止内战危险，努力促成民主联合政府的成立。

8月10日至11日 朱德总司令发布七道命令。令东北、华中和华南各解放区的人民军队，迅速前进，收缴敌伪武器，接受日军投降；并命令在冀热辽边区的人民军队迅速深入东北。我军在东北、平津、归绥、太原、平汉、陇海、济南、胶东、津浦、沪宁、运河、广九各线向日伪军开展了全面大反攻。

8月10日 蒙古政府对日宣战。

同日 日本政府向美英苏中四国政府发出乞降照会，接受波茨坦公告。

8月11日 中共中央发出《关于日本投降后我党任务的决定》。

同日 蒋介石下达三道命令：一是要解放区人民军队“就地驻防待命”，不得向敌伪“擅自行动”；二是要他的嫡系部队“积极推进”、“勿稍松懈”；三是要伪军“切实负责维持地方治安”，抵抗人民军队受降。

同日 苏、中、美、英四国政府复照日本政府，规定“日本一切海陆空军当局以及彼等控制下之一切部队（不论其在何处）”，必须“停止积极活动，交出武器”。

8月12日 中国民主同盟主席张澜对抗战胜利后的时局发表谈话。他说，日本投降真是天大喜事，中国进入了另一个时代了，更迫切需要统一、团结、民主，更是希望国共两党军队赶快停止足以促成大规模内战的一切摩擦，坚决反对内战，应立即召开党派会议，商谈解决纠纷。

同日 远东盟军总司令麦克阿瑟对日本政府和中国战区的日军下令，只能向蒋介石政府及其军队投降，不得向中国人民军队缴械。

同日 美国驻华大使赫尔利向美国国务院建议“日本须将所有在中国的武器……交给中国政府”。

8月13日 第18集团军总司令朱德、副总司令彭德怀致电蒋介石，坚决拒绝其错误命令。指出蒋在命令上说的：“所有该集团军所属部队，应就地驻防待命”，与发给嫡系军队的命令不同，这不但不公道，而且违背中华民族的民族利益，仅仅有利于日本侵略者及背叛祖国的汉奸们。

同日 昆明八大文化团体发表通电，迎接抗战胜利，反对内战。

8月14日 日本政府照会美英苏中四国政府，宣布接受波茨坦公告。15日，日本天皇裕仁用广播《停战诏书》形式宣布无条件投降。9月2日，日本天皇和政府代表重光葵及日本大本营代表梅津美治郎在投降书上正式签字。至此，抗日战争胜利结束。

同日 新华社记者揭破蒋伪合流反对中国人民的大阴谋。指出南京伪政权及重庆蒋政权，都是彻头彻尾反人民的封建、买办、法西斯的反动政权。日寇要垮台了，因而他们又要合在一起，共同反对中国人民与中国共产党，蒋介石本月11日给所谓“地下军”及伪军的命令，就是蒋伪合流，共同反共反人民大阴谋的公开暴露。

同日 蒋介石致电延安，邀请毛泽东赴重庆谈判。电文说：“倭寇投降，世界永久和平局面可期实现。举凡国际国内各种重要问题，亟待解决，特请先生克日惠临陪都，共同商讨，事关大计，临电不胜迫切悬盼之至。”

8 月 15 日　中国解放区抗日军总司令朱德电令日本侵华总司令冈村宁次“停止一切军事行动，听候中国解放区八路军、新四军及华南抗日纵队的命令，向我方投降，除被国民党政府的军队所包围的部分外”。

同日　朱德总司令致美、英、苏三国政府说帖，声明中国解放区、沦陷区一切抗日的人民武装力量，在延安总部指挥之下，有权接受被我军所包围之日、伪军队的投降，有权派遣自己的代表参加同盟国处理敌国投降事宜。并要求美国停止对华租借法案，如果国民党政府发动内战，请勿予以援助。

同日　中国民主同盟发表《在抗战胜利声中的紧急呼吁》，提出民主统一、和平建国的口号。并主张：反对 11 月 12 日召开的国民大会，政府保障人民基本自由，允许各党派公开活动，释放一切政治犯和思想犯，由政府召集各党派参加的政治会议，任何党派不得有党军，军队只能属于国家等。

同日　朱德总司令在延安总部宴请留延盟国友人，庆祝反对日本法西斯战争的胜利结束。

跋

在《民盟历史文献》丛书付梓之际，掩卷回首，民盟先贤们的音容笑貌挥之不去，不绝如缕，久久难忘。在编辑此丛书的过程中，我们每每被他们为信仰、为理想奋斗的坚定精神所感召和感动。

人不能没有理想和信仰，一个民族也不能没有自己的理想和信仰。我们的先辈们，正是怀揣民族富强、人民福祉的赤诚之心，身先士卒、鞠躬尽瘁；凭借自身高尚的人文品格和社会良知，与中国共产党团结合作，为中国社会的前途和命运探索了一条新的宪政之路；和平、民主是人类社会的两大主题，也是中国共产党人和各民主党派所共同追求的理想。

如今，面对着他们的拳拳之心和丰功伟绩，我们感叹！赞叹！怀念！更要继承！

《民盟历史文献》在整个创作和出版过程中，得到了来自社会各界人士的关注和厚爱。我们要特别感谢为此丛书孜孜不倦地考证、核实、梳理、完善的各位专家、学者，是他们的认真严谨，才使此丛书能够客观地展现历史的真貌；更要特别感谢中共中央统战部与民盟中央给予我们的鼎力支持和重视，没有他们的指导和帮助，我们不可能完成如此厚重的出版工作任务；还要感谢各省、市、地区的民盟组织，为搜集、挖掘、抢救民盟的历史文献资料做出的不懈努力和贡献；感谢每一本书的作者，是他们的辛勤笔耕和一点一滴的忠实记录，才集成了民盟历史的全貌；感谢为此丛书付出辛劳的编辑以及所有工作人员，感谢你们辛勤的劳动和无私的奉献。

谨以此丛书献给所有伟大的民主革命先驱者；献给为共和国诞生抛洒了智慧和热血的先贤们；献给那一段筚路蓝缕、以启山林的峥嵘岁月。

《民盟历史文献》编委会